高职高专财经商贸类专业"互联网+"创新系列教材

浙江省普通高校新形态教材项目

团队建设与管理实务

第3版

主　编　潘建林

副主编　曾宪达　楼　芸　赵丽英　杨东旭

参　编　蒋祝仙　程艳冉　詹同军　吴　雷

徐　峰　张思平

机械工业出版社

本书遵循由浅入深、循序渐进的教学规律，依次分析了团队基础、团队构建及团队发展的相关问题。首先，本书在介绍了团队发展历程及类型、团队精神等理论的同时，还创新性地设计了“优秀团队品质”模块，从而为团队建设指明了方向；其次，本书从团队建设实务出发，阐述了团队构建及团队培训的理论知识及实操技能；在此基础上，本书讲解了团队激励、团队沟通、团队领导、团队冲突四个涉及团队发展的理论知识及操作实务模块。而为了提高教材的教学应用性，本书还融入了二维码微课视频、心理测试、团队游戏、配套在线课程资源等新形态元素，并在每节后都配有相应的实训环节及课后习题，实现了边学边做。除此之外，本书还设计了三个综合技能实训项目，以综合检验教学效果。

本书课程思政元素丰富、体例清晰、教学内容明了、实训环节突出、新形态教学资源多且实用，非常适合高职高专、本科院校及企事业单位开展团队建设与管理的教学实践与实际应用。

图书在版编目（CIP）数据

团队建设与管理实务/潘建林主编. —3版. —北京：机械工业出版社，2021.3（2022.1重印）

高职高专财经商贸类专业“互联网+”创新系列教材

浙江省普通高校新形态教材项目

ISBN 978-7-111-67493-1

Ⅰ. ①团… Ⅱ. ①潘… Ⅲ. ①组织管理学－高等职业教育－教材 Ⅳ. ①C936

中国版本图书馆CIP数据核字（2021）第024742号

机械工业出版社（北京市百万庄大街22号 邮政编码100037）

策划编辑：孔文梅　　责任编辑：孔文梅　董宇佳

责任校对：张　征　郑　婕　　封面设计：鞠　杨

责任印制：常天培

天津嘉恒印务有限公司印刷

2022年1月第3版第4次印刷

184mm×260mm · 13.25印张 · 305千字

7 501—12 500册

标准书号：ISBN 978-7-111-67493-1

定价：45.00元

电话服务	网络服务
客服电话：010-88361066	机　工　官　网：www.cmpbook.com
010-88379833	机　工　官　博：weibo.com/cmp1952
010-68326294	金　　书　　网：www.golden-book.com
封底无防伪标均为盗版	机工教育服务网：www.cmpedu.com

前 言

Preface

在人本经济时代，“人”作为现代社会最为重要的资产，有着重要的经济价值和社会价值，而团队能使“人”的价值得到最大限度的发挥。正因如此，团队建设与管理逐渐成为现代社会经济管理实践的重要内容，也是管理理论发展演变的重要研究领域，越来越受到高校、企事业单位的重视。但从目前团队建设与管理的教材建设情况看，相关教材的系统性、应用性不强，影响了教材使用者的教学实践和学习者的学习效果。为此，我们在借鉴了国内外团队建设理论的基础上，结合多年教学实践及企事业单位团队实战经验，针对高校财经商贸类教学及企事业单位培训的需要，完成了本书的编写工作。

本书内容的选择、编写及模块设计遵循了学习者的学习规律，结合了团队建设与管理实践运行规律，结构上适应模块化教学，全书共分为团队概述、团队发展历程及类型、团队精神、优秀团队品质、团队构建、团队培训、团队激励、团队沟通、团队领导和团队冲突十个模块，并设有企业团队建设问题诊断、企业团队培训实战和企业团队建设及发展项目报告三个综合技能实训，从而阐释了团队基础、团队构建与团队发展的相关理论，并为企事业单位的团队发展实践提供了科学指导。

作为新形态的团队建设课程教材，本书具有如下特点：①积极落实立德树人的根本任务，在教学设计、内容开发以及实训项目中融入了丰富的课程思政元素，推进“大思政”育人格局构建；②以模块化教学为导向，实训教学突出、实践应用性强，在理论阐释基础上，为各个模块都设计了案例分析、团队游戏、户外拓展训练、心理测试、情景分析、培训模拟、校外企业团队建设与管理实战等不同的实训项目，并同步配套相应的实训教学工具，教学效果好；③产教融合、校企合作、校校合作特性突出，本书不仅有来自国内多所高校的教师参编，还邀请企业总经理参与课程资源建设，教学内容及实训安排上深度融合企业管理实战，且本书也应用于校外企业的团队建设管理实践（如企业内训等），大大提高了本书的应用价值和推广价值；④新形态特性突出，通过嵌入二维码、在线同步测验等

Preface

形式融入了微课讲解、实训演示、情景表演、拓展知识等形式多样的教学内容，实现了教材、课堂、教学资源的深度融合，构建了线上线下一体的新型教材编写模式；⑤配套教学资源丰富，除了为教材配套课件、教案、习题/实训参考答案、技能实训素材、综合试卷等资源，还在浙江省高等学校在线开放课程共享平台（http://www.zjooc.cn）开发了慕课，请在平台上的“高职”栏目下搜索“团队建设与管理”课程，即可获取视频、习题等丰富的在线教学资源，还可在平台上进行在线同步测试。

本书各模块的具体分工如下：本书提纲由主编潘建林（义乌工商职业技术学院）拟订；前言、模块一～三由潘建林执笔；模块四由张思平（义乌工商职业技术学院）执笔；综合实训一由詹同军（义乌工商职业技术学院）执笔；模块五由程艳冉（义乌工商职业技术学院）执笔；模块六由蒋祝仙（义乌工商职业技术学院）执笔；综合实训二由徐峰（义乌工商职业技术学院）执笔；模块七、八由曾宪达（义乌工商职业技术学院）执笔；模块九、十由楼芸（义乌工商职业技术学院）执笔；综合实训三由吴雷（义乌工商职业技术学院）执笔；模块一～四、模块七～八及综合实训一由潘建林统稿；模块五、六及综合实训二由赵丽英（河南职业技术学院）统稿；模块九、十及综合实训三由杨东旭（浙江旅游职业学院）、詹同军统稿；最后由主编潘建林做全书统稿。我们在编写过程中还邀请了金华肯思特管理咨询公司总经理何东征参与课程资源建设。除此之外，本书参阅了大量的文献，除了书后所列的参考文献外，尚有许多文献未能一一列出，在此谨向原作者深表谢意！

由于编者水平有限，书中难免会有疏漏之处，敬请学界、教育界同仁悉心指点，不吝赐教。

为方便教学，本书配备了丰富的教学资源，凡选用本书作为教材的教师均可登录机械工业出版社教育服务网www.cmpedu.com免费下载。如有问题请致电010-88379375，服务QQ：945379158。

编　者

二维码索引

微课名称	图形	页码	微课名称	图形	页码
团队规模的定义及影响因素		065	沟通的过程与条件		140
团队目标构建		075	团队游戏：你来演我来猜		145
团队资源的类型		083	团队沟通障碍及技巧		148
团队资源整合原则		084	团队沟通－有效倾听		154
团队培训步骤		098	团队游戏：滚动乒乓球		156
参与型培训法		105	团队领导概述		159
团队培训技巧		111	创业团队领导力		164
需要层次理论		120	团队领导——管理方格理论		167
团队情感激励		130	赫塞情境领导理论		169
团队游戏：无敌风火轮		133	大学生创业团队冲突类型与原因分析		176
团队激励的应用		133	团队冲突五阶段理论		179
团队游戏：橡皮筋传递		136	大学生创业团队冲突模型		187

目　录

Contents

Contents

Contents

模块一 团队概述

学习目的

通过教学，让学生掌握团队的定义，理解团队与群体的区别，掌握团队构成的五个要素，理解团队成员角色。

教学手段

知识讲授；案例分析；团队游戏；情景分析；心理测试。

单元一　团队的含义及作用

理论知识点

一、团队的含义

团队，英文名称为“Team”。1994年，美国圣迭戈大学的管理学教授斯蒂芬·罗宾斯（Stephen P. Robbins）首次提出了“团队”的概念，他认为团队是指为了实现某一目标而由相互协作的个体所组成的正式群体。而组织行为和人力资源管理专家、美国华盛顿大学福斯特商学院终身教授陈晓萍认为：“团队”是由两个或两个以上的人组成的集体，其成员之间在某种程度上有动态的相互关系。

团队的内涵

综合国内外学者观点，团队是在一个特定的可操作范围内，为实现特定目标而建立的，由相互合作、一致努力的若干成员组成的共同体。团队需具备如下条件：

1．目标导向

团队的构建、产生及发展，有着鲜明的目标导向性；团队的运行、成员组建、分工协作等，都是基于目标导向而开展的。在团队建设实践中，这个目标可以是团队目标，也可以是团队成员的目标。

2．分工协作

团队之所以能发挥“1+1>2”的效果，主要在于团队成员在目标导向下的相互合作、一致努力。只有如此，才能实现团队成员的资源整合，提高团队的运行效率。

3．多成员性

团队必须由两个或以上的成员组成，一个人不能构成团队。在实践中，团队的多成员性往往会形成团队的多特质性，如性别、年龄、职位、经历、气质、性格等方面的差异性。

4．共同体性

团队的多成员性、多特质性要在团队目标导向驱动下，形成协同力，即朝着共同的目标，相互协作，形成唇齿相依的连带关系。这就是团队的共同体性。

二、团队的作用

1．优化人员组合

（1）团队能够实现成员之间的技能互补。基于目标导向，团队会甄选技能互补的人员作为团队成员，从而优化团队的技能结构，实现优势互补、相互合作。

（2）团队能够实现成员之间的组合优化。团队会在测评现有成员结构的基础上，进行内部的优化组合，形成团队内的工作小组，优化团队成员结构。

2．优化资源整合

（1）团队有助于开拓新的资源。资源的不平衡性和稀缺性会严重影响团队的正常运转。实行团队制，可以在组织原有工作不受影响的情况下开拓更多的新领域，获取更多的新资源。

（2）团队有助于更有效地组合资源以适应环境变化。在复杂多变的环境中，团队工作模式比传统的部门结构更灵活、反应更迅速，团队能够快速地组合、重组或解散，可以大大提高组织资源的利用率。

3．优化团队凝聚力及工作动力

（1）团队能有效地激发成员的凝聚力。每个团队都有特定的团队任务和目标，团队鼓励每个成员把个人目标融入、升华为团队的目标并做出承诺，这就使企业文化建设中的核心问题——共同价值观体系的建立，转变为可操作性极强的管理问题。同时，团队的工作形式要求其成员只有默契配合才能更好地完成工作，这将促使他们在工作中有更多的沟通和理解，共同应对工作问题，形成团队凝聚力。

（2）团队能有效地激发成员的工作动力。实行团队制，能够起到促进组织成员对工作高度参与和自主决策的激励作用，从而使团队成员产生巨大的工作动力。团队中的民主气氛和成员对团队，以至对整个组织的归属感，能够提高团队成员的工作参与度，使其通过参与工作满足自身的成就感等心理需求。

4．优化组织效能

（1）团队能够不断完善组织结构。团队有利于改善组织的沟通状况，加强团队成员之间的交流，从而弥补组织的一些结构性缺陷。而且，团队及其成员有对整体组织的共同承诺，鼓励个体把个人目标升华为团队目标，共同为团队目标而努力，从而优化团队结构，提高团队战斗力。

（2）团队能够营造有价值的企业文化氛围。在一个非团队的群体中，员工往往只会关心个人的工作目标，此时他们的工作目标就会与其他同事的工作目标产生摩擦，这种摩擦不仅会造成损失，还会造成员工的不愉快，而这种“不愉快”也会造成损失，且比摩擦造成的损失要大得多。而在团队中，个人的归属需要和成员之间的亲和需要能够得到满足，此时他们会为了整个团队的共同目标而奋斗，也会为了实现团队目标而主动地谋求合作。这种合作不仅会减少冲突，还可以营造有着强大生命力、生产力的企业文化氛围。

三、团队的基本特点

1．自主性

相较于其他组织形态，团队的成员具有更强的自我管理能力，能积极、主动地参与团队各项任务。成员不仅对职权范围内的事情做到自我管理，对职权范围外的事情也能从团队整体发展角度积极补位，从而推动团队的可持续发展。在实践中，这种自主性往往体现在成员对于职责之外事项的自主程度。

团队的
基本特点

课堂延伸案例　神秘顾客

“神秘顾客”（Mystery Customer）是指经过严格培训的商业调查员。他们在规定或指定的时间里扮演成顾客，对事先设计的一系列问题逐一进行评估或评定。由于被检查或需要被评定的对象，事先无法识别或确认“神秘顾客”的身份，故该调查方式能真实、准确地反映客观存在的实际问题。“神秘顾客”最早是由肯德基、罗杰斯、飞利浦等一批国际跨国公司为其连锁分部进行管理服务而引进的。由于“神秘顾客”能从第三方角度，客观地审视、分析及评价团队现存问题，因此能很好地检测团队的自主性，受到越来越多企业组织的青睐。

2．思考性

思考性是团队可持续发展的动力。无论是团队领导者，还是团队普通成员，都应该积极主动思考团队所面临的问题，寻求破解方案。在这个过程中，团队不能忽略普通成员（如一线员工）的重要性，要运用制度激励等方式推动一线员工积极思考。只有如此，团队才能及时发现问题，解决问题，才能发挥“1+1>2”的组合效果，才能实现更好、更健康的发展。

3．协作性

协作性是团队的核心特征。协作性一方面是指团队成员要有合理的分工，做到人尽其才；另一方面是指团队成员要有良好的合作氛围，能够扬长避短。如果没有协作性，团队就无法实现多成员的优化组合，就不能实现团队的“共同体性”，就不能称之为真正的团队。

实训组织

实训1-1　团队的定义及作用

实训形式　案例分析

实训步骤

第一步：实训前准备。要求学生提前阅读团队的相关文献，了解本次实训的理论知识。

第二步：以6～8人为一个小组，对案例进行分析。

案例分析 “西游记团队”的那些人和事

《西游记》讲述的是唐僧师徒前去西天取经的故事，表现了惩恶扬善的经典主题。《西游记》以整整七回的“大闹天宫”故事开始，把孙悟空的形象提升到全书首要地位。第八至十二回讲如来说法、观音访僧、魏徵斩龙、唐僧出世等故事，交代取经的缘起。从第十四回到全书结束，讲孙悟空皈依佛门，在猪八戒、沙和尚的协助下，保护唐僧取经，一路斩妖除魔，到西天终修成了“正果”。“西游记团队”的核心成员共有四人，分别是唐僧、孙悟空、猪八戒、沙和尚，他们都有着鲜明的人物性格。

唐僧：一贯坚持“因为值得做，所以要做好”原则，是典型的完美型性格。这种性格类型的人比其他性格类型的人想得更多，往往着眼于长远的目标，所以总是能够从一个更高的层面看待问题。但是由于过分地追求完美，就会转化为一种完美主义，对别人的工作永远不满意，还会因过分谨慎而变得优柔寡断。

孙悟空：力量型性格的杰出代表，他永远在超越自己的极限，总是能够不屈不挠地努力达成目标，能够取得令人叫好的工作绩效。但是这种性格类型的人往往只关心工作的结果，对过程和人的情感却不大关心，喜欢控制一切，不善于合作。

猪八戒：率直而又风趣，是活泼型性格的象征。他情感外露、热情奔放，懂得如何从工作中寻找乐趣，处处受欢迎。但是，对乐趣的过分追求会使他显得随意、耐心不足、不切实际，常常陷入信任的危机。

沙和尚：当唐僧在想、孙悟空在做、猪八戒在说的时候，沙和尚在看，他比任何人都低调。当团队动荡不安时，他稳如磐石。和平型性格的人是整个团队的稳定器，他们非常在意人际关系的和谐和团队生活的稳定，容易相处，冷静耐心。但是，过分地强调和谐，事实上可能造成过分的妥协、逃避冲突，不愿意主动承担责任。

第三步：学生填写实训表（见表1-1）。

表1-1 团队的定义及作用实训表

姓名__________ 学号__________ 小组号__________ 成绩__________

请同学们仔细阅读上文案例，并回答下述问题	
1．你最喜欢西游记团队中谁的角色性格？为什么？	
2．你最不喜欢西游记团队中谁的角色性格？为什么？	
3．你认为西游记团队中最不重要的人是谁？为什么？	
4．你认为西游记团队中最重要的人是谁？为什么？	
5．本案例在团队建设管理方面对你有何启示？	

第四步：小组讨论，并推荐一名代表发言。

第五步：教师对各小组成员的观点进行点评、分析，提炼团队概念，讲解团队的作用。

实训1-2　团队自主性、思考性

实训形式　案例分析

实训步骤

第一步：实训前准备。要求学生提前阅读团队的相关文献，了解本次实训的理论知识。

第二步：以6～8人为一个小组，对以下两个案例进行分析。

案例1　培训师的反问

曾经有位培训师要到一家公司找总经理谈项目。到了公司，他就坐在大厅的空椅上。之后，总经理打电话过来，问："您在哪里？我在公司等您。"该培训师说："我在你们公司大厅，半个小时之前就到了。"总经理就问："那您怎么不上来？"培训师说："这个问题，您应该问您的员工，半个多小时了，也没有人上前来问我。"

案例分析：培训师的反问

案例2　餐盘在哪里？

图1-1拍摄于一家酒店早餐厅，当时一名顾客正在取餐盘。请认真观察图片，能否发现有什么不妥之处？当时，拍摄者吃完早餐，坐在餐厅观察了5分钟，期间有20多位顾客陆陆续续来吃早餐，其中有13位顾客都向现场的一名服务员询问了"餐盘在哪里"。这名服务员基本上没办法开展其他工作。后来，拍摄者上前询问这位服务员："餐盘位置大家都找不到，而且取餐盘也不方便，你们就没想着如何改进？"服务员回答说："已经习惯了。"

图1-1　某酒店早餐厅

第三步：学生填写实训表（见表1-2）。

表1-2　团队自主性、思考性实训表

姓名______________　学号______________　小组号______________　成绩______________

案例1中，培训师的反问说明了什么？	
案例1给予你的管理启示是什么？	
案例2中的图1-1有何不妥之处？	
案例2中服务员的回答说明了什么？	
案例2给予你的管理启示是什么？	

第四步：小组讨论，并推荐1～2名学生代表发言。

第五步：教师对各小组成员的观点进行点评、分析，强调团队自主思考的重要性，巩固理论知识点。

实训1-3　团队协作性

实训形式　团队游戏

实训步骤

第一步：实训前准备。要求学生提前阅读团队的相关文献，了解本次实训的理论知识。

第二步：以6～8人为一个小组，按照要求开展“石头剪刀布”团队游戏。

团队游戏 石头剪刀布

团队游戏：石头剪刀布

（1）在班级中抽取两个小组参加游戏。

（2）每个小组按照规定的动作规范，根据教师的统一口令，同时统一做出“石头剪刀布”的相应动作。

“石头”：蹲下，两手握拳放在头的两边。

“剪刀”：两手胸前交叉，右腿往前跨一步。

“布”：两手分开举过头顶，两腿分开。

（3）胜负评判标准：每一组内的成员所做的动作必须一致，否则直接算输；在此基础上，两组成员按照“石头剪刀布”的游戏规则来判定胜负；可以采用三局两胜制。

第三步：小组讨论成功或失败的原因。

第四步：小组派代表发言，分享游戏体验。

第五步：教师总结，提出团队协作的重要性，进一步巩固理论知识点。

单元二 团队与群体的关系

理论知识点

一、团队与群体的区别

群体是与个体相对应的概念，是指具有某些共同属性的多个个体在相同的时空集聚。而团队是群体演化发展的结果，两者既相互联系，又有着显著区别。两者的对比如图1-2所示。

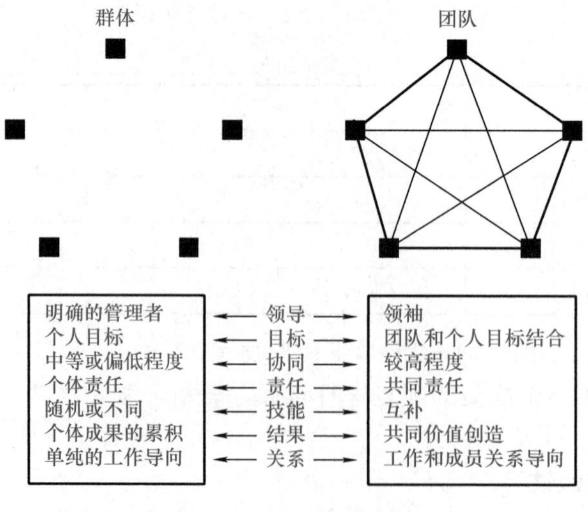

图1-2 团队与群体的对比

1．领导差异

通常，为了更好地达到组织的管理和运营目标，一般群体的领导权力更多地集中在少数的管理者身上，这些管理者因为职位而获取领导权力，他们的领导作用也因其职位重要性而显得格外突出。但是对于团队而言，领导权力会呈现出领袖特性。领袖的领导行为往往有以下特点：一是充分授权，即权力在团队成员间呈现合理的分配；二是领导权力更突显为非正式权力，影响力更大。

2．目标差异

无论是群体还是团队，都可以定义为一个集体，而它们的组成单位则是构成集体的个体。作为集体中的个体，其个人目标往往与集体目标不尽相同，这种矛盾不可避免地会发生在群体和团队的成员身上。然而不同的是，当这种情况发生时，群体成员会将个体目标置于集体目标之上，以个人目标为主，而团队成员则会将团队目标与个人目标相结合。

3．协同程度差异

在一般的群体中，成员行动通常是由领导者统一安排的个体行为的简单组合，行为之间没有或很少能够产生协作，呈现中等或偏低的协同性；而团队行动则是具有严密分工与合作的集体协作，每个成员的个体行动都是整个组织行动中的重要有机成分，成员彼此间呈现较高的协同性。

4．责任差异

在一般的群体中，成员会紧紧围绕各自的目标开展工作，其责任也仅限于所参与的个人工作，呈现鲜明的个体化特征；而在团队中，成员彼此分工合作、互相配合，责任难以精确地分割，所以其责任往往是由个体与团队共同承担的，是一种连带责任。

5．技能差异

组建一般群体时所考虑的各方面因素与组建团队所考虑的因素是不同的。通常，群体中成员的技能组合是随机产生的，并且在其后的工作中也往往处于相对静止的状态；而对于团队而言，在其组建时就已经充分利用了成员间的互补性，而在其后的磨合与运营过程中，成员的技能组合更是呈现多元且互为补充的状态。

6．结果差异

对于一般意义上的群体，其集体工作的结果往往是个体绩效的累积。且由于在进行集体工作的过程中，往往有大量的个体绩效会在组织内部损耗，因此集体绩效通常小于个体绩效的总和。但是，对于一个团队而言，其集体工作的结果要大于个体绩效的总和，这是因为团队中存在大量的共同价值创造工作。

7．成员关系差异

在一般的群体中，成员间的交流往往局限于工作导向，成员间的交流并不充分，且缺乏信任等情感投入，沟通的渠道少而不畅；而团队成员间的沟通往往同时包含着工作导向和成员关系导向，成员间的交流渠道多样化，交流内容也更为丰富，并且越是高效的团队，其成员间的互相信任程度越高，情感关系也越为密切。

二、群体向团队转化

团队是群体发展到一定阶段的产物，群体可以经由一系列阶段向团队转化。其转化过程如图1-3所示。

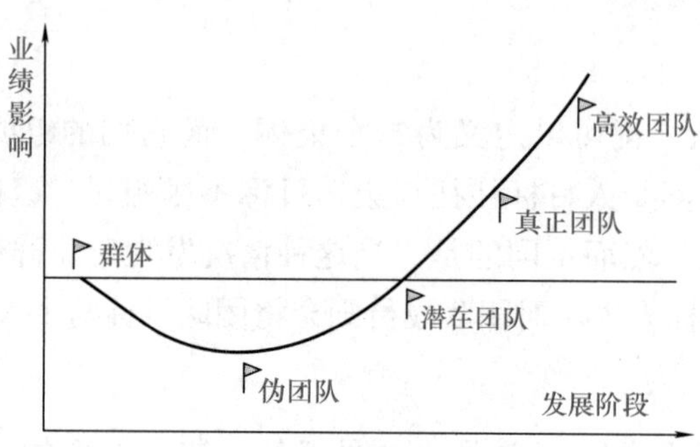

图1-3　群体向团队转化示意图

第一阶段：由群体发展为伪团队，也称为假团队。

第二阶段：由伪团队发展为潜在团队，这时已经具备了团队的雏形。

第三阶段：由潜在团队发展为真正的团队，此时已具备团队的一些基本特征，也具有较好的团队绩效。

第四阶段：由真正团队发展为高效团队，团队业绩达到最优。

三、团队的构成要素

1．目标

团队应该有一个既定的目标，为团队成员导航，知道要向何处去，没有目标的团队就没有存在的价值。团队的目标要跟组织的目标一致。此外，还可以把大目标分解成不同的小目标，并具体分配到每个团队成员身上，大家合力实现这个共同的目标。同时，目标还应该有效地向大众传播，让团队内外的人都知道这些目标，有时甚至可以把目标贴在会议室里或团队成员的办公桌上，以此激励所有成员为这个目标而努力。

2．人（成员）

人是构成团队最核心的力量。两个或以上的个体可以构成团队。团队目标需通过团队成员的共同努力来实现，所以成员的选择是团队构建及发展的重要内容。在一个团队中可能需要有人出主意、有人定计划、有人实施、有人协调，还得有人去监督团队工作的进展以及评价团队的最终贡献。不同的人通过分工来共同完成团队的目标，在进行成员选择时要考虑成员的能力如何、成员间技能是否互补、成员的经验如何。

3．定位

团队的定位包含两层含义：

（1）团队的定位。团队在企业中处于什么位置，由谁选择和决定团队的成员，团队最终应对谁负责，团队采取什么方式激励下属？

（2）个体的定位。作为成员在团队中扮演什么角色，是负责制订计划还是具体实施或评估？

4．权限

团队领导者的权力大小跟团队的发展阶段相关。一般来说，在团队发展的初期阶段领导权力会相对比较集中，而随着团队的发展、成熟，领导者所拥有的权力会相对减少。

团队权限涉及两方面内容：①整个团队在组织中拥有什么样的决定权，如财务决定权、人事决定权、信息决定权等；②组织的基本特征，例如组织的规模多大，团队的数量是否足够多，组织对于团队的授权有多大，它的业务是什么类型等。

5．计划

计划包含两层含义：①计划体现在一系列具体的行动方案，所以可以把计划理解成实现目标的具体工作程序；②具体行动方案的有效执行是计划得以实现的保障，只有按照计划有条不紊地执行，团队才会一步一步地贴近目标，最终实现目标。

实训组织

实训1-4　团队与群体的区别

实训形式　情景分析

实训步骤

第一步：实训前准备。要求学生提前阅读团队的相关文献，了解本次实训的理论知识。

第二步：根据以下资料进行情景分析，并填写实训表（见表1-3）。

情景分析　这不是我的顾客

某手机专卖店中，客服人员小王正在为一位顾客更换摔坏的手机壳，这时另一位顾客进来，诉求自己昨天刚买的手机总是白屏，要换一部新的。小王礼貌地说：“请稍等，稍后为您处理。”顾客点头应允。这时客服人员小黄走到近处，那位正在等候的顾客又向她说明了情况，希望能给予解决。但此时小黄心里想的是：刚才看到小王搭话了，应该是她接待的吧，我为何要管她的事啊？让她忙去吧。小黄这么想着，便对顾客说：“对不起，您不是我接待的，您等会儿吧，刚才接待的同事会帮您处理的。”顾客一听就火了：“我在你们这儿买的手机，又不是从某个人手里买的，你明明闲着还让我等，这是什么工作态度！找你们领导，我要退货！”

第三步：学生填写实训表（见表1-3）。

表1-3 团队与群体的区别实训表

姓名________ 学号________ 小组号________ 成绩________
1. 小黄对顾客说的话，说明了什么？ ________________________ ________________________ ________________________ ________________________
2. 请结合团队与群体区别的相关理论，分析该手机专卖店为什么没有进入团队阶段。 （1）____________________ ________________________ （2）____________________ ________________________
3. 该情景给予你的管理启示是什么？ ________________________ ________________________ ________________________ ________________________

第四步：抽取学生代表发言。

第五步：教师总结，进一步分析团队与群体的区别，巩固所学的相关理论知识点。

单元三 团队成员角色

课堂延伸案例 小陈该怎么选呢？

团队成员角色

北方的一家蓝莓生产企业准备进入南方市场，特组建南方市场开发项目小组。项目小组的负责人由小陈担任。为了组建项目小组，小陈向公司提出向各部门抽调人员的请求。公司经讨论同意了小陈的请求，并要求行政部在两日内汇总拟抽调人员的名单，交由小陈来做最终决定并完成小组内部的角色分工。拟抽调人员的名单及性格特征如下：

成员A，热情大方，善与人打交道，行动力很强；成员B，懂得创新，懂得出谋划策，经常有“鬼点子”；成员C，善于团结同事，给予成员以支持，性情温和；成员D，办事效率高，时间和工作安排妥当，执行力强，能有效推进事项开展；成员E，勤奋努力，服从安排，有责任感，务实、自律；成员F，力求完美，事必躬亲，有紧迫感，做事精益求精；成员G，能处理好团队成员间的关系，化解团队内部矛盾，协调成员关系；成员H，严肃、理智，善于分析判断，指出成员错误，纠正团队偏差。

如果你是小陈，你会将这8名抽调人员全部招纳吗？对于新招纳的人员，你又将如何进行分工？

理论知识点

虽然现有的团队角色理论较多，但比较流行且常用的团队角色理论，当属梅雷迪思 • 贝尔宾（Meredith Belbin）的团队角色理论。贝尔宾博士和他的同事们经过在澳大利亚和英国多年的研究与实践，提出了著名的“贝尔宾团队角色”理论，概括出如图1-4所示的八种团队角色。

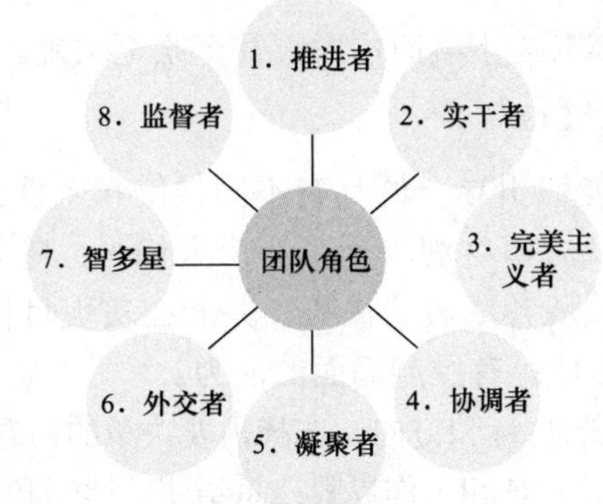

图1-4　贝尔宾团队角色

1．推进者（Shaper，SH）

（1）角色描述：说干就干，办事效率高，自发性强，目的明确，有高度的工作热情和成就感；遇到困难时，总能找到解决办法；推进者大都性格外向且干劲十足，喜欢挑战别人和传统，好竞争，而且一心想取胜；但缺乏人际间的相互理解，是一个具有竞争意识的角色。

（2）典型特征：思维敏捷；开朗；主动探索。

（3）团队作用：寻找和发现团队讨论中可能的方案；使团队内的任务和目标成形；推动团队成员达成一致意见，并朝向共同决策行动。

（4）优点：随时愿意挑战传统；厌恶低效率；反对自满和欺骗行为。

（5）缺点：有挑衅嫌疑；做事缺乏耐心。

2．实干者（Implementer，IMP）

（1）角色描述：实干者非常现实、传统甚至有点保守，他们崇尚努力，计划性强；喜欢用系统的方法解决问题；实干者有很好的自控力和纪律性；对团队忠诚度高，为团队整体利益着想而较少考虑个人利益；工作勤奋；有组织能力及实践经验。

（2）典型特征：有责任感；高效率；守纪律；但比较保守、顺从。

（3）团队作用：把谈话与建议转换为实际行动；考虑什么是行得通的，什么是行不通的；整理建议，使之与已经取得一致意见的计划和已有的系统相配合。

（4）优点：有组织能力，务实，能把想法转化为实际行动；工作努力、自律。

（5）缺点：缺乏灵活性，可能会阻碍变革。

3．完美主义者（Completer Finisher，CF）

（1）角色描述：具有持之以恒的毅力；做事注重细节，力求完美；他们不大可能去做那些没有把握的事情；事必躬亲，不愿授权，不愿别人介入自己的工作；他们无法忍受那些做事随随便便的人；容易焦虑，不洒脱。

（2）典型特征：埋头苦干；守秩序；尽职尽责；有紧迫感；易焦虑。

（3）团队作用：强调任务的目标要求并制订活动日程表；在方案中寻找并指出错误、遗漏等；刺激其他人参加活动，并促使团队成员产生时间上的紧迫感。

（4）优点：坚持不懈；精益求精。

（5）缺点：不愿放权；容易为小事而焦虑，甚至吹毛求疵。

4．协调者（Coordinator，CO）

（1）角色描述：协调者能够引导一群具有不同技能和个性的人向着共同的目标努力；他们代表成熟、自信和信任，办事客观，不带有个人偏见；除权威之外，更有一种个性上的感召力；在团队中能很快发现各成员的优势，并能在实现目标的过程中妥善运用。

（2）典型特征：冷静；自信；有控制局面的能力。

（3）团队作用：明确团队的目标和方向；选择需要决策的问题，并明确它们的先后顺序；帮助确定团队成员的角色分工、责任和工作界限；总结团队感受和成就，综合团队建议。

（4）优点：目标性强；待人公平。

（5）缺点：个人业务能力可能不会太强；比较容易将团队的努力归为已有。

5．凝聚者（Team Worker，TW）

（1）角色描述：善于与人打交道，善解人意，关心他人；处事灵活，有适应周围环境和人的能力，很容易将自己融入团队；凝聚者对任何人都没有威胁，是团队中比较受欢迎的人。

（2）典型特征：擅长人际交往；合作性强；性情温和；敏感。

（3）团队作用：给予他人支持和帮助；打破讨论中的沉默；采取行动扭转或克服团队中的分歧。

（4）优点：随机应变；善于化解各种矛盾，促进团队合作。

（5）缺点：在危机时刻可能会优柔寡断；不太愿意承担压力。

6．外交者（Resource Investigator，RI）

（1）角色描述：外交者是热情的、行动力强的、外向的人；无论公司内外，他们都善于和人打交道；他们与生俱来是谈判的高手，并且善于挖掘新的机遇、发展人际关系；性格开朗外向，所以无论到哪里都会受到欢迎；外交者为人随和，好奇心强，乐于在任何新事物中寻找潜在的可能性。

（2）典型特征：性格外向、热情；好奇；联系广泛；消息灵通。

（3）团队作用：提出建议，并引入外部信息；接触持有其他观点的个体或群体；参加磋商性质的活动。

（4）优点：有广泛联系他人的能力；不断探索新的事物；勇于迎接新的挑战。

（5）缺点：事过境迁，兴趣马上转移。

7．智多星（Planner，PL）

（1）角色描述：智多星创造力强，充当创新者和发明者的角色；他们为团队的发展和完善出谋划策；通常他们更倾向于与团队其他成员保持距离，运用自己的想象力独立完成任务，标新立异；他们对于外界的批判和赞扬反应强烈，持保守态度；他们的想法总是很激进，并且可能会忽略实施的可能性；他们是独立的、聪明的、充满原创思想的，但是他们可能不善于与那些和自己气场不同的人交流。

（2）典型特征：有个性；思想深刻；不拘一格。

（3）团队作用：提供建议；提出批评并有助于引出相反意见；对已经形成的行动方案提出新的看法。

（4）优点：才华横溢；富有想象力；智慧；知识面广。

（5）缺点：高高在上；不重细节；不拘礼仪。

8．监督者（Monitor Evaluator，ME）

（1）角色描述：监督者严肃、谨慎、理智、冷血质；不会过分热情，也不易情绪化；他们与群体保持一定的距离，在团队中不太受欢迎；监督者有很强的批判能力，善于综合思考、谨慎决策。

（2）典型特征：冷静、不易激动；清醒；谨慎、精确判断。

（3）团队作用：善于分析问题和情景；对繁杂的材料予以简化，并澄清模糊不清的问题；对他人的判断和作用做出评价。

（4）优点：冷静；判别能力强；讲求实际。

（5）缺点：缺乏鼓动和激发他人的能力；自己也不容易被别人鼓动和激发。

（资料来源：LearnMart BELBIN中国区代表处）

拓展资源

十大团队建设经典理论

1．彼得原理

每个组织都是由各种不同职位、等级或阶层的人员所组成，每个人都隶属于其中的某个等级。美国学者劳伦斯·彼得在对组织中人员晋升的相关现象进行研究后，得出一个结论：在各种组织中，成员总是趋向于晋升到其不称职的地位。这就是彼得原理，也称为“向上爬”原理。在团队中，要关注这样的彼得现象，规范团队成员的职位晋升。

2．酒与污水定律

酒与污水定律是指如果把一匙酒倒进一桶污水中，得到的是一桶污水；如果把一匙污水倒进一桶酒中，得到的还是一桶污水。在任何组织里，几乎都存在几个难弄的人物，他们存在的目的似乎就是为了把事情搞糟。最糟糕的是，他们就像果箱里的烂苹果，如果不及时处理，就会迅速传染，把果箱里的其他苹果也弄烂。在团队中，这样的“烂苹果”会腐蚀整个团队，影响团队的整体发展。

3．木桶定律

木桶定律是讲一只木桶能装多少水，完全取决于它最短的那块木板。任何一个组织或团队都可能面临这样的问题，即构成组织的各个部分往往是优劣不齐的，而劣势部分往往决定了一个组织或团队的整体水平。在团队建设中，要注重识别“短板”成员，注重团队整体水平的提升。

4．马太效应

马太效应是指强者愈强、弱者愈弱的现象。对于团队建设及发展而言，马太效应告诉我们，要想在某一个领域保持优势，团队就必须在此领域迅速做大。当团队成为某个领域的领头羊时，就能轻易地获得比弱小团队更大的收益。

5．零和游戏

零和游戏是指在一项游戏中，游戏者有输有赢，一方所赢正是另一方所输，游戏的总成绩永远为零。在团队建设中，团队要善于在竞争中从零和走向双赢，要善于在合作中将共同利益做强做大，从而为各合作方提供更大收益。

6．华盛顿合作规律

华盛顿合作规律说的是一个人敷衍了事，两个人互相推诿，三个人则永无成事之日。人与人的合作不是人力的简单相加，而是要善于激励每一位成员，形成相互合作、相互促进的团队氛围，减少团队成员的内耗，提高团队内部的运转效率。

7．手表定理

手表定理是指一个人只有一只手表时，可以清楚地知道具体时间；而当其同时拥有两只或者更多只手表时，却难以确定时间。因为不同手表所显示的时间并不一定相同，这反而会让看表的人失去对准确时间的信心。手表定理在团队建设方面给我们一种非常直观的启发，就是团队内部要形成一致的主流文化、团队理念，避免多头领导、多重管理理念的冲突。

8．不值得定律

不值得定律指的是不值得做的事情，就不值得做好。一个人在做一件自认为不值得做的事情时，往往会抱以冷嘲热讽、敷衍了事的态度，不仅成功率低，而且即使成功，也不觉得有多大的成就感。对于团队建设来讲，团队要善于分析成员的性格特征，合理分配工作，尽量地让成员能从事自己喜欢的工作，增强工作价值感，并能给予及时的肯定和赞扬。如此才能激发团队成员的工作积极性。

9．蘑菇管理

蘑菇管理是许多组织对待初出茅庐者的一种管理方法，初学者被置于阴暗的角落（不受重视的部门或打杂跑腿的工作），经常被无端地批评、指责或代人受过。在团队建设中，团队要实施科学的蘑菇管理，一方面要给予团队新成员必要的锻炼，从基层做起，提高其业务技能，培养其吃苦耐劳精神；另一方面要将蘑菇管理控制在合理的范围，不能侮辱新进成员的人格，不能打击其工作的积极性。

10．奥卡姆剃刀定律

奥卡姆主张唯名论，只承认确实存在的东西，认为那些空洞无物的普遍性概念都是无用的累赘，应当被无情地剔除。他主张如无必要，勿增实体。在团队建设中，奥卡姆剃刀定律可以理解为要学会把复杂事情变得简单，善于把握事物的实质，解决团队最根本的问题，才能做到事半功倍，提高团队运作效率。

同步强化训练

一、单项选择题

1. 团队成员能积极主动地补位，这主要体现了团队（　　）的基本特点。
   A. 思考性　　B. 自主性　　C. 凝聚力　　D. 协作性
2. 团队最核心的力量是（　　）。
   A. 目标　　B. 人　　C. 定位　　D. 权限
3. 能为团队出谋划策，充当创新者和发明者的角色是（　　）。
   A. 凝聚者　　B. 实干者　　C. 智多星　　D. 监督者

二、多项选择题

1. 团队与群体的区别有（　　）。
   A. 目标差异　　B. 协同程度差异　　C. 责任差异　　D. 技能差异
2. 团队的作用有（　　）。
   A. 优化人员组合　　B. 优化资源整合
   C. 优化组织效能　　D. 优化成员凝聚力
3. 团队角色包括（　　）。
   A. 推进者　　B. 完美主义者　　C. 实干者　　D. 领导者

三、思考题

1. 团队在现实中有哪些体现？能否举例说明？
2. 群体可以向团队转化吗？如果可以转化，需要经历哪些阶段？
3. 你如何理解贝尔宾团队角色理论？它对你的现实工作、生活有何指导意义？

模块二 团队发展历程及类型

学习目的

通过教学，让学生掌握团队发展的五阶段历程，理解不同阶段团队成员的行为特征、工作重点及领导风格，掌握常见团队类型及新团队类型。

教学手段

知识讲授；案例分析；户外拓展训练；设计与分析。

团队发展历程

单元一 团队发展历程

理论知识点

布鲁斯·塔克曼（Bruce Tuckman）的团队发展阶段（Stages of Team Development）模型可用来辨识团队构建与发展的关键性因素。团队发展的五个阶段是：组建阶段（Forming）、激荡阶段（Storming）、规范阶段（Norming）、高产阶段（Performing）和休整阶段（Adjourning），如图2-1所示。在这个过程中，团队绩效会随着团队的发展而不断得到提高；团队精神则会在团队激荡期跌至最低点，随后逐渐上升，如图2-2所示。

图2-1 团队的五阶段发展历程

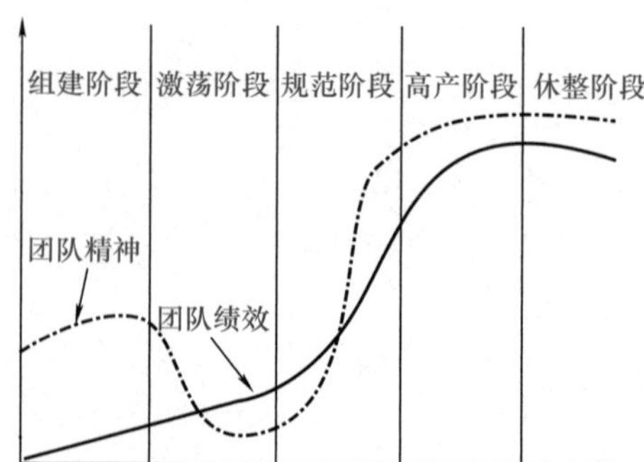

图2-2 团队发展历程中的团队绩效及团队精神

一、团队组建阶段

1．行为特征

团队组建阶段作为团队发展历程的第一阶段，团队成员往往呈现以下行为特征：①新进团队成员的情绪往往比较浓烈，表现为既兴奋又紧张；②团队成员对团队负责人有着较高的依赖，对于团队的未来发展有着较高的期望和美好的愿景；③团队成员对团队规则、自我定位比较模糊，不清楚自己该做什么、不该做什么；④团队成员有着较为强烈的焦虑、困惑和不安全感。

2．工作重点

在团队的创立和组建阶段要完成团队方案的设计和其他准备工作，一般要投入几个月的时间。这一阶段首先要考虑的问题是团队的定位，包括以下方面：①创建者必须根据团队的任务、目标来思考创建一个什么样的团队，即团队的类型与功能；②本团队应该把人数控制在什么规模；③本团队应该包含哪些必需的技术人才、管理人才等，各自的角色是什么。对于这些问题，创建者必须制订一个明确的规划。如果目标不明确，在选择团队成员的时候就会出现成员配合不当的问题。当团队得到正式认可并召开第一次会议后，组建阶段的基本工作就已完成。这一阶段结束时，团队的每个成员都应该清楚本团队想要实现的愿景。

3．领导风格

团队在组建阶段必须得到上级领导的支持。在团队负责人设计具体规划的时候，很可能要在整个组织内部挑选成员，这就涉及组织内部的协调和沟通问题，尤其是和人力资源部门的配合问题，任何一点小的失误都会影响创建的热情或改变创建的初衷。因此，要明确本团队直接向谁负责，谁是团队的最终裁定者，并争取得到其有力支持。

在该阶段，比较适宜的团队领导风格是指挥或"告知式"的领导风格。团队领导者需投入比较多的时间和精力带领自己的团队，责任重大。首先，领导者必须明确团队的目标，分配每天的任务，进行生产流程的监控以及假期的安排，还要更多地介入公司的预算方案等；其次，要把具体的目标和任务告知每个团队成员，促进成员之间的信任与合作，让成员共同构建团队目标；最后，领导者还要身先士卒，鼓舞团队成员的士气，培养他们的团队精神。在组建阶段，团队领导者会比较艰难，很多事情要亲力亲为，只有如此，才能为后续的团队发展奠定基础。

二、团队激荡阶段

1．行为特征

随着时间的推移，一系列的问题在这一阶段开始暴露出来。成员之间从一开始的彬彬有礼、互相比较尊重，到慢慢地发现每个人身上所隐藏的缺点。同时，成员会发现团队当中一些不尽如人意的地方，比如团队的领导者朝令夕改，或是团队成员的培训进度落后等。

团队成员对于团队的目标也可能会产生怀疑，当初领导者很有信心地要达成某个目标，但可能经过一段时间的检验，发现这个目标是高不可攀的。而在人际关系方面，冲突开始加剧，成员之间的关系变得紧张，甚至会互相猜疑、对峙、不满。成员开始把这些问题归结到领导者身上，对领导者产生不满，尤其在出现问题的时候，个别有野心的成员甚至会想要挑战领导者。这个阶段人们更多地把自己的注意力和焦点放在人际关系上，无暇顾及工作目标，生产力在这个时候遭到持续性的打击。

总结起来，该阶段团队成员的行为特征主要有：①成员们的期望与现实产生脱节，隐藏的问题逐渐暴露出来；②成员有挫折感和焦虑感，对目标能否完成失去信心；③团队中人际关系紧张，冲突加剧；④对领导者不满，尤其是当出现问题时，个别成员甚至会挑战领导者；⑤组织的生产力持续遭受打击。

2．工作重点

团队的领导者应重点关注以下工作内容：首先是安抚人心，这是最重要的措施。领导者要能够认识并处理冲突，不能以权压人；还要鼓励团队成员对有争议的问题发表自己的看法，积极进行有效的沟通。其次，领导者需建立更为合理的工作规范，并能够以身作则。最后，领导者应调整自己的领导角色，对团队成员进行适度授权，鼓励团队成员参与决策。

3．领导风格

在团队激荡阶段，领导者可以采用参与型的领导风格。参与型领导是民主型领导的一种特殊形式，其主要特点是大多数决策是在与下属协商一致的基础上达成的，人际关系的协调被置于首位。参与型的领导者积极组织和参与团队各项活动，乐于听取员工的意见，在做出决定之前会同有关人员商议，尽量用说服的方法使别人接受自己的主张。这样的领导风格有利于决策的贯彻执行，有利于缓解团队成员间的紧张关系，帮助团队顺利度过激荡阶段。

三、团队规范阶段

1．行为特征

规范阶段的人际关系开始解冻，由敌对情绪转向相互合作，成员开始互相沟通，寻求解决问题的办法。团队这时候也形成了适宜的新的合作规则，成员们的注意力开始转向任务和目标。通过上一阶段的磨合，团队发展逐渐进入稳定期，成员的工作技能开始慢慢地提升，新的技术慢慢被掌握，工作规范和流程也逐步建立。

2．工作重点

经过之前的激荡阶段，团队成员间的人际关系变得缓和，成员更加关注团队绩效。团队领导者此时的工作重点在于建立科学、规范、有效的团队规范。团队规范包括团队成员交往规范和团队业务规范两方面。团队成员交往规范注重于团队不同角色成员间的积极互动；团队业务规范则注重于团队业务操作的规范性、科学性及有效性。

3．领导风格

在团队规范阶段，领导者可以采用教练型的领导风格。教练型领导鼓励成员建立发展目标，并帮助他们制订实现目标的计划。领导者在成员应扮演的角色及实现目标的途径方面与成员达成一致，并给予大量的指导和反馈。他们擅长分配工作任务，能够给成员安排具有挑战性的工作。如果失败对成员今后的发展有利，领导者也愿意承受短期的失败。教练型的领导者既给予成员以业务指导，又给予成员以一定的弹性学习空间，从而尽可能地发挥成员的工作积极性，推进团队的进一步发展。

四、团队高产阶段

1．行为特征

经过前三个阶段的发展，团队得到了快速发展。在高产阶段，团队成员的行为特征主要有：①信心大增，具备多种技能，协力解决各种问题；②用标准的流程和方式进行沟通、化解冲突、分配资源；③自由而建设性地分享观点与信息；④分享领导权；⑤在完成任务时会产生使命感和荣誉感。

2．工作重点

在这个阶段，团队的工作重点应当放在团队绩效的提升上。其中，团队业务开展的流程和技术变革又是重中之重。团队成员应当不断提高自己的业务技能，通过合作提高团队的整体绩效；团队可以设置科学、合理的变革流程及激励制度，推进团队成员及团队整体的不断革新，从而不断提升团队业绩。

3．领导风格

在团队高产阶段，领导者可以采用委任型的领导风格。委任型领导风格，即委托任命型领导风格，是指团队领导者将团队业务进行模块化分解，并给予团队成员充分的授权，让成员以高度的自主性参与团队建设，领导者则负责解决疑难杂症等非常规事务。在这种领导风格下，团队成员拥有相当的自主权和较高的业务决策权，这是对团队成员职业道德、职业技能和个人素质的综合考验；团队领导者在这个阶段则相对比较轻松，其主要职责在于团队整体方向的把控、团队利润分享机制的建立以及团队奖惩机制的构建和执行等。

五、团队休整阶段

1．行为特征

团队休整阶段一般包括两种情况，一种是团队解散，另一种是团队转型变革。处于团队解散阶段的成员往往表现出沮丧、伤心，对团队依依不舍等情绪；处于团队转型变革阶段的成员则往往表现出不安，甚至是恐惧。不安的主要原因在于成员对未来的不确定性。

2．工作重点

在这个阶段，团队的工作重点应当是平稳过渡。对于解散型的团队休整阶段，工作重点在于平稳解散，协调好团队成员的未来出路，解决好成员的遗留问题，帮助成员度过艰难的休整阶段。对于转型变革的团队休整阶段，工作重点在于平稳变革，要注重变革方式的合理选择，处理好变革的后续问题，从而帮助团队平稳转型。

3．领导风格

在团队休整阶段，领导者可以采用安慰型的领导风格。安慰型的领导者以人际关系为导向，关注团队成员的个体心理、团队成员间的人际互动关系以及团队的群体心理。在这种领导风格下，团队领导者的工作风格应该突出亲和、善意的特征，让团队成员感受到团队的温暖，从而让成员个体及团队整体能够平稳地度过休整阶段。

实训组织

实训2-1　团队发展阶段

实训形式　案例分析

实训步骤

第一步：实训前准备。要求学生提前阅读团队发展阶段的相关文献，了解本次实训的理论知识。

第二步：学生阅读并分析以下案例。

案例分析　RWB团队

企业A是一家主要从事软件开发业务的新生代企业。仅经过几年的发展，企业就实现全年主营业务收入6亿元，净利润7 000万元，发展非常迅猛。企业骄人的业绩也引来了媒体和社会的关注，纷纷前来探究成功的秘诀。该企业创始人在接受媒体记者采访时说，企业的成功源自于企业所倡导的“以团队人才为本”的理念，企业根据业务特点及团队建设要求，提出了“红、白、蓝”的“RWB”三类团队人才方案，构建了多色彩的团队合作格局。

“RWB”三类团队人才分别是懂技术、懂管理的“蓝领人才”，懂系统分析和设计的“白领人才”，懂编程的“红领人才”，三者缺一不可，共同推进着每一个软件开发项目的实施。而为了能进一步发挥企业“RWB”三类团队人才的重要作用，企业还加大了对这三类团队人才的培养，通过请进来、走出去的培训方法，不断提升团队人才的业务技能，持续优化团队合作能力。正是在这样的理念指引下，虽然三类团队人才有着差异化的业务技能，有着鲜明的个性特征，但大家都能围绕着共同的目标，相互通力合作，高效地完成各项目标，充分彰显着“我们是一个团队”的理念与行为。

当然，企业的业务开展并不可能一帆风顺，“RWB”团队也会遇到各种问题。面对困难，“RWB”团队会通过沙龙、论坛等形式，探讨解决方案，逐步完善业务流程及制度建设，形成了项目管理、项目设计、项目执行的自主运行模式，团队运行效益持续提升。基于“RWB”团队的运行特点，企业高层也进一步加大了授权，将绝大多数的业务决策权力都交给“RWB”团队。团队的高效益带来了企业的高收益，企业的高收益又让“RWB”团队有了更多的利润分享，从而形成了持续快速发展的良性循环，这就是企业成功的秘诀，这就是团队的强大力量。

第三步：学生填写实训表（见表2-1）。

表2-1　团队发展阶段实训表

姓名__________　学号__________　小组号__________　成绩__________

请同学们仔细阅读上文案例，并回答下述问题	
1．企业A培养红、白、蓝三类人才的做法是否科学？为什么？	
2．企业A培养红、白、蓝三类人才的做法，体现了团队的什么特点？	
3．根据团队发展的五阶段理论，你认为企业A的RWB团队正处于什么阶段？为什么？	
4．你认为在该阶段，该团队应该采用何种领导风格？	

第四步：小组讨论，并推荐一名代表发言。

第五步：教师对各小组成员的观点进行点评、分析，进一步讲解团队的发展阶段理论。

单元二　团队发展类型

理论知识点

一、常见团队类型

（一）问题解决型团队

问题解决型团队（Problem-Solving Team），是指团队成员就如何改进工作程序、方法等问题交换看法，对如何提升生产效率和产品质量等问题提出建议。问题解决型团队的核心点是提高生产质量、提升生产效率、改善团队工作环境等。在这样的团队中，成员就如何改变工作程序和工作方法相互交流，提出一些建议，但是他们没有对自己形成的意见或建议单方面采取行动的决策权。问题解决型团队的运行模式如图2-3所示。

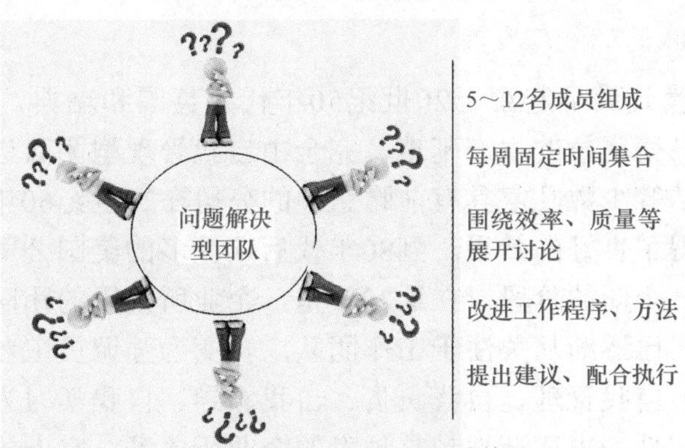

图2-3　问题解决型团队的运行模式

课堂延伸案例　**质量圈**

小王所在的公司最近在采取一种新的运行模式——“质量圈”（见图2-4）。这种模式将公司的整体运行划分为六个单元：①团队可以通过头脑风暴等方式找到本公司质量或效率方面存在的问题；②团队要共同探讨，在众多问题中选择一些必须马上解决的问题；③团队要对拟解决的问题进行评估，评估其存在的危害是什么，评估这个问题的等级是重量级的还是轻量级；④要对问题解决方案进行甄选、推荐，形成方案排序；⑤对推荐的各个方案要进行评估，包括方案执行的成本、可行性和安排等各环节的评估；⑥团队要将推荐的方案提交给具体执行部门执行，质量圈团队则需要配合执行。

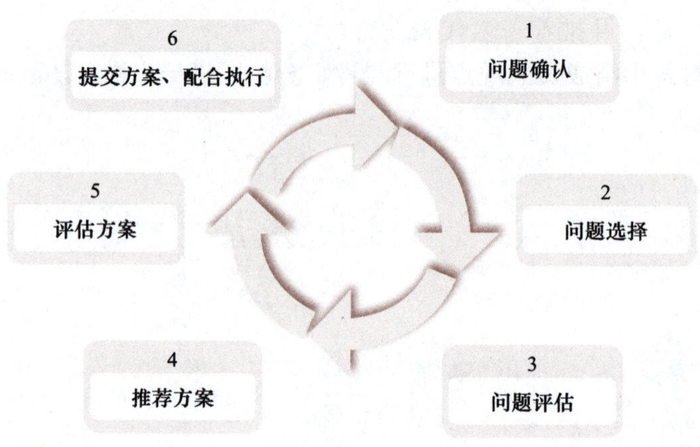

图2-4 “质量圈”团队的运行模式

（二）自我管理型团队

自我管理型团队，也称自我指导型团队，一般由5～15名员工组成，这些员工拥有不同的技能，轮换工作，生产整个产品或提供整个服务，并兼顾团队内部的管理工作，比如分工和假期安排、订购原材料、雇用新成员等。数以百计的美国和加拿大公司都曾经设立过自我管理型团队。

1. 自我管理型团队的产生与发展

自我管理型团队模式最早起源于20世纪50年代的英国和瑞典，比如沃尔沃的管理模式非常先进，其位于乌德瓦拉的生产基地，完全由自我管理型团队进行整辆轿车的装配。在美国，金佰利、宝洁等少数几家具有前瞻意识的公司在20世纪60年代初开始采用自我管理型团队模式，并取得了良好的效果。到80年代后期更多的美国公司开始借鉴并创造性地把团队模式发展到了一个新的阶段。在这20年里，企业所采用的团队类型不断变化，以求得最佳效果，很多公司已逐渐从关注于工作团队，转变为强调员工参与决策和控制决策的实施，其中以团队成员自我管理、自我负责、自我领导、自我学习为特点的自我管理型团队越来越显示出其优越性，也逐渐被越来越多的企业所接受，富士施乐、通用汽车、百事可乐、惠普公司等都是推行自我管理型团队的代表。自我管理型团队的运行模式如图2-5所示。

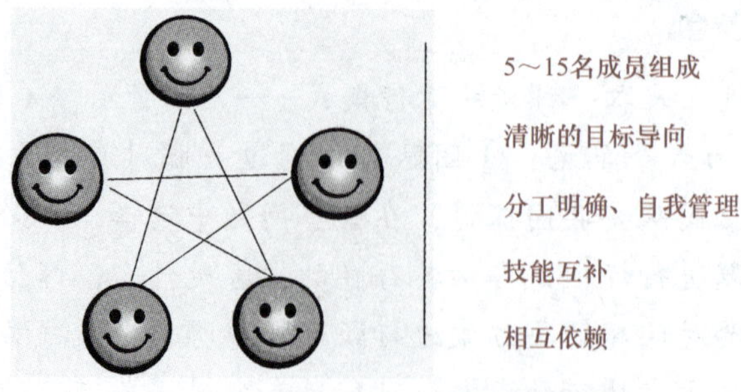

图2-5 自我管理型团队的运行模式

2．自我管理型团队的特征

（1）目标导向性。自我管理型团队的所有成员朝向一个共同的团队目标，并且坚信这一目标包含着重大的意义和价值。这个目标把团队成员紧紧地凝聚在一起，个人的目标被融入团队目标。在这种团队中，大家愿意为团队目标的实现而全力以赴。共同的目标是保证团队工作有效性的一个基本条件，是实现个人目标的前提，也是对团队工作考核的依据。

（2）技能全面性。自我管理型团队在形成和融合的过程中会形成一组有较好能力的群体，他们不仅有全面的专业技能，而且具有良好的人际交往能力，能够保证沟通的顺畅，更重要的是具有发现和解决问题以及进行决策的能力，这就更大地发挥了成员的自觉性和责任感。并且，团队成员还可以通过不断学习和培训，增强团队完成目标的能力和价值。

（3）自我管理性。自我管理型团队承担了很多以前由主管人员承担的工作，通常要对整个流程和产品负责，包括完成目标的计划、组织、领导、控制等各个环节，基本由成员自己管理，并承担责任。他们的责任范围通常包括：计划和安排工作日程；给各成员分配工作任务；总体把握工作步调；做出操作层面的决策；对出现的问题自行采取解决措施；直接与顾客沟通等。甚至，完全的自我管理型团队还可以自己挑选成员，并进行绩效评估。

（4）自我学习性。团队不断发展的过程就是不断学习的过程，团队成员通过不断学习和培训，弥补成员之间的技能差异，使每个成员都具备自我管理的能力，从整体上提升团队的工作能力。

（5）自我领导性。对于自我管理型团队来说，已经模糊了领导者的概念，即团队中没有明确的领导者。团队中的每个成员都是领导者，有更多的自治和决策权力。但在实际中，这一角色常常在团队融合过程中已经确定。

（6）自我负责性。由于组织对自我管理型团队的干预比较少，给予其足够大的决策权和管理权，这就要求团队对任务或目标的完成担负责任，并将责任分解到每个成员身上。

（7）良好沟通性。由于自我管理型团队没有上下级别，所有成员都在一个平等、开放的平台上沟通信息，通过沟通消除矛盾、冲突，使团队成员达成一致。特别是在解决问题和方法创新方面，自我管理型团队良好的沟通平台更具优势。

（8）相互依赖性。团队通常把整体目标分解成个人目标，而个人目标的实现往往要依靠其他团队成员目标的实现，这就使团队成员产生强大的相互依赖性，促进了团队的协作，增强了团队的凝聚力。

（三）多功能型团队

多功能型团队也称跨职能团队，由来自同一等级、不同工作领域的人员组成，他们走到一起是为完成某项任务。许多组织采用跨越横向部门界线的团队形式已有很多年的历史。例如，早在20世纪60年代，IBM公司为了开发卓有成效的360系统，组织了一个大型的任务攻坚队，攻坚队成员来自于公司的多个部门。多功能型团队兴盛于20世纪80年代末，当时，主要的汽车制造公司，包括丰田、本田、宝马、通用汽车、福特、克莱斯勒等，都采用了多功能型团队来协调完成复杂的项目。多功能型团队是一种有效的团队管理方式，它能使组织内（甚至组织之间）不同领域的人员之间交换信息，激发他们产生新的观点，解决所面临的问题，协调复杂的项目。但是多功能型团队在形成的早期阶段需要耗费大量的时间，因为团队成员需要学会处理复杂多样的工作任务。在成员之间，尤其是那些背景、经历和观点不同的成员之间，建立起信任并能真正地合作也需要一定的时间。其运行模式如图2-6所示。

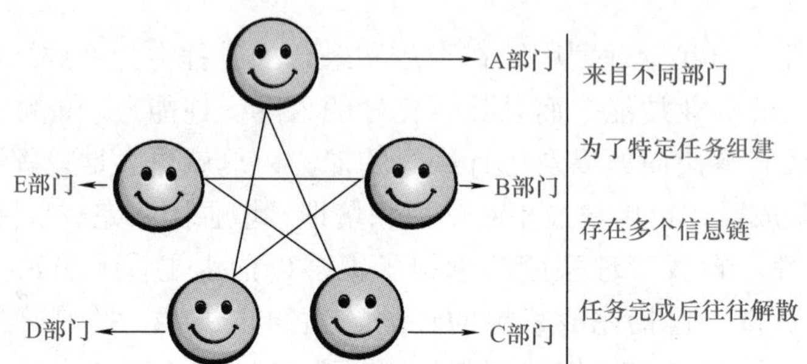

图2-6　多功能型团队的运行模式

相较于其他团队类型，多功能型团队运行具有如下特征：①团队成员来自于不同部门，甚至是不同的企业，每一个成员有着差异化的职业背景；②不同成员因为特定任务而组建，这个任务往往是临时性的；③由于多功能型团队的上述两个特征，使得团队往往存在多个信息链，即团队成员既要接受现有团队领导者的领导，也要接受原有部门的指挥；④多功能型团队在任务完成之后，往往会解散，各成员又回归到原有的部门，从事原来的工作。正是基于这些特征，多功能团队往往适用于复杂、重要的项目。其优点在于能尽最大可能发挥各成员的优点，形成互补；其缺点在于团队成员因职业、技能的差异性而容易产生分歧和矛盾。

（四）跨组织团队

跨组织团队是指为了实现共同的发展目标，通过柔性的组织形态，跨越传统组织边界，构建一个包含生产商、供应商、用户、采购商、设计师等在内的跨越不同组织的团队。其构成如图2-7所示。

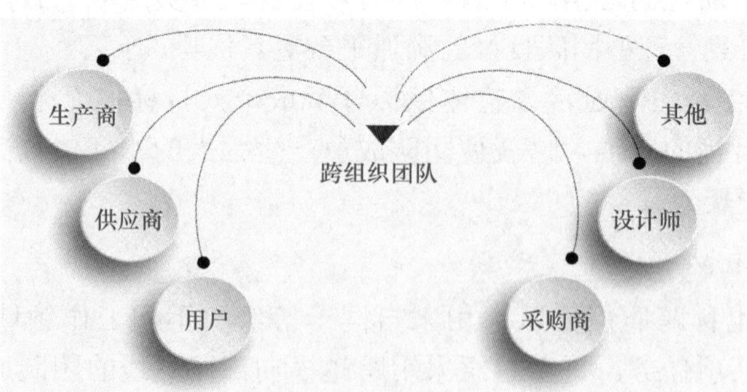

图2-7　跨组织团队的构成

1．跨组织团队的伙伴关系

跨组织团队是一种超越已有组织边界的团队合作，是各组织寻求利益最大化的结果，这种跨组织关系的实质是一种伙伴关系。形成这种伙伴关系的纽带可以是利润，也可以是资源。其具体的伙伴关系可以包括以下两种：

（1）与合作商的伙伴关系。合作商伙伴关系包括与上游的供应商、采购商、中间商之间的伙伴关系，也包括与下游的分销商、渠道商、终端用户之间的伙伴关系。这些利益相关群体通过跨组织团队合作的方式，实现资源共享、利润共享，形成具有一定网状结构的团队形态。

（2）与竞争者之间的合作伙伴关系。竞争对手之间组建的跨组织团队寻求的是双赢或者多赢，与竞争者之间能进行及时、有效的沟通，能积极解决可能存在的冲突，实现双方的竞合关系，互惠互利。

2．跨组织团队的特点

跨组织团队是企业再造理论的新形式，是企业利用外围组织资源所进行的一种新的价值链重构。随着组织边界的模糊化、柔性化，跨组织团队可以应用于组织内部，也可以出现在组织群落中，逐渐成为一种常态化的团队类型。它具有如下特点：

（1）团队成员显著的互补性。由于跨组织团队的目标就是要解决单个组织无法解决的问题，所以其成员的构成更加注重技能、知识、资源、属性等方面的互补性。只有如此，跨组织团队的构建才有不可替代的价值。

（2）团队成员关系的柔性化。由于构成跨组织团队的成员有着自身的原始组织，所以他们在跨组织团队中的关系比较柔性化，不具有传统组织内成员间刚性的行政关系，即维持团队成员关系的纽带比较多元，成员之间的关系也比较复杂且扁平化。

（3）团队发展的动态性。由于跨组织团队往往采取项目制，所以项目执行完成之后，团队就有可能重新组合或者解散，团队发展始终处于动态的发展中。

课堂延伸案例 创客空间

“创客”一词来源于英文单词“Maker”，是指出于兴趣与爱好，努力把各种创意转变为现实的人。“创客空间”则是一种社区化运营的工作空间，在这里，来自不同组织且有着共同兴趣的人们（创客），如计算机、机械、技术、科学、数字艺术、电子技术、电子商务等领域的专家、学者、商人等，围绕某一个主题或项目，进行聚会等形式的社会交往，并形成跨组织团队以执行该项目。随着“大众创业，万众创新”的持续推进，创客空间作为跨组织团队的一种形式，逐渐成为创业者们寻找、开展创业项目的有效载体。在创业目标导向下，创客空间的各组织代表围绕着创业项目，开展创业项目论证、项目研讨、项目筹备等各种团队创业活动。创客空间是一种典型的跨组织团队，既有着鲜明的跨组织团队特征，也有着鲜明的创业创新特色。

二、新团队类型

（一）学习型团队

学习型团队在创新的时代更显重要，它是以系统化思考为核心，通过五项修炼，培养团队学习气氛，进而形成一种有机且扁平化的团队。学习型团队运行的核心就是彼得·圣吉（Peter Senge）所提出的五项修炼（见图2-8）。

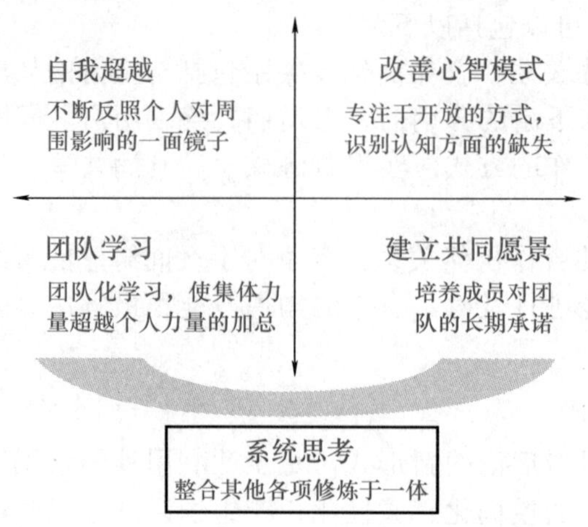

图2-8 学习型团队的五项修炼

1. 自我超越

自我超越是指能突破极限的自我实现或技巧的精熟。自我超越以磨炼个人才能为基础，却又超乎此项目标；以精神的成长为发展方向，却又超乎精神层面。自我超越的意义在于以创造的思维和行为来面对自己的生活与工作。个人学习是组织学习的基础，员工的创造力是组织生命力的不竭之源。自我超越的重点在于学习如何不断产生和延续创造力。通过建立个人"愿景"、保持创造力、诚实地面对真相和运用潜意识，便可实现自我超越，它是五项修炼的基础。

2. 改善心智模式

心智模式是指存在于个人和群体中的描述、分析和处理问题的观点、方法以及进行决策的依据和准则。它不仅决定着人们如何认知世界，而且影响着人们如何采取行动。不良的心智模式会妨碍组织学习，而健全的心智模式则会帮助组织学习。心智模式不易察觉，也难以检视，因此它不一定总能反映事情的真相。另外，心智模式是在一定的事实基础上形成的，它具有一定的稳定性。而事物是不断变化的，这导致了心智模式与事实常常不一致。改善心智模式就是要发掘人们内心的图像，并严加审视、及时修正，使其能反映事物的真相。改善心智模式的结果是使企业组织形成一个不断被检视、能够反映客观现实的集体的心智模式。

3. 建立共同愿景

共同愿景是指团队成员与团队拥有共同的目标。共同愿景为团队学习提供了焦点和能量。在缺少愿景的情况下，组织充其量只会产生适应性学习；只有当人们致力于实现他们深深关切的事情时，才会产生创造性学习。根据吉姆·柯林斯（Jim Collins）等人的研究，组织的愿景是由哲学理念和可触知的景象组成的。建立共同愿景的修炼就是建立一个能够被组织成员衷心拥护、全力追求的愿望景象，产生一个具有强大凝聚力和驱动力的伟大"梦想"。

4．团队学习

团队学习是建立学习型组织的关键。彼得·圣吉认为，未能进行整体搭配的团队，其成员个人的力量会被抵消。在这些团队中，个人可能格外努力，但是他们的努力未能有效转化为团队的力量。当一个团队能够进行整体搭配时，就能汇聚出共同的方向，调和个体力量，使团队力量的内部消耗减至最小，形成强大的合力。当然，强调团队的整体搭配，并不是单指个人要为团队愿景牺牲自己的利益，而是要将共同愿景变成个人愿景的延伸。事实上，要不断激发个人的能量，促进团队成员的学习和个人发展，首先必须做到整体搭配。在团队中，如果个人能量不断增强，而整体协调性较差，则会造成混乱并使团队缺乏共同目标和实现目标的力量。

5．系统思考

系统思考是一种综合分析系统内外反馈信息、非线性特征和时滞影响的整体动态思考方法。它可以帮助组织以整体的、动态的，而不是局部的、静止的观点看问题，因而为建立学习型组织提供指导思想、原则和技巧。系统思考将前四项修炼融合为一个理论与实践的统一体。

五项修炼是一个有机的整体，其中个人的自我超越是整个学习型团队的基础，它为学习型团队提供了最宝贵的人力资源。团队学习是一种团队内部的学习，是改善心智模式、建立共同愿景、推进系统思考的有效载体和手段。改善心智模式是团队从记忆中学习的体现，将会不断提升团队运行的“心智成熟度”。建立共同愿景则是对未来的生动描述，它对团队的成长起到牵引作用。系统思考是学习型团队的灵魂，它提供了一个健全的“大脑”，一种完善的思维方式，个人学习、团队学习、完善心智、建立愿景，都因为有了系统思考的存在而连成一体，共同推进团队目标的实现。

（二）虚拟团队

虚拟团队是虚拟组织中的一种新型工作组织形式，是指不同地域、空间的个人基于共同理想、共同目标或共同利益，通过各种信息技术结合在一起所组成的团队。从狭义上说，虚拟团队仅仅存在于虚拟的网络世界中；从广义上说，虚拟团队早已应用于真实的团队建设实践，例如通过电话、网络、传真或可视图文来沟通、协调，甚至共同讨论、交换文档，便可以分工完成一份事先拟定好的工作。换句话说，虚拟团队就是在虚拟的工作环境下，由进行实际工作的真实的团队人员组成，并在虚拟组织各成员的相互协作下开展工作。虚拟团队作为一种新型的组织形态，与传统的组织形式相比，具有明显的优势。

1．人才优势

现代通信与信息技术的应用大大缩短了世界各地的距离，区位不再成为直接影响人们工作与生活地点的因素，这就大大拓宽了团队的人才招募渠道。企业可以动态地集聚和利用世界各地的人才资源，这为获得通常很难招聘到的具有专业技能的人才创造了条件，同时也减少了关键人才的流失。

2．信息优势

虚拟团队成员的来源区域广泛，能够充分获取世界各地的技术、知识和产品信息资源，这为保持产品的先进性奠定了基础。同时，成员可以采集各地客户的相应信息，反映客户的需求，从而能够全面地了解客户，并能及时解决客户的相关问题，有利于组织尽快设计和开发出满足客户需求的产品和服务，从而有助于建立良好的客户关系。

3．竞争优势

虚拟团队集聚世界各地的优秀人才，他们在各自的领域都具有知识、技能优势，而众多单项优势的联合，必然形成强大的竞争优势。同时，通过知识共享、信息共享、技术手段共享等手段，优秀成员好的经验、灵感能够很快地在数字化管理网络中得以推广，实现优势互补和有效合作。网络内良好的知识采集、筛选、整理、分析的工具和机制，使众多不同渠道的零散知识可以迅速整合为系统的集体智慧，进而转化为竞争优势。

4．效率优势

团队是高效组织应付环境变化的有效手段之一，而虚拟团队能利用最新的网络、邮件、移动电话、可视电话会议等技术实现快速、顺畅的沟通。通过技术上的这种优势，团队成员之间可以及时地进行信息交流，缩短了信息沟通和交流所耗费的时间，防止信息滞留，确保及时做出相对正确的决策。

5．成本优势

虚拟团队打破了组织界限，使得组织可以大量利用外部的人力资源，减轻了组织内部成员的工作压力。在此基础上，企业可以大力精简机构，重新设计组织架构，使人员朝着有利于组织发展的方向流动，促使组织结构扁平化。此外，团队柔性的工作模式减少了成员的办公费用以及为聚集开会而支付的差旅费用等，也减少了重新安置员工的费用，因而降低了管理成本。

电子商务团队

（三）电子商务团队

电子商务团队是指在电子商务企业中，依托组织结构及岗位而创建的相互合作、一致努力的共同体。由于该团队类型根植于电子商务企业，因此它深受企业类型及工作性质的影响，形成了不同于传统企业团队的特点。

（1）虚拟性。电子商务企业往往依托信息技术等现代科技，且交易行为也往往依托互联网，这使得团队成员的工作、合作等存在较强的虚拟性。例如，企业内的团队成员与外部利益相关主体合作并不一定要面对面，而可以通过大数据、网络渠道等方式进行沟通。

（2）跨部门性。传统企业的团队具有较强的组织边界约束性，而电子商务团队具有渗透性及跨部门性，团队成员之间虽有较为清晰的岗位分工，但合作频率及互动程度更高、更强，团队成员的互助性更为明显。

（3）动态性。电子商务团队的构成及发展更具有动态特点，受外部环境影响显著。团队规模、结构和分工不是一成不变的，而是在与环境的互动中演化发展的。

（4）合作效应显著。团队合作的多线性、渠道的多元化、合作方式的虚拟化，使得团队成员合作效率更高、效益更好。无边界利益相关主体的协同嵌入，使得团队更具协同效应。

由于电子商务企业的类型多样，所创建的团队类型也呈现多样化，根据不同属性可将其划分为不同类型。例如，根据成员人数规模，可以划分为微型电子商务团队、中小型电子商务团队及大型电子商务团队。而根据团队所从事业务的差异性，可以进行如下划分（见图2-9）。

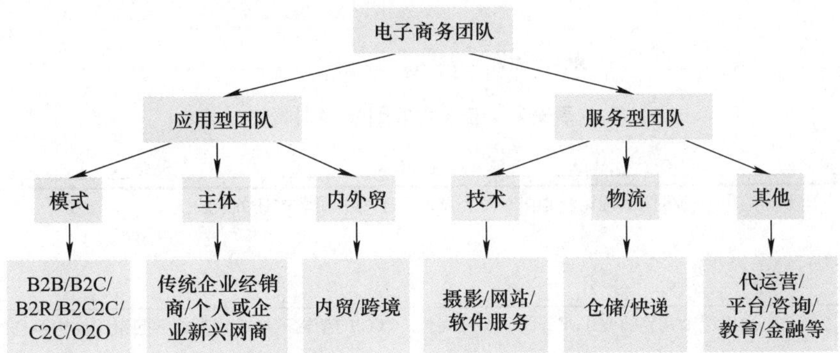

图2-9　电子商务团队类型

实训组织

实训2-2　问题解决型团队

实训形式　户外拓展训练

实训步骤

第一步：实训前准备。要求学生提前阅读问题解决型团队的相关文献，了解本次实训的理论知识。

第二步：以8～10人组建一个团队。

第三步：每两个团队（分别为A、B团队）组成一个游戏小组，其中A团队负责提出问题解决方案，并向B团队推荐，B团队则要完全按照A团队所推荐的方案完成“越过警戒线”的团队游戏。

团队游戏　越过警戒线

如图2-10所示，B团队所有成员需要在彼此协助下翻越一道警戒线，所有成员只能从警戒线以上通过，身体的任何部分都不可以低于警戒线。警戒线的起始高度是1.5米，如果在挑战过程中发生触碰警戒线的行为，每发生一次，警戒线将提高0.05米，最高不超过1.7米。在翻越的过程中不可以跳跃、抛接，若触碰警戒线或者违反其他规则，所有成员需返回起点重新挑战。在游戏过程中，B团队只能按照A团队所推荐的方案执行。B团队如果执行方案失败，则须等A团队重新推荐方案后方可再次执行。

图2-10　越过警戒线

第四步：学生代表分享游戏感悟。

第五步：教师点评游戏，阐述问题解决型团队的运行模式。

实训2-3　电子商务团队

实训形式　团队模式设计与分析

实训步骤

第一步：实训前准备。要求学生提前阅读电子商务团队的相关文献，了解本次实训的理论知识。

第二步：学生填写实训表（见表2-2）。

表2-2　电子商务团队实训表

姓名__________ 学号__________ 小组号__________ 成绩__________

1．请根据自身所了解的电子商务团队理论，画出一个完整的电子商务团队的任务模块：
2．请根据任务模块，画出一个完整的电子商务团队所需岗位、部门的架构，形成较为科学的组织结构示意图：
3．请分析电子商务团队与传统企业团队的差异：

第三步：抽取学生代表阐述自己的设计与分析结果。

第四步：教师总结，进一步讲解电子商务团队的特性。

拓展资源

创业团队的三种类型

根据创业团队组成者的不同，可以将创业团队划分为以下三种类型。

1．向心型创业团队

向心型创业团队又称为星状创业团队，一般是在一个核心人员有了创业的想法后，根据设想建设的创业团队，核心人员在创业团队的构建及发展过程中影响巨大。其特点如下：决策程序相对简单；容易形成权力过分集中的局面；当其他团队成员和核心人员发生冲突时，因核心人员的特殊权威，其他团队成员往往处于被动地位，而在冲突较为严重时，成员可能会选择离开团队。

2．网状创业团队

网状创业团队的成员一般在创业之前都有密切的关系，比如同学、亲友、同事、朋友等。他们在交往过程中，共同认可某一创业想法，达成共识后一起创业。在创业初期，没有明确的核心人员，大家根据自己的特点进行自发的角色定位，基本上扮演的都是协作者或伙伴角色。其主要特点如下：团队没有明确的核心；一般采取集体决策；容易形成多头领导；当发生冲突时，一般会采用平等协商、积极解决的态度消除冲突，团队成员不会轻易离开。

3．网状家族式创业团队

网状家族式创业团队是由网状创业团队演化而来，是以家族的某一个核心人员为主导而构建的创业团队。其主要特点如下：团队中融有更多的亲情；家族的长者往往是团队的核心人员，容易出现个人专断；能以较低的成本迅速网罗人才，成员甚至不计报酬地努力工作，从而使团队能在短时间内获得竞争优势；内部信息沟通顺畅；但家族外的人员难以加入团队，在某种程度上会制约团队的可持续发展。

同步强化训练

一、单项选择题

1. 在团队激荡阶段，比较适宜的团队领导风格是（　　）。

   A. 指挥式领导　　B. 参与型领导

   C. 教练型领导　　D. 委任型领导

2. 企业所开展的“质量圈”团队形式，属于（　　）团队类型。

   A. 问题解决型团队　　B. 自我管理型团队

   C. 多功能型团队　　D. 跨组织团队

3. 在虚拟组织中所存在的新型团队组织形式是（　　）。

   A. 电子商务团队　　B. 学习型团队

   C. 创客团队　　D. 虚拟团队

二、多项选择题

1. 下列属于团队高产阶段的行为特征有（　　）。

   A. 团队成员信心大增　　B. 协力解决问题

   C. 分享领导权　　D. 自我定位模糊

2. 下列属于自我管理型团队的特征有（　　）。

   A. 目标导向性　　B. 自我管理性

   C. 自我学习性　　D. 自我领导性

3. 彼得·圣吉提出的五项修炼包括（　　）。

   A. 自我超越　　B. 改善心智模式

   C. 建立共同愿景　　D. 系统思考

三、思考题

1. 团队休整阶段有哪些特征？应该采取什么样的领导风格进行团队管理？
2. 问题解决型团队在现实生活中有哪些案例？请举例说明。
3. 请选择某一家电子商务企业为案例，剖析其电子商务团队建设的现状。

模块三 团队精神

学习目的

通过教学，让学生理解团队精神的内涵，理解团队凝聚力、团队合作、团队士气，掌握提高团队凝聚力、加强团队合作、提升团队士气的有效方法。

教学手段

知识讲授；团队游戏；案例分析；户外拓展训练；团队风采展示；公司晨会模拟。

单元一　团队精神的内涵

一、团队精神的定义及构成

（一）团队精神的定义

团队精神的定义及功能

对于什么是团队精神，微软公司的理解是：一群人同心协力，集合大家的脑力，共同创造一项智能财产，其产生的群体智慧将远远高于个人智慧。一群人全心全意地贡献自己的创造力，将结合成巨大的力量，结合的创造力由于这一群人的互动关系，彼此激荡而更加强大。在这个过程中，团队领导者往往充当人际互动的“交响乐指挥”，辅助并疏导各种微妙的人际沟通；而顺畅的人际沟通能使思想在团队中充分交流和传达，并取得最佳成效。倘若忽视了这种集合的力量，忽视了团队精神，则难以有较高的团队绩效。

课堂延伸案例　看《士兵突击》谈团队精神

“一声霹雳一把剑，一群猛虎钢七连；钢铁意志钢铁汉，铁血为国保家园。杀声吓破敌人胆，百战百胜美名传。攻必克，守必坚，踏敌尸骨唱凯旋。”当全体钢七连的战士们站在一起，用心颂出这首没有曲子的连歌时，我们的内心感受到的，不仅仅是对这正气吼声的震撼，也不仅仅是对有着辉煌历史的钢七连的赞叹，更多的是那种让人激荡的极强的团队精神。

《士兵突击》中，最为“抢眼”的团队，当属钢七连。这个有着辉煌历史，却在现代军事变革中遭到整编的团队，是中国传统军队的代表符号。这个团队的核心文化是“不抛弃，不放弃”。这正是钢七连的坚定信念。班长史今，用他自身的行动演绎着这六个字，对于一个看似根本不可能成为士兵的许三多，他坚守自己曾经的诺言，不抛弃，不放弃。最让人难忘的，就是用锤子砸伤了班长的手而丧失信心的许三多，面对史班长再次握住铁钎逼迫他抡锤时，终于战胜了自己，最终从一个曾经的“孬兵”锤炼成为一名出色的“兵王”。试想，如果没有史今，许三多会怎样？他至多在自己出生的那个山沟沟里被父亲责打，成为第二个许一乐，永远的“龟儿子”；试想，如果没有钢七连的这种“不抛弃，不放弃”的团队精神，许三多又会怎样？他也无非是一个浑浑噩噩的“呆兵”，缩在自我的小世界里，迷茫而胆怯地看向这个让他无比陌生的世界。

团队中的个体，无论他多么强大，如果不把自己融入整个团队中，他的强大终究会受到限制；个体组成的团队，如果不具备那种能将个体牢牢抓住的凝聚力，那么个体仍然无法强大，团队也无法强大。个体与团队之间，是相辅相成的，个体对自己不放弃，才能得到团队的不抛弃；而团队的不抛弃，也会提供给个体不放弃的动因。这就是“不抛弃，不放弃”的力量，这就是团队精神的力量。

从理论上分析，团队精神是团队在运行过程中所体现出来的风貌，是团队凝聚力、团队合作、团队士气的集中体现，其核心是团队凝聚力。正是团队凝聚力，使得个体利益和整体利益得以整合；正是团队凝聚力，使得团队成员之间得以积极互动。团队凝聚力不是要求团队成员在团队面前一定要牺牲个体，而是实现个体与团队的有效整合。团队精神是组织文化的重要组成部分。在一个有着明确组织边界的组织框架中，团队精神能够最大限度地发挥团队成员个体工作的积极性，整合团队绩效，进而提高整个组织的工作绩效。可以说，没有团队精神，组织就难以高效运转。

（二）团队精神的构成

团队精神不是混沌的，而是有其自身的结构性。团队精神的核心是团队凝聚力，它能够让成员对团队有着浓厚的归属感和责任感，从而实现团队的有效合作，使团队有着高昂的团队士气。没有团队凝聚力，团队将处于合作差和士气低的状态。可以说，团队凝聚力就像粘合剂，能够吸引团队成员并牢牢地将其整合成一个整体，而团队合作和团队士气则是团队凝聚力外显行为的体现（见图3-1）。

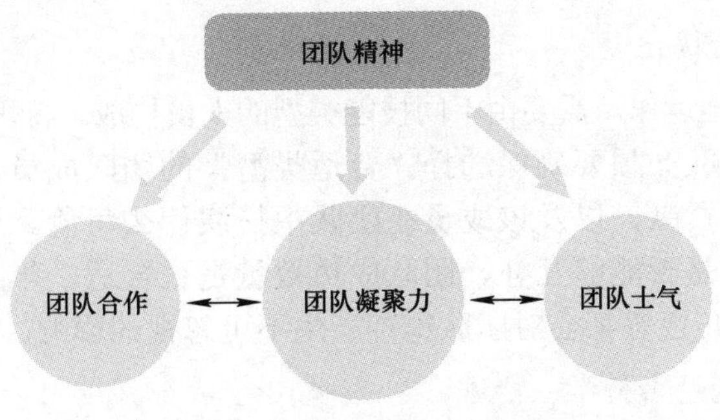

图3-1　团队精神构成示意图

二、团队精神的功能

1．目标导向功能

团队精神能够使团队成员齐心协力，拧成一股绳，朝着一个目标努力。团队精神能够使成员认识到，团队要达到的目标即是自己必须努力的方向，从而使团队的整体目标分解成各个小目标，并在每个成员身上都得到落实。

2．团结凝聚功能

任何组织群体都需要一种凝聚力，传统的管理方法主要是依靠组织系统自上而下的行政指令，淡化了个人感情和社会心理等方面的需求。团队精神则通过对群体意识的培养，通过成员在长期实践中形成的习惯、信仰、动机、兴趣等，来沟通成员的思想，引导成员产生共同的使命感、归属感和认同感，逐渐强化团队精神，产生一种强大的凝聚力。

3．促进激励功能

团队精神使每一名成员能够自觉地向团队中最优秀的成员看齐，通过成员之间正常的竞争来促进激励。这种激励不是单纯停留在物质基础上，而是要能得到团队以及团队中其他成员的认可。

4．控制协调功能

在团队里，不仅成员的个体行为需要控制，群体行为也需要协调。团队精神所产生的控制协调功能，是通过团队内部所形成的一种观念的力量、氛围的影响，去约束、规范、控制团队中的个体行为。这种控制不是自上而下的硬性强制力量，而是由硬性控制转向软性内化控制；由个体行为控制，转向个体意识控制；由对个体短期行为的控制，转向对其价值观和长期目标的控制。因此，这种控制更为持久、更有意义，而且更容易深入人心。

三、团队精神的影响因素

1．团队目标是否清晰、合理

具有清晰的团队目标，即团队成员对所要达到的目标清楚地了解，并坚信这一目标包含着重大的意义和价值，有利于提升团队精神。一个清晰、合理的目标还可以使团队成员将个人目标主动地升华到团队目标中去，使团队成员愿意为团队目标做出承诺，从而有助于提升团队精神。

2．团队的结构是否优化

一个团队要想有效地运作，需要由不同技能类型的人员构成。特里·亨特（Terri Hunter）研究发现，一个有效团队必须要确保选择“合适类型”的团队成员，应考虑每个潜在成员在技术方面能做出多大贡献，以及该成员在团队中扮演什么角色。这就是说，团队结构是否优化、团队成员之间是否能够互补、团队成员数量是否合适、年龄结构是否合理、各个成员在团队中扮演什么角色等都会对团队精神产生不可忽视的影响。

3．评价与激励机制是否科学、合理

科学、合理的绩效评价是实现团队激励的前提和基础，而团队激励又是提升团队精神的有效路径，因此评价与激励机制将影响着团队精神的构建。建立科学、合理的绩效评价机制，不仅需要关注团队个体成员的绩效，还需要关注作为一个整体的团队绩效。如果在绩效评价中，只关注个体成员的绩效，而不关注团队的整体绩效，必然会导致团队成员之间激烈竞争的产生、协作的减少，乃至个体成员为提高自己的业绩而牺牲其他成员或团队整体利益现象的出现。反之，如果只关注团队的整体绩效，而不关注团队成员的个体绩效，则又会出现由于个体缺乏在团队中的业绩反馈和内外部的激励而产生的“社会性懈怠”。因此，一套科学、合理的评价与激励机制对于团队精神的构建来说，是必不可少的重要因素之一。

4．沟通渠道是否畅通

要保持团队精神与凝聚力，沟通是一个重要环节。畅通的沟通渠道、频繁有效的信息交流，不仅能使团队成员不会有压抑的感觉，而且能从中迅速掌握各种信息和技术，从而使工作效率得以提升，团队精神得以构建。

5．团队氛围是否公平、公正、和谐

团队精神的构建不仅需要有良好的沟通机制，也需要公平公正的和谐团队氛围。公平、公正、和谐的团队氛围对于一个团队来说非常重要。一些团队缺乏团队精神、凝聚力不强的根本原因就在于没有形成确保公平、公正、和谐的机制和氛围。

四、提高团队精神的方法

1．明确团队目标

目标是把人们凝聚在一起的力量，是鼓舞人们团结奋斗的动力，也是督促、约束团队成员的标尺。因此，目标的确定和提出需要切合实际，做到以科学的团队目标凝聚团队成员。

2．健全团队管理制度

管理制度能使人们的行为规范化。好的团队应该有完善的制度规范，如果缺乏有效的管理制度，就无法形成纪律严明、作风过硬的团队。

3．创造良好的沟通环境

有效的沟通能及时消除和化解领导与成员之间、各部门之间、团队成员之间的分歧与矛盾。因此，必须建立良好的沟通环境，以增强团队凝聚力，减少“内耗”。

4．尊重每一个人

尊重人是调动人的积极性的重要前提。尊重团队中的每一个人，使人人都能感受到团队的温暖和价值，关心成员的工作与生活，将会极大地激发成员献身团队的决心和动力。

5．引导成员参与管理

每个成员都有参与管理的愿望和要求。正确引导和鼓励这种愿望，可以使团队成员积极为团队发展出谋划策，贡献自己的力量与智慧。

6．增强成员全局观念

团结方有战斗力，团队成员不能过于计较个人利益和局部利益，而是要将个人、部门的追求融入团队的总体目标，才能实现团队的整体效益最佳。团队成员之间的关系，一定要做到风雨同行、同舟共济。没有团队合作，仅凭一个人的力量难以达到理想的工作效果。只有通过集体的力量，充分发挥团队精神，才能使工作做得更加出色。

实训组织

实训3-1 团队精神

实训形式 团队游戏

实训步骤

第一步：实训前准备。要求学生提前阅读团队精神的相关文献，了解本次实训的理论知识。

第二步：开展团队游戏。

团队游戏 同心协力

团队游戏：同心协力

（1）将全班分成人数相等的两个小组。

（2）每组先派出两名同学，背靠背坐在地上，两人双臂相互交叉，合力使双方一同站起。

（3）以此类推，每组每次增加1人，如果尝试失败需再来一次，直到成功才可再加1人。

（4）教师根据两个小组谁先完成所有成员一同站起来判定胜负。

备注：教师可以根据授课学生的表现选择难度更大的挑战项目，即全班同学作为一个小组，所有同学都背靠背坐在地上，相邻两人手臂相互交叉，合力使全班同学一同站起。

第三步：学生填写实训表（见表3-1）。

表3-1 团队精神实训表

姓名______________ 学号______________ 小组号______________ 成绩______________

请同学们在认真完成游戏的基础上，填写本实训表		
1．你所在的小组是赢了还是输了？ （ ）赢了（ ）输了		2．你在游戏中充当什么角色？[在“（ ）”内打√] （ ）组织者（ ）参与者（ ）工作人员（ ）其他
3．你所在的小组为什么赢了或者是输了？		
4．你觉得你所在小组的团队精神如何？体现在哪些方面？		
5．参与这个团队游戏对你有何团队建设方面的启示？		

第四步：小组讨论，并推荐一名代表发言。

第五步：教师结合游戏以及学生发言，阐述团队精神的重要性及其构成，巩固所学的理论知识。

单元二　团队凝聚力

理论知识点

一、团队凝聚力的定义及构成

团队凝聚力是团队精神的核心要素，它不仅是维持团队存在的必要条件，也是增强团队功能、实现团队目标不可或缺的条件。一个团队如果失去了凝聚力，就不能很好地实现团队合作，团队绩效就会受到影响。

（一）团队凝聚力的定义

团队凝聚力也称内聚力，是指团队成员围绕在团队周围、尽心于团队的全部力量，既包括团队成员对团队的向心力，也包括团队对其成员的吸引力。团队凝聚力是一种无形的力量，内化于团队成员的心中，外显于团队成员的行为。

（二）团队凝聚力的构成

团队凝聚力的构成如图3-2所示。

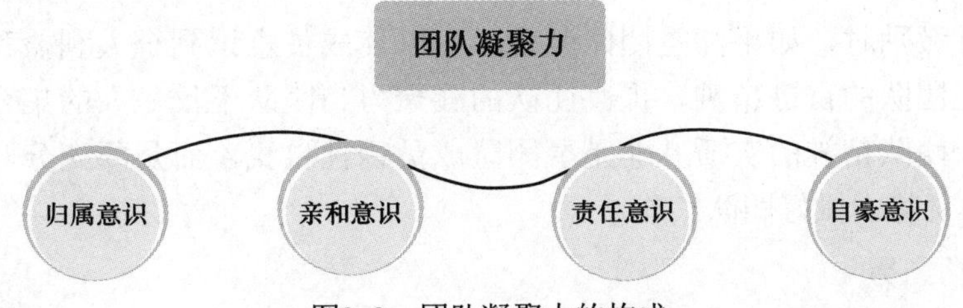

图3-2　团队凝聚力的构成

1．归属意识

归属意识即希望自己在团队中有一定的位置，以获得物质上和精神上的满足。团队成员将自己在社会中的位置具体定位于所在团队，认识到团队为自己提供了成长机会，个人发展与团队发展休戚相关。

2．亲和意识

亲和意识即个人愿意与他人建立友好关系和相互协作的心理倾向。团队成员在工作中互相依赖、互相支持、密切配合，建立了平等互信、相互尊重的关系，如同处在一个大家庭中。

3．责任意识

责任意识即团队成员有着为团队的兴盛而尽职尽责的意识，具体包括恪尽职守、完成任务、勇于创新、遵守团队规则等。

4．自豪意识

自豪意识即团队成员认为自己所在的团队有令他人羡慕的声誉、社会地位或经济收入等的荣耀心理。自豪意识可以增强团队成员的自信心和归属感，从而更好地投入到团队建设中。

二、影响团队凝聚力的因素

（一）外部因素

当团队成员受到外部威胁时，团队成员会弱化内部矛盾与问题，团结起来一致对外，团队凝聚力会大大增强。此外，一个团队在与其他团队展开竞争时，其内部通常也会加强合作，提高凝聚力。正因如此，树立团队外的竞争对手可在一定程度上提高团队凝聚力。

（二）内部因素

1．团队规模

团队规模越大，凝聚力相应就会越小。这是因为团队规模越大，成员之间的互动或相互作用就越困难，团队保持共同目标的能力也会相应减弱。而且，随着团队规模的增大，团队内部产生小团体的可能性也相应增加，而这些小团体通常会降低团队整体的凝聚力。

2．团队目标

当团队目标与个人目标一致时，团队成员就会愿意合作完成任务，团队凝聚力就会增强；反之，如果个人目标与团队目标南辕北辙，则个人所付出的努力就会减少，对团队的感情也会趋于冷淡，团队凝聚力也会随之降低。

3．团队激励方式

对员工进行激励时，如果注重团队奖励，可以使成员意识到个人利益和团队利益不可分割，可以强化团队的奋进精神，提高团队的凝聚力。团队不仅是人的集合，而且是能量的结合。当然，团队精神的实质并非是要团队成员牺牲自我，而是要充分利用和发挥团队所有成员的个体优势去做好团队工作。

4．团队成功经历

如果某个团队有成功的表现或极高的美誉度，就容易建立起团队合作精神，成员在这样的团队中也会产生荣誉感和自豪感。以往的光荣会激发今天的成员，鼓舞他们做得更出色。一般情况下，成功的企业比不成功的企业更容易吸引和招聘到新的员工。

三、提高团队凝聚力的方法

1．控制好团队的规模

规模越大越容易造成团队的沟通受阻，产生意见分歧的可能性也会越大。大规模团队的成员之间的接触会相应减少，关系也更为复杂，容易人浮于事、相互推脱、不负责任、办事拖拉。而且，团队的规模越大产生小团队的可能性就越大，派系之争可能就会出现。

2．协调好个人目标与团队目标

团队目标如果跟个人目标一致，则会更有吸引力、号召力，这时团队成员就愿意合作完成任务，团队凝聚力会增强；反之如果个人目标和团队目标互不关联，甚至是矛盾的，那么成员间的合作就会减少，感情趋于冷淡，凝聚力也会降低。

3．建立并运用好团队激励机制

正确的团队激励机制能起到激励作用，否则会适得其反。特别是在采取个人或集体的奖励方式时，一定要因时因地而定。个人奖励和集体奖励有不同的作用，集体奖励能够增强团队的凝聚力，使成员意识到个人的利益和荣誉与所在团队不可分割；个人奖励可以增强团队成员间的竞争力，但这种方式可能导致成员过于聚焦个人目标，从而在团队内部形成一种压力，协作、凝聚可能会相对弱化。除此之外，对于个人和团队的激励方式也应当适宜，要能真正满足成员的多层次需求。

4．处理好团队与外部的关系

当团队遇到威胁时，团队成员会暂时摒弃前嫌，一致应对外来威胁。通常外来威胁越大，造成的影响、压力越大，团队所表现出的凝聚力也会越强。当然如果团队成员感到团队根本没有办法应付外来威胁和压力时，就不愿意再去努力了。

5．建立好民主的团队领导作风

领导是团队行为的一种导向和核心，采取什么样的领导方式直接影响到团队凝聚力的高低。在民主的领导方式下，成员愿意表达自己的意见，这时团队的积极性高、凝聚力比较强；而在专制、独裁、武断的领导方式下，成员参与决策的机会较少，其满意度相应较低，抱怨的言论就会相应增多，凝聚力也会较低；而在放任型的领导方式下，团队成员就会像一盘散沙，人心涣散，谈不上集体主义，也谈不上团队的规则，更谈不上凝聚力。

实训3-2 团队凝聚力

实训形式 团队游戏

实训步骤

第一步：实训前准备。要求学生提前阅读团队凝聚力的相关文献，了解本次实训的理论知识。

第二步：以6~8人为一个小组，按照要求开展“方寸之间”团队游戏。

团队游戏 方寸之间

（1）以小组为单位参加比赛。

（2）所有小组成员要将自己的脚放置在一张铺开的报纸范围内，且需维持10秒，若脚踩到报纸范围外的地面或者维持时间低于10秒，则游戏失败。

（3）如果通过第一轮，则要将报纸对折，然后采用同样的方法进行第二轮游戏，如果通过第二轮，则要将报纸再次对折。

（4）以此方法一直将游戏进行到小组成员无法全部站在报纸上为止。

团队游戏：方寸之间

第三步：小组讨论成功或失败的原因。

第四步：小组派代表发言，分享游戏体验。

第五步：教师总结，提出团队凝聚力的重要性，进一步巩固理论知识点。

实训3-3　团队凝聚力

实训形式　案例分析

实训步骤

第一步：实训前准备。要求学生提前阅读团队凝聚力的相关文献，了解本次实训的理论知识。

第二步：学生阅读并分析案例。

案例分析　传承与变革

小王国外博士毕业后，回到家乡，在一家国有企业上班。他的父亲是一个小型家族企业的领导。企业规模虽然比不上大型公司，但也能保持基本盈利。随着父亲的年迈，小王辞掉了原本的工作，接手了父亲的家族企业。

小王接手家族企业之后，准备把它做大做强。在担任领导职位后，小王进行了一系列的培训与改革：①自己亲自给所有员工培训，告诉员工企业所面临的竞争激烈的外部环境，让员工感受到外在的威胁，鼓励员工相互抱团。②建立偏重集体奖励的激励制度，提出了以车间或部门为单元的奖励机制，个人奖励完全依赖于集体奖励，从而拉开了车间或部门之间的奖励差距。③加大对企业的监管，强化自身在成员中的集权地位，将原本授权给部门经理的一部分权力重新收归自己。④在上任之后，积极跟随父亲参与社会交往，维护父亲已有的社会关系，不断拓展外部资源，为团队发展提供良好的外部环境。⑤建立企业的文化展览中心，讲述企业从产生到发展的艰辛历程，传承企业的优秀文化故事，提高团队成员的凝聚力。

第三步：学生填写实训表（见表3-2）。

表3-2　团队凝聚力实训表

姓名＿＿＿＿＿＿　学号＿＿＿＿＿＿　小组号＿＿＿＿＿＿　成绩＿＿＿＿＿＿

请同学们仔细阅读以上案例，并回答下述问题	
1．小王所进行的五项改革中，哪些有利于团队凝聚力的提升？	
2．小王所进行的五项改革中，哪些不利于团队凝聚力的提升？	
3．针对小王所提出的不利于团队凝聚力提升的改革，如果你是小王的父亲，你将如何指导小王进行更正？	
4．本案例对你有何管理方面的启示？	

第四步：小组讨论，并推荐一名代表发言。

第五步：教师对各小组的观点进行点评，分析案例中小王的变革措施，进一步讲解团队凝聚力的相关理论，巩固所学知识。

单元三 团队合作

理论知识点

一、团队合作的前提：团队信任

新东方教育集团创始人俞敏洪曾说："一个人最可怕的灵魂是封闭的灵魂，一个人最绝望的状态是失去对别人的信任。"信任的核心在于依赖，是一种心理和行为上对他人或事物的依赖。从理论上讲，团队信任是指成员对团队及其他成员有意愿之信赖，如对团队价值、团队成员能力或品格等有着较高的信赖。

课堂延伸案例　赵子龙单骑救主

建安十三年，刘备兵败，向南逃往江陵。曹操派麾下精骑快马追赶，终于在当阳长阪附近追上了刘备。此时情势危急，刘备便丢下妻儿，向南逃逸。这时赵子龙却反而向北进入曹军。当时，有人看到赵子龙向北而去，就对刘备说："赵子龙必定是向北投靠曹操去了，此等背信弃义之辈，实在令人痛恨！"刘备闻言，用手戟掷那告状的人，坚定地说："子龙是不会弃我而去的！"果不其然，赵子龙在曹阵中左冲右突，连斩数将，终救得幼子刘禅回到刘备身边。这就是历史上经典的"赵子龙单骑救主"的故事。

团队信任是团队合作的前提，有着重要的作用：①团队信任能够促进团队的沟通和协调，能够让团队成员敞开心扉，坦诚交流团队问题，真诚提出发展建议。②信任能够提升合作的品质，因为建立在信任基础上的合作能够让团队成员进行充分有效的团队交流，避免产生信息歧义，避免产生合作分歧。③团队信任能够产生强大的相互支持功能，团队信任使得成员间存有心理上的相互依赖，进而体现在行为上的相互依赖、相互支持，增强团队精神。

（一）团队信任的构成要素

团队信任有四个构成要素，如图3-3所示。

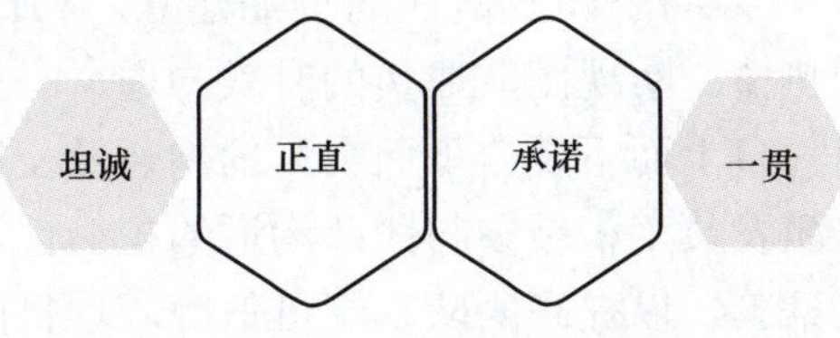

图3-3　团队信任的构成要素

1．正直

正直就是要不畏强势，敢作敢为，能够坚持正道，勇于承认错误。团队中的正直主要体现于团队领导者的正直，只有领导者拥有正直的品质，团队才能形成正直的氛围，团队成员才能对领导者产生信赖，对团队产生信任。

2．承诺

承诺即为“应允同意”，表示沟通中的一方答应另一方的某个要求或事项。承诺的重要意义不仅在于结果上的真正兑现，也在于承诺履行过程中的承诺效应及心理契约。承诺是对人的一种约束，它鼓励人们战胜困难，实现自己既定的目标，提醒人们要对自己的决定负责任。心理契约则是指被承诺方对承诺方所产生的期待，这种期待由对方给出的承诺所引发。在团队中，团队领导者如果能做到“一诺千金”，团队就会逐渐形成重承诺的优良作风，进而提高成员间的相互依赖及信任。

3．坦诚

从辞源学说，“坦”强调平而直，“诚”意为真诚和真实。“坦诚”是指不隐瞒、不修饰，于人于己都能做到坦白、真诚。团队成员间需要坦诚相见，才会有信任，因为坦诚能够维持成员在交往过程中的心理平衡。如果成员在交往过程中发现一方不够坦诚，就不能维持心理平衡，成员关系就会产生裂痕。而且当心理处于不平衡状态时，成员需要投入相当多的精力去调整。时间一长，就会因耗费太多精力而感到疲惫，团队信任也会随之弱化。

4．一贯

一贯是指一种行为方式的可预测性，即团队成员在交往过程中，逐渐形成可预测的行为倾向，从而有助于其他成员采取适宜的行为。一贯性能够提高团队成员交往的舒适度，也能够提高团队的信任感。如果团队或团队成员缺乏一贯性，其行为将变得扑朔迷离，势必影响团队成员间的相互信赖。

（二）培养团队信任的方法

1．明确团队目标

明确、共享的团队目标是团队信任形成的重要影响因素。团队目标的建立，即为整个团队成员绘制了一幅“蓝图”，有了团队目标，团队的存在才更有意义。反之，如果目标、愿景不明确，则整个团队可能会陷入一种混乱状态。而要明确团队目标，一是要明确团队的最终目标、工作范围、进度计划，二是要明确每个成员在团队中的角色、位置、权力、职责、任务，三是要明确各成员之间的相互关系。

2．促进团队成员间的有效沟通

沟通，尤其是社会沟通，推动了团队信任的早期建立。相比低信任团队，高信任团队的成员对于团队有着更大的热情。实现团队成员的有效沟通，一是要构建多渠道的双向信息交流平台，包括横向、纵向（自上而下及自下而上）的沟通及反馈等，以提高信息透明度；二是实施有效的激励措施，激发员工积极参与团队沟通的积极性，并能及时化解沟通障碍；三是加强团队领导者的管理素养，以提高团队管理可信度。项目团队领导者的可信度在很大程度上影响着团队可信度，因此，领导者需要不断加强自身的管理素养和道德修养，以身作则，并积极协调成员之间的行为，不断增强自身的可信度。

3．建立角色管理机制

团队信任与团队角色管理密切相关。加强对团队成员角色管理的一项重要内容，就是要建立团队成员之间的心理契约，即团队与成员双方对于相互之间责任和义务的期望。具体的方法包括：①科学地进行团队成员的角色定位，根据各成员的个性特质，充分发挥自身的能力和潜能，进一步增强团队柔性；②注重角色分工互补，形成一个有机整体；③帮助团队成员认清各自的角色，了解团队对角色的要求和员工对自己的角色定位，使其尽快适应角色要求，助其快速成长；④根据外部竞争性、内部公平性，基于个人业绩和能力，对成员的角色贡献进行客观的评价和奖励。

4．建设知识共享的团队文化氛围

影响团队绩效的另一个重要原因是团队的知识共享程度，为此，团队需要加强文化建设，建立团队成员的知识共享机制：①努力塑造诚信文化。与团队成员建立真诚的合作关系，相信并尊重员工个人，最大限度地发挥成员的作用。②加强团队信息网络建设，提高知识管理水平。充分发挥计算机信息网络功能，将人、知识与工作任务整合起来，为团队成员创造一个全新的知识获取、共享平台，构建柔性化的组织结构和扁平化的信息传递渠道。③建立知识共享的激励制度。积极开展目标激励，促使团队成员尽快形成利益共同体，增强团队成员之间的可依赖性和信任感。

二、团队合作

团队合作是团队成员基于团队信任，为达到既定目标所显现出来的自愿合作和协同努力的精神。它可以调动团队成员的资源和才智，消除不和谐、不公正的现象，形成相互支持、相互合作的团队互助格局，提升团队精神。

课堂延伸案例　**小米的团队合作**

成立于2010年的北京小米科技有限责任公司，是一家专注于智能硬件和电子产品研发的移动互联网公司，同时也是一家专注于高端智能手机、互联网电视以及智能家居生态链建设的创新型科技企业。小米的产品概念是“为发烧而生”，它借助互联网开发手机操作系统，在短短的十年时间里，企业发展迅猛。其原因之一在于该企业有着很好的团队合作模式。一是依托个人特长，实现科学分工。创始人、董事长兼CEO雷军负责企业发展战略规划和重大决策；联合创始人、总裁林斌依托自身在计算机、工程领域的专业技能，负责手机研发和生产工作；联合创始人、高级副总裁、品牌战略官黎万强发挥自身在品牌规划领域的优势，负责品牌建设。二是基于精确分工，推进有效合作。小米的内部组织架构清晰，实现了产品、营销、硬件、电商多层架构，并设置了每层的领导者。精确的分工为团队合作确定了清晰的合作框架。三是用“小餐馆理论”压缩管理层级，减少团队合作内耗。小米CEO雷军在2013年中国互联网创业者大会上表示，小米要坚持做一个“小公司”。在这个企业组织里，几乎没有管理层，最核心的团队大都在一线。这个管理理念与雷军曾经的一个梦想有关。他当初在创办小米之前曾有个梦想，就是开一家门口有人排队的小餐馆。他认为“最成功的老板是小餐馆的老板，因为每一个客户都是朋友”。通过这种无等级、面对面的沟通，可以建立良好的人际关系网络。这就是他所提出的“小餐馆理论”。四是注重团队信任，提升团队和谐。一方面，小米创业团队内部实现了充分信任；另一方面，团队领导者对团队一般成员有着充分信任，雷军曾笑称他基本都是闭着眼睛在报销单上签字。

（一）团队合作的重要性

“一个和尚挑水喝，两个和尚抬水喝，三个和尚没水喝。”“一只蚂蚁来搬米，搬来搬去搬不起；两只蚂蚁来搬米，身体晃来又晃去；三只蚂蚁来搬米，轻轻抬着进洞里。”这两句广为流传的俗语，呈现了两种截然不同的结果。“三个和尚”之所以“没水喝”，是因为互相推诿、不讲协作；“三只蚂蚁来搬米”能“轻轻抬着进洞里”，则是团结合作的结果。无论是对于团队还是个人，团队合作都有着重要的作用。

1．营造团队融洽的氛围

团队合作能够使每个成员都有一种归属感，有助于提高团队成员的效率和积极性，使其不会因为独自奋斗而产生孤独感。正是这种归属感使得每个成员感到在为团队努力的同时也是在为自己实现目标，同时也有其他成员在一起为这个目标而努力，从而激起更强的工作动机，形成融洽的团队氛围。

2．形成“1+1>2”的合力

团队的力量远大于个人的力量。团队不仅强调个人的工作成果，更强调团队的整体业绩。团队所依赖的不仅是集体讨论和决策，还有成员的共同贡献。团队有这样一种“魔力”，能够让成员有着更强的工作动机和工作欲望。为了能够让团队有最佳业绩，团队成员会彼此协作、相互配合，完成个人无法完成的项目，呈现“1+1>2”的合力效果。

3．推进工作创新

团队是由两个或两个以上的个体组成的。三人行，必有我师焉。也就是说每个人都有自己的优缺点，都有自己独到的想法。团队成员的多元化有助于产生不同的想法，有助于在进行决策的时候集思广益而形成创新的工作思路，进而使团队工作不断地推陈出新，形成良好的工作绩效。

4．形成有价值的行为规范

在团队中，当个别成员与他人行为不同时，团队内部所形成的规范会对其施加一种有形或无形的压力，使其在心理上产生一种压抑和紧迫感。在这种压力下，成员会不知不觉地在意识判断和行为上表现出与团队中大多数成员相一致，从而达到去约束、规范和控制个体行为的目的。规范和控制个体行为有助于团队行动的标准化，有利于提高团队的效率，形成更强的团队生产力。

综上所述，团队合作在实现既定目标上具有很多优势，团队领导者要引导团队成员学会与他人合作，学会做一只合群的“大雁”，这样才能使团队飞得更高、更快、更远。

（二）加强团队合作的方法

1．建立美好的团队愿景

团队愿景是经其内部成员共同讨论，形成成员们一致认可、愿意全力以赴的未来方向，一般包括团队核心理念和团队未来展望两部分。团队愿景融合了整个团队对未来的美好寄托，能够很好地起到推动成员共同奋进、激发成员斗志的作用，有着重要意义。在建立美好团队愿景的过程中，需要注意以下五方面：①要在准确把握个人愿景的基础上，将个人愿景作为共同愿景的基础。②要按照先自下而上，后自上而下的顺序提出团队愿景。

③团队要反复酝酿，不断提炼和充实愿景。④团队愿景应当简单易懂，即让成员在知道共同愿景后，能够很快地领会它的意思，并且不用十分费力就能记住其主要内容。⑤团队愿景应当有吸引力，即当成员在读到或听到愿景规划后，能够对自己说："听上去还不错，我喜欢它，要是我们真像那样就好了！"

2．设定科学的团队目标

团队愿景是团队对未来所做的长远规划和蓝图，还需要有具体的执行体系。为此，团队需要建立与愿景相匹配的团队目标，分阶段地朝着团队愿景努力。团队目标是团队在一段时期内要完成的具体任务，是团队成员团结互助、共同努力的方向和执行标准，能有效整合团队各成员优势，减少团队摩擦，提高团队成员的合作性，有着重要意义。在设定团队目标的过程中，要注意以下四方面：①团队目标设置要与团队愿景相匹配，即团队要按照愿景来具体设计团队目标。②团队目标要采用滚动计划法，时间越近，目标应当越清晰。③团队目标要在成员个人目标的基础上形成，使个人目标与团队目标相融合。④团队目标既要有挑战性又要有可执行性，以此激励成员为实现团队目标而相互合作。

3．构建合理的团队合作规则

团队合作规则是团队成员在工作中与他人合作、相处时必须遵守的标准。每个团队都应该形成自己的规则，最好是同时编制正面和反面的团队行为清单，并向全体成员公布，以此来规范团队成员的合作行为。团队合作规则是团队合作的行为指南，鼓励有益的合作行为，纠正不良的合作行为，帮助成员了解什么是团队所期望的行为，从而提高团队成员的自我管理能力和自我控制能力，促进团队的成长，使之尽早进入规范期。团队合作规则共有五个方面：①支持规则，即要建立团队成员之间寻求和提供协助与支持的规则，鼓励团队成员相互支持。②沟通规则，即团队成员要能准确、及时地交换信息，减少沟通发送者、沟通渠道、沟通接收者之间的障碍。③协调规则，即团队成员要根据团队绩效的要求来规范个人行动，从而协调好个人行动与团队整体行为。④反馈规则，即团队成员之间应及时反馈团队互动结果、寻求并接受建议和反馈信息，推进双向有效沟通。⑤监控规则，即团队成员需观察他人的行为，在必要时提供反馈和支持。

实训组织

实训3-4　团队信任

实训形式　户外拓展训练（生命之旅）

实训步骤

户外拓展：生命之旅

第一步：实训前准备。要求学生提前阅读团队信任的相关文献，了解本次实训的理论知识。

第二步：拓展过程：

1．将全班分成2人一组，其中1人戴上眼罩。

2．全班在教师的带领下，按指定路线到户外穿越障碍物，如过山坡、入丛林等。

3．没戴眼罩的同学要紧紧拉着戴眼罩同学的手，在一路护送下穿越各种障碍。

4．到达最终目的地后，戴眼罩的同学摘下眼罩，给一路护送自己的同学一个大大的拥抱和一句真诚的感谢。

第三步：抽取部分同学代表发言，谈谈整个游戏过程中的心理感受。

第四步：教师结合团队信任理论对整个户外拓展及学生发言进行点评，并融入感恩等课程思政育人内容，让学生学会感恩。

实训3-5　团队合作

实训形式　团队风采展示

实训步骤

团队风采展示

第一步：实训前准备。要求学生提前阅读团队合作的相关文献，了解本次实训的理论知识。

第二步：学生以小组为单位进行团队风采展示。要求学生确定团队目标、口号，设定团队象征物（可以用来比喻团队的物体，如七彩笔、雨伞等），并进行不少于3分钟的团队风采展示。

第三步：小组填写实训表（见表3-3）。

表3-3　团队合作实训表

小组__________　组长__________　成绩__________

团队目标	
团队口号	
团队象征物	
团队展示方式	
展示效果自我评价	

第四步：小组讨论，并推荐一名代表发言。

第五步：教师结合游戏以及学生发言，阐述团队合作的重要性，巩固所学的理论知识。

单元四　团 队 士 气

理论知识点

课堂延伸案例　为今天加油

第二次世界大战后，日本国民经济得到迅速恢复和发展，还出现了一批全球型企业，如丰田、本田、松下、索尼等。这些企业制造的产品物美价廉，横扫欧美市场。美国的企业为了研究它们成功的秘诀，特意派了一名管理专家以参观考察的名义前去日本调查。

这位专家第一天早上到了丰田，只见员工们整齐地站好，在当天值班员的带领下，大声地念“社训”，最后大家一起大喊一声：“为今天加油！”第二天早上专家到了本田，看见的情形和丰田一样，也是每个人整齐地站好，大声地念他们企业的“社训”，最后也是大家一起大喊一声：“为今天加油！”第三天早上专家到了松下，看见的情形还一样，每个人整齐地站好，大声地念企业“社训”，最后大家一起喊：“为今天加油！”第四天早上到了索尼，第五天早上到了三洋，第六天早上到了三菱……这个管理专家发现日本的企业每天早上都要念企业的“社训”，而且最后一定有一句：“为今天加油！”为什么日本这些优秀的企业都会在社训的最后加上“为今天加油”？

课堂延伸案例　亮剑精神

古代剑客们在与对手狭路相逢时，就算对方是天下第一剑客，明知不敌，也要亮出自己的宝剑。即使倒在对手的剑下，也虽败犹荣，这就是亮剑精神。剑锋所指，所向披靡。明明知道打不赢也要敢于亮剑，狭路相逢勇者胜。这是一个强者的心态，也是一种强者的精神，告诉我们不要轻言放弃，永不言败，要有拼搏奋斗、一战到底的决心。就像一支军队打仗一样，若是没有了士气，没有了敢作敢为的决心，那么即使有再好的武器，也打不了胜仗。

一、团队士气的定义及表现

1．团队士气的定义

团队士气是团队成员对自身所在的团队感到满意，愿意成为该团队的一员，并协助达成团队目标的一种态度。从心理学上分析，士气是维持意志行为的具有积极主动性的动机。士气可以表现为心理活动的很多方面，但无论是哪种表现，都必须具备心理活动的积极主动性（即心理活动的整体长远性）和意志性（即行为的坚强果断性）两个特征。士气的作用在于能激发出人们进行意志行为的潜在精力、体力与能力。

2．团队士气的表现

士气高的团队会表现出以下七个特征：①团队的团结来自于内部的凝聚力，而非外部的压力。②团队本身具有适应外部变化的能力以及处理内部冲突的能力。③团队成员对团队具有强烈的归属感，且团队成员之间具有强烈的认同感。④团队成员没有分裂为小团体的倾向。⑤团队中每个成员都明确地认识到团队的目标。⑥团队成员对团队的目标及领导者持肯定和支持态度。⑦团队成员承认团队存在的价值，并且有维护其团队存在和发展的意向。

二、团队士气的影响因素

团队士气的影响因素是多元的，影响过程也是比较复杂、动态，主要有以下六个方面。

1．对团队目标的认同程度

团队目标是指引团队发展的方向，是推进团队生存与发展的关键因素，对团队目标的认同程度将直接影响团队士气。如果团队成员赞同、拥护团队目标，他们会觉得自己的要求和愿望在团队目标中有所体现，士气就会高涨；如果团队成员认为团队目标不契合实际、过于空洞，他们就不会为之努力，也不会形成对团队的依附力。

2．利益分配的合理性

每个人做事都跟利益有关系，但无论是物质的还是精神的，利益只有在公平、合理、同工同酬、论功行赏的情形下进行分配，人们的积极性才会提升，士气才会高昂。团队成员在团队运行中也会有自身的利益诉求，而一旦成员感受到利益分配不合理，势必将影响其对团队的认同感和自豪感，从而影响团队士气。

3．团队成员的满足感

团队成员的满足感主要指的是对团队工作的满足感。如果团队成员对工作非常热爱、感兴趣，而且工作也适合个人的能力与特长，士气就会高涨。而如果个人的能力超出了工作的要求，成员就会觉得不满足；反之，如果个人的能力不及工作要求，就会对其生活产生压力，使其对工作失去兴趣和满足感，从而影响团队士气。

4．对领导者的认可

团队领导者是团队的领袖，是团队精神的集中体现。团队领导者是否优秀，是影响团队士气的一个重要原因。如果领导者作风民主、广开言路、乐于接纳意见、办事公道、遇事能同大家商量、善于体谅和关怀下属，团队士气就会非常高昂；而如果领导者独断专行、不接受成员的任何意见，则会降低团队的士气。

5．团队内部和谐程度

如果团队内人际关系和谐，互相赞许、认同、信任、体谅，通力合作，这时团队凝聚力就会很强，团队士气就会高涨；而如果团队内部相互不信任、争论不断，将会影响团队内部和谐，影响团队士气。

6．信息沟通的有效性

团队成员间、团队领导者与成员间、团队成员与外部成员间顺畅的信息沟通，是团队健康有效运行的保障。如果不同成员间的沟通受阻，就会引起信息不畅，容易产生误解甚至冲突，最终团队成员会产生不满情绪，影响团队士气。

三、提升团队士气的方法

1．设置科学的团队目标

团队要根据“SMART”原则设置科学的团队目标。“S”即“Specific”，代表“具体”，指目标设定要有具体的工作指标；“M”即“Measurable”，代表“可度量”，指团队目标是可量化或者行为化的，验证团队目标落实程度的数据或信息是可以获得的；“A”即“Attainable”，代表“可实现”，指团队目标在付出努力的情况下可以实现，避免设立过高或过低的目标；“R”即“Relevant”，代表“相关性”，指实现此目标与其他目标的关联情况；“T”即“Time-based”，代表“时限性”，指完成团队目标的特定期限。只有按照这个原则设置的团队目标，才能更好地发挥团队引领作用，才能更好地激发团队士气。

2．建立合理的奖励机制

海豚在训练时，每完成一个动作，就会获得一份自己喜欢的食物作为奖励，给予正面肯定的方式是海豚训练的诀窍所在。这种做法叫行为强化。行为强化理论同样适用于团队管理，如果成员因完成某个目标而得到肯定和奖励，就会更加努力地重复这种行为。所以团队要建立合理的奖励机制，让有出色表现的成员及时获得团队的奖励和肯定。同时，团队应当想办法增加奖励的透明度，从而避免利益不均对团队士气的负面影响。

3．关心并鼓励员工发展

每一个团队成员除了拥有团队中的身份以外，还有着多个身份角色，因此成员在团队工作以外的生活、学习等都可能会影响其情绪，进而影响其在团队中的表现。为此，团队领导者应该多关心成员，帮助其解决在生活中的各种问题，从而实现情感融入。除此之外，团队应该注重成员的发展。发展是团队成员的基本需求，而且这种发展需求是多元的，如职位升迁、工作价值感等。为此，团队要鼓励成员多元发展，并建立机制让成员感受到工作的成就感、满足感及发展前景，从而增强团队对成员的黏性，提高团队士气。

4．塑造优秀的团队领导者

团队领导者是团队的精神象征，塑造优秀的团队领导者是提升团队士气的重要因素。为此，团队一方面要建立起团队领导者的科学甄选机制，让有才能、有品德、有感染力的人成为团队领导者；另一方面也要建立起团队领导者的合理退出机制，即让不适合担任领导者的人及时调离领导职位。除此之外，团队也要建立起团队领导者的培养机制，不断提高领导者的领导水平及领袖魅力，从而提升团队的整体士气。

5．构建和谐的团队文化

文化是一种生产力，和谐的团队文化能够实现团队融合，具体包括精神文化、制度文化、行为文化及物质文化四个层面。和谐的精神文化要求团队成员有着共同的价值观；和谐的制度文化要求团队有着开放、开明、科学的运行机制；和谐的行为文化要求团队成员能够互帮互助、相互支持；和谐的物质文化要求团队的办公场所、成员的生活场所以及学习场所能满足成员发展及团队和谐运作的需要，从而在团队内部形成强大的凝聚力和向心力，增强成员对团队的归属感和荣誉感。

6．建立通畅的建言机制

要想提高团队士气，对于团队内部问题不能“堵”，而要通过建立通畅的渠道进行“疏”，避免形式主义。一方面，团队领导者要真正建立“开门政策”，即团队成员有建议、有想法，能得到及时聆听或解决；另一方面，团队要建立激励成员建言的机制，鼓励成员多提建议。除此之外，团队对于成员所提的建议，要科学对待、及时解决。只有充分、有效、及时地进行信息沟通，才能减少团队内耗，提高团队士气。

7．扩大激励的正面效果

团队激励对于团队士气的形成也有着重要影响。为此，团队要擅用表扬等激励方法，并将这种激励的正面效果扩大，形成更强的激励效应。一方面，团队要建立多元化的激励机制，根据成员的不同需求进行奖励；另一方面，团队可以通过一些管理手段，将激励效果扩大，形成正向激励的扩散效应，进一步引导成员实施正面行为，提升团队士气。

除此之外，创造并共享团队资源、实行柔性化管理等方法也是提高团队士气的有效方法。

实训组织

实训3-6　团队士气

实训形式　公司晨会模拟

实训步骤

公司晨会模拟

第一步：实训前准备。要求学生提前阅读团队士气的相关文献，了解本次实训的理论知识。

第二步：教师布置模拟晨会的安排。

晨会模拟　××公司晨会

（1）以小组为单位，模拟某一个公司的晨会。

（2）晨会安排包括上一阶段总结、下一阶段目标、领导动员讲话、晨会游戏、晨会口号等展现团队士气的相关内容。

（3）小组成员着装尽量统一，可以制作晨会相关道具。

（4）要求整个晨会清晰、高效，彰显团队士气。

（5）晨会展现时间为每组5～8分钟。

第三步：各小组依次组织晨会。

第四步：教师结合团队士气理论知识点，点评每组表现，巩固所学的理论知识。

拓展资源

大雁精神

大雁飞行时，常常排成“人”字形或斜“一”字形。有人说这是雁群纪律严明的表现，其实，这是一些候鸟在长途迁飞时节省体力消耗的一种秘诀。

鸟类飞行时，翅膀尖端会产生一股向前流动的气流，叫作“尾涡”。后面的鸟利用前面的“尾涡”，飞行时要省力得多。雁群飞行时所排列的队形，正是适于对“尾涡”气流的利用。大雁越多，雁飞起来就越省力气。同时，排队飞行，还可以防御敌害，相互照应，避免掉队。由于领头雁无“尾涡”利用，最为辛苦，所以雁群队形经常变换，其作用正是为了轮换领头雁，避免一只雁太累。

不仅亚洲的雁如此南北往返地迁徙，欧洲和北美洲的雁群也是这样。每当秋风扫落叶之时，北欧的雁群南迁到非洲，北美的雁群南迁到南美洲；到了第二年春天，再飞返它们的“故乡”。每当傍晚，雁群就落到地面，在芦苇塘、河边草丛间栖息，找寻水草吃，也吃地里的麦苗和蚕豆苗等。大雁非常机灵，夜里休息的时候，总要派出一只大雁站岗放哨，一有动静就发出叫声，呼唤同伴赶快飞离。第二天清晨起飞前，大雁往往群集在一起开“预备会议”。然后，由老雁带头前飞，像是“队长”在领路，幼雁排在中间，最后是老雁压阵，不时地发出呀呀的叫声，这是一种呼唤的信号。

大雁精神是团队精神的一种具体体现，通过集体飞行，相互支持，形成团队内部的互帮互助，提升团队凝聚力；通过“领头雁”的引领，推进大雁团队的有序前行，体现了团队领导者与团队成员的积极互动；通过大雁团队内部的有序分工，实现了团队的有效合作；通过飞行中所形成的“尾涡”、同行过程中的相互鼓励，提升团队士气，团结所有成员指向目标。这就是大雁精神，这就是团队精神！

同步强化训练

一、单项选择题

1. 团队精神的核心要素是（　　）。

A. 团队凝聚力　　B. 团队合作　　C. 团队士气　　D. 团队领导

2. 团队合作的前提是（　　）。

A. 团队角色　　B. 团队信任　　C. 团队规范　　D. 团队目标

二、多项选择题

1. 团队精神包括（　　）。

A. 团队凝聚力　　B. 团队领导　　C. 团队士气　　D. 团队合作

2. 团队凝聚力可以划分为（　　）。

A. 归属意识　　B. 亲和意识　　C. 责任意识　　D. 自豪意识

3. 团队合作的构成要素有（　　）。

A. 坦诚　　B. 正直　　C. 承诺　　D. 一贯

三、思考题

1. 请简要阐述团队凝聚力的影响因素。
2. 在企业实践中，可以通过哪些方法来提升团队信任？
3. 团队士气的影响因素有哪些？企业可以通过哪些方法来提升团队士气？

模块四 优秀团队品质

学习目的

通过教学，让学生理解并掌握优秀团队的四大品质，即科学的团队目标、清晰的团队角色、合理的团队规范和适宜的团队规模，从而为团队构建及发展提供方向。

教学手段

知识讲授；案例分析；团队游戏；情景分析。

课堂延伸案例　华为的优秀团队打造

成立于1987年的华为技术有限公司是一家全球领先的ICT（信息与通信）基础设施和智能终端提供商，致力于把数字世界带入每个人、每个家庭、每个组织，构建万物互联的智能世界。目前，华为拥有18.8万员工，业务遍及170多个国家和地区，服务30多亿人口。

在华为的企业运营和日常管理中，要求华为的团队中每个成员都必须十分清楚个人和团队的共同目标，明确个人的角色定位和在组织中的作用，在各自的专业领域保持敏锐的洞察力和前瞻思考能力，分工合作，相互照应，以快速敏捷的运作方式有效地发挥角色所赋予的最大潜能，从而推动整个企业系统的快速、高效运转，这也是华为在市场中超越竞争对手的重要利器。

华为团队品质的另外一个很大的优点是众志成城、互帮互助，这应该是“优秀团队品质”里关键的一点。这种团结协作的精神在华为的整个企业内部，特别是在营销部门起到了十分重要的作用。正是靠着这种全体员工共同奋斗、团结一心、互相协作的精神，华为才能够击败众多竞争对手，成长为全球性企业，在2020年全球最具价值品牌500强中排名第10位。

单元一　科学的团队目标

理论知识点

优秀团队品质

一、团队目标的意义

团队目标是指一个团队在未来一段时间内要达到的目的、要完成的任务。一个有着高效率的优秀团队，通常采用目标管理。目标管理是一种以目标为导向、以人为中心、以成果为标准，而使团队、组织或个人取得最佳业绩的现代管理方法。团队建设中采取目标管理，团队成员应积极参与，确定团队工作目标，并在工作中实行“自我控制”，齐心协力保证目标的实现。

目标是团队决策的前提。优秀团队的组建是一个动态的过程，团队的核心需要随时进行决策，而没有目标的团队只会走一步看一步，处于投机和侥幸的不确定状态中，风险系数大，就像汪洋中的一条小船，不仅容易迷失方向，甚至可能会触礁。

课堂延伸案例　不会飞的鹰

有这样一则小故事，一个猎人在丛林中捉到一只受伤的幼鹰，他把这只幼鹰带回家饲养，让它跟猎人家的一群鸡一起啄食、嬉戏。日子一天天过去，幼鹰渐渐长大，羽翼也逐渐丰满，猎人想把它训练成一只猎鹰，却发现它根本没有飞的欲望，完全变得和鸡一样。猎人尝试了许多方法，都不奏效。最后，猎人把这只鹰带到山崖边，将它扔了下去，奇迹出现了：这只鹰在求生本能的驱使下拼命扑打着翅膀，终于飞了起来。这个故事告诉我们，在长期安逸的生活下，我们很容易失去目标；而一旦失去目标，我们就会变得毫无战斗力。

一个优秀的团队，大家一定有共同的、明确的目标，这个目标是大家都认可的，是一面旗帜，大家都朝着这面旗帜的方向前进。团队成员有着共同的目标，并清晰地知道目标、方向、原则分别是什么，为完成共同目标，成员之间彼此合作，这是构成和维持优秀团队的基本条件。也正是这种共同的目标和方向，决定了团队的优秀品质。

二、建立科学团队目标的SMART原则

团队目标对于团队的发展有着重要意义，而建立一个科学的团队目标则更为重要。科学的团队目标有一个“黄金准则”，即SMART原则。SMART由五个英文单词的首字母组成：“S”代表“Specific”，即明确性；“M”代表“Measurable”，即可衡量性；“A”代表“Attainable”，即可实现性；“R”代表“Relevant”，即相关性；“T”代表“Time-based”，即时限性。

1．S（Specific）——明确性

明确性是指要用具体的语言，清楚地说明要达成的行为标准。明确的目标几乎是所有成功团队的一致特点。而往往有很多团队不成功的重要原因之一就是设定的目标模棱两可，或没有将目标有效地传达给相关成员。

课堂延伸案例　什么目标才明确？

举例来说，某团队设定的目标是“增强客户的意识”。这种对目标的描述就很不明确，因为增强客户意识有许多具体做法，如减少客户投诉，过去客户投诉率是3%，现在把它降低到1.5%或者1%；提升服务的速度；使用规范礼貌的用语等。有这么多增强客户意识

的做法，目标所说的“增强客户意识”到底指什么，不加以明确就没有办法评判、衡量。所以建议将目标修改得更加具体，例如：我们将在月底前把前台收银的速度提升至正常的标准。这个正常的标准可能是2分钟，也可能是1分钟，或分时段来确定。

2．M（Measurable）—— 可衡量性

可衡量性是指目标应该有一组明确的数据，作为衡量是否达成目标的依据。这些数据应该是明确的，而不是模棱两可的。

如果制定的目标没有办法衡量，就无法判断这个目标是否实现。例如，领导问“这个目标离实现大概有多远”，而下属的回答是“我们早实现了”。这其中可能存在着领导和下属对团队目标所产生的分歧，原因就在于没给目标明确一个定量的、可以衡量的数据标准。但并不是所有的目标都可以衡量，有时也会有例外，比如说大方向性质的目标就难以衡量。

课堂延伸案例 什么样的目标才可衡量？

举例来说，某团队制定的目标是“为所有的老员工安排进一步的管理培训”。“进一步”是一个既不明确也不容易衡量的概念，是不是只要安排了这个培训，不管谁讲，也不管效果好坏都叫“进一步”？

如何将这个目标转换成可衡量的目标呢？应准确地指出，在什么时间前完成对所有老员工关于某个主题的培训，并且在这个培训结束后，学员的评分需达到85分，低于85分则认为培训效果不理想。这样一改进目标就变得可以衡量，按最终参加的人数多少、主题是否能够解决问题、学员最后的评分是否达到85分等指标来衡量，这个目标在衡量性原则上就符合标准了。

目标的衡量标准遵循“能量化的量化，不能量化的质化”原则，使目标制定人与考核人有一个统一的、标准的、清晰的、可度量的标尺，杜绝在目标设置中使用形容词等概念模糊、无法衡量的描述。对于目标的可衡量性首先应该从数量、质量、成本、时间、上级或客户的满意程度五个方面来进行；如果不能进行衡量，其次可考虑将目标细化，细化为分目标后再从以上五个方面衡量；如果仍不能衡量，还可以将完成目标的工作进行流程化，通过流程化使目标可衡量。

3．A（Attainable）—— 可实现性

可实现性是指制定的目标要可实现，既不能定得太高，也不能定得太低。为此，团队要做到以下三个维度的评判：①科学评估团队现有内部资源、能力及条件，形成清晰的团队资源清单；②合理评估团队成员的潜能，即合理界定团队成员的最大能力范畴，为目标设定一个上限；③有效评估团队的外部资源、条件，以梳理团队的外部支撑力量。团队要结合上述三个维度的评判标准，设定科学合理的团队目标，既要给予团队成员实现目标的希望，又要给予他们实现目标的压力，从而提高目标的可实现性和有效性。

4．R（Relevant）—— 相关性

相关性是指实现此目标与其他目标的关联情况。如果制定的目标与其他目标完全不相

关，或者相关度很低，则即使这个目标被完成了，意义也不是很大。

工作目标的设定是要和岗位职责相关联。例如，某电话营销公司为提高客户满意度，要求女员工保持身材苗条、男员工保持身材健壮，这就违背了相关性原则。又如，一个前台工作人员，公司要求其学习英语以便接待外宾，这时候提升英语水平和前台接待服务质量是有关联的，即学英语这一目标与提高前台工作水准这一目标直接相关。而若让其学习六西格玛，就没有太多实际意义，因为学习六西格玛这一目标与提高前台工作水准这一目标相关度很低。

课堂延伸案例 汽车4S店销售员业务目标指标

某汽车4S店为了提升企业竞争力，提出了“品质战略”。而根据企业这一新的发展战略，销售部对原有的业务目标指标体系也进行了相应调整。修改后的业务目标指标体系除了原有的销售业绩之外，还根据“品质战略”加入了展厅环境、试驾体验、展车、销售人员服装及精神面貌等维度的考核指标。每一个维度都设置了细致的考核指标，如展车涉及展车摆放、展车外观、展车内部、展车装备、展车附件等具体指标。销售部通过建立这样的目标指标体系，实现了从业绩、行为等多个角度来提升销售员的业务能力的目标，提高了客户满意度，此项改革也因此取得了很好的成效。

5．T（Time-based）——时限性

时限性是指目标是有时间限制的。目标设置要具有时间限制，根据工作任务的权重、事情的轻重缓急，拟定出完成目标项目的时间要求，定期检查项目的完成进度，及时掌握项目进展的变化情况，以方便对下属进行及时的工作指导，以及根据目标执行过程中的异常情况及时调整工作计划。没有时间限制的目标就没有办法进行考核。上下级之间对目标轻重缓急的认识程度可能完全不同。如果上司着急，但下属不知道，那么到头来上司可能暴跳如雷，而下属也会觉得委屈。这种没有明确时间限定的目标设定也会带来考核的不公正，伤害工作关系，破坏下属的工作热情。因此，团队在设定目标时必须有明确的时间限制。例如，“我将于5月31日之前完成某事”，那么“5月31日前”就是一个明确的时间限制，5月31日之后的任何一天都可以检定这个目标是否完成。

实训组织

实训4-1 团队目标作用

实训形式 团队游戏

实训步骤

第一步：实训前准备。要求学生提前阅读团队目标和目标管理的相关文献，了解本次实训的理论知识。教师做好实训器材准备，包括一个地面平整的场地、一根绳子（约5米长），以及测量长度的工具。进行此项游戏之前，可让学生进行一些准备活动，如舒展筋骨，以保证活动的安全进行。

第二步：以小组为单位，按照要求开展“目标决定距离”游戏。

团队游戏　目标决定距离

（1）每轮抽取20名学生参加比赛。
（2）根据身高、体重、性别将学生分成实力相当的A、B两组，每组各10人。
（3）在平整的地面上将绳子拉直，要求两队成员在距离绳子40厘米左右的位置站定。
（4）让所有学生下蹲，用手握住脚踝，以此姿势向前跳，规定只能跳一次。
（5）对A组的学生向前跳的距离不做任何规定。
（6）要求B组学生必须跳过地面上的这根绳子，并朝着100厘米的目标努力。

第三步：观察、记录两组成员跳跃的距离并算出平均距离，比较有什么差距，分析为什么会有差距，并填写实训表（见表4-1）。

表4-1　团队目标作用实训表

姓名＿＿＿＿＿＿　学号＿＿＿＿＿＿　小组号＿＿＿＿＿＿　成绩＿＿＿＿＿＿

<table>
<tr><td colspan="7">请同学们认真参与游戏，观察各组游戏结果进行登记，并简要回答下述问题</td></tr>
<tr><td>编号</td><td>目标（厘米）</td><td>A组学生姓名</td><td>实际跳跃距离（厘米）</td><td>目标（厘米）</td><td>B组学生姓名</td><td>实际跳跃距离（厘米）</td></tr>
<tr><td>1</td><td rowspan="10">无</td><td></td><td></td><td rowspan="10">100</td><td></td><td></td></tr>
<tr><td>2</td><td></td><td></td><td></td><td></td></tr>
<tr><td>3</td><td></td><td></td><td></td><td></td></tr>
<tr><td>4</td><td></td><td></td><td></td><td></td></tr>
<tr><td>5</td><td></td><td></td><td></td><td></td></tr>
<tr><td>6</td><td></td><td></td><td></td><td></td></tr>
<tr><td>7</td><td></td><td></td><td></td><td></td></tr>
<tr><td>8</td><td></td><td></td><td></td><td></td></tr>
<tr><td>9</td><td></td><td></td><td></td><td></td></tr>
<tr><td>10</td><td></td><td></td><td></td><td></td></tr>
<tr><td colspan="2">$\overline{X}_A - \overline{X}_B$</td><td colspan="5"></td></tr>
<tr><td colspan="2" rowspan="3">思考：团队目标对团队发展的作用</td><td colspan="5">1.</td></tr>
<tr><td colspan="5">2.</td></tr>
<tr><td colspan="5">3.</td></tr>
</table>

第四步：讨论设定合适的挑战目标对团队的发展有什么好处，小组派代表发言，分享游戏体验。

第五步：教师总结，提出团队目标设定的重要性，进一步巩固理论知识。

单元二　清晰的团队角色

理论知识点

一、角色的意义

人是团队构成中最核心的力量。目标是通过人员来具体实现的，所以人员的选择是团队中非常重要的一个部分。在一个团队中可能需要有人出主意、有人定计划、有人实施、有人协调不同的人一起去工作，还需要有人去监督团队工作的进展，评价团队最终的贡献。不同的人通过分工来共同完成团队的目标，在人员选择方面要考虑人员的能力如何、技能是否互补、人员的经验如何。在团队中，每个人都要找准自己的位置和角色，在从事某项工作前应该清楚自己能干什么、适合干什么，以及如何才能有利于达成团队的总目标。

二、角色知觉

（一）角色知觉的含义

角色知觉（Role Perception）是角色观念的重要组成部分，它是个体对角色及有关角色现象的整体反映，是指人对于自己在特定的社会与组织中所处地位的知觉。角色原本是指演员在戏剧舞台上所扮演的人物。而在社会这个大舞台上，每个人都在扮演着不同的角色。例如，一个提琴手可以自己指挥自己，而一个乐队则需要一个指挥。同样的，在社会化的工业生产和社会活动中，管理者都扮演着组织团队的指挥角色。

角色知觉的含义及内容

在现实生活中，人们经常可以发现，如果个人对社会所赋予的角色内涵非常明确时，其所扮演的角色就会完成得很好；而那些角色知觉混乱的人，往往会处于犹豫、彷徨、烦恼之中，且容易在生活和工作中发生错误。

（二）角色知觉的内容

一个完整的角色知觉过程应该包括四个成分：角色认知、角色行为、角色期望和角色评价。

1．角色认知

角色认知是指一个人对自己应该在社会与组织中所处地位的认识。每个人都在心里勾画着自己的形象，思考着自己应该在社会或组织中承担何种角色，这些都是角色认知的表现。

2．角色行为

角色行为是指一个人按照特定的社会与组织所赋予角色的特定行为模式而进行的行为。例如，一个担任商店营业员角色的职工，其在商店内的行为模式是要有熟练的服务技能、丰富的业务知识、周到热情的服务态度；而一个企业的领导与管理者的角色，其行为模式是要完成多项领导行为与职能，包括组织群体、开展教育、代表者与维护群体利益、使用和传播信息等角色行为。

3．角色期望

角色期望是指他人对一个人所承担角色的希望与寄托。人在一定的客观环境中，必然会被寄予一定的期望。显然，人们依照自己认定的角色标准，期望着扮演某种角色的人能够做相应的角色行为。比如群众对于领导者寄予了很大的期望，希望领导者能够带领他们进行现代化建设。

4．角色评价

角色评价是指他人对一个人在社会和组织中的角色扮演做出的评论与估价。人们自然而然地由角色期望开始，最后对角色扮演者的角色行为做出相应的评估。

角色知觉中的角色认知与角色行为属于角色扮演者主观方面的因素；而角色期望与角色评价是指他人对角色扮演者的反馈信息，属于客观方面的因素。角色知觉作为复杂的社会认知与社会知觉中的一个方面，只有在主客观因素相互作用的条件下，才能最终形成一个完整、正确的角色知觉。这也说明，角色知觉是一个人在社会实践中积极的、动态的实现过程，而不是消极的、静态的反应过程。

三、清晰团队角色建设要求

1．角色齐全

团队角色齐全，能有效地推进团队建设。正如贝尔宾博士所说，用他的理论不能断言某个群体一定会成功，但可以预测某个群体一定会失败。所以，一个成功的团队应尽可能地实现推进者、实干者、外交者、协调者、监督者、凝聚者、智多星和完美主义者这八种角色的综合平衡。

2．知人善任

知人善任是每一个管理者都应具备的基本素质。管理者在组建团队时，应该充分认识到各个角色的基本特征，容人短处，用人所长。在实践中，真正成功的管理者对下属人员的秉性特征都有很透彻的了解，而只有在此基础上组建的团队，才能真正实现素质结构上的优化，成为高绩效的团队。

3．角色互补

对于一份给定的工作，完全合乎标准的理想人选几乎是不存在的，但是一个由许多个人组成的团队却可以做到相对完美——它并非是个体的简单组合，而是在团队角色上亦即团队的素质结构上实现了互补。也正是这种在系统上的异质性、多样性，才使整个团队生机勃勃、充满活力。

4．柔性管理

从一般意义上而言，要组建一支成功的团队，必须在团队成员中形成集体决策、相互负责、民主管理、自我督导的氛围，这是团队区别于传统组织及一般群体的关键所在。除此之外，从团队角色理论的角度出发，还应特别注重培养团队成员的主动补位意识，即当一个团队在上述八种团队角色出现欠缺时，其成员应在条件许可的情况下，应能够增强弹性，主动实现团队角色的转换，使团队的素质结构在整体上趋于合理，以便更好地达成团队共同的绩效目标。事实上，很多测试结果和实践证明，多数人在个性、禀赋上存在着双重甚至多重性，这也使上述团队角色的转换成为可能。

5．准确的角色定位

准确的自身角色定位是团队建设的重要砝码。事实上，一个企业或一个部门想要共同创造出优良绩效，首先要明确工作的流程和基本的工具，并对每个成员做出一个准确的定位。而最终导致绩效不佳的原因往往是成员对自己在组织中的定位缺乏认识，自身定位不准、不足、不对，以至于最终没能发挥应有的作用，没能尽到应尽的职责，甚至造成了消极的影响。所以，现实工作中的角色定位，一定要让团队成员能够清晰地认识自己，这样不仅有利于成员发挥自己所长，也能充分提高团队的综合实力。

6．清晰的角色分工

在团队中，一旦出现角色模糊、角色超载、角色冲突、角色错位、角色缺位等现象，就会使成员之间角色不清、互相推诿，最终会降低团队效率。因此，只有清晰的角色定位与分工，才能使团队保持高效。

7．明确的团队职责

团队效率是与团队成员的职责状况直接相关的，建设高效团队的条件之一是团队成员明白并接受各自的职责。若职责不明或职责混乱，则势必会降低团队效率。所以，任何团队要想达到高效，都必须做到团队成员职责权限和工作范围明确。角色职责制定要立足现实，做到期望值清楚，即确保每个团队成员理解团队对他们的期望值。立足现实、清楚期望值，就是对团队成员要有一个全方位的认知，要分析团队成员各自的性格特征、能力、体力和环境等具体条件，并要了解和把握团队成员对自身的期望值，根据这些认识适当地安排他们的角色职责，从而充分调动他们的积极性，使其为提高团队效率贡献力量。

课堂延伸案例 / 分工明确的微软

在团队中没有无能的人，只有放错位置的人。微软是以创造团队文化闻名的公司，以项目小组的形式来开发计算机软件的方式便是由微软首创的。微软的产品是计算机软件，专业性很强，需要知识积累和不断创新，并要求不能出错。在这种情况下，公司需要的并非一团和气的温暖氛围，而是平等又充满争论的团队文化，在思想的交锋中产生创新的火花，在不同视角的争辩中创造独特、完美的产品，这是合作精神在微软产品项目小组中的体现。团队合作的内容和意义在不同的组织环境中各不相同，并非千篇一律。

那么微软这种独特的团队合作文化又是如何创建的？这里需要强调一下公司创立者在建立企业文化中的重要作用。大家都知道比尔·盖茨从小就对计算机行业感兴趣，他对计算机的狂热和痴迷使他只追求知识和真理，而对权威毫无畏惧之心。他从哈佛辍学去新墨西哥州的一家计算机公司工作，公司里没有一个人敢与技术领导顶嘴，但只有最年轻的比尔敢。他与保罗·艾伦创办微软之后，思想的争论、敢于向他人的思想挑战的风气就被鼓励并发扬光大，他甚至要求向他汇报工作的人以及所有项目小组都遵循“敢提不同意见”的原则。

项目小组有名的“三足鼎立”结构也就这样建立起来：软件设计员、编程员、测试员，三种人员互相“挑刺”，刺挑得越多，最后的产品就可能越完善。而项目小组的成员都是平等的，组长也没有特别的权利，主要担任沟通协调的角色，解决任务冲突、人员冲突、时间冲突，使大家愉快配合，按时将产品完成。能够实现这样独特的团队分工合作，与公司的几个重大环节的把握有十分密切的关系。首先是公司文化的创立（如前所述），其次是人员招聘的把关。微软在招聘新员工时候的考核方式主要是智力和创意测试，这也成为目前信息科技行业招聘的经典。也就是说，微软招的人身上都有些许比尔·盖茨的影子：对计算机技术的沉迷和热情、享受开拓思维的乐趣，同时又率真而无视权威。第三则是极其明确的分工和周密的流程设计。每个团队成员都十分清楚自己的职责，自己的工作在整体中的位置、顺序以及时间进度。由于分工明确，而且每个人都无法被他人替代，因此团队成员都互相尊重，同时敢于提出自己的不同见解。最后则是大家都有明确的共同目标：让产品按时并高质量地完成。

实训组织

情景分析：
该向谁汇报

实训4-2　团队角色（该向谁汇报）

实训形式　情景分析

实训步骤

第一步：实训前准备。要求学生提前阅读团队角色的相关文献，了解本次实训的理论知识。

第二步：根据以下资料进行情景分析，并填写实训表（见表4-2）。

情景分析　该向谁汇报

小王大学毕业后，在一家大型国有企业的销售部上班，由于工作表现出色，他很快升为销售部经理助理。刚当上助理，他就从销售部经理那里领到了一个重要任务：确定下一年度拟引进的新车。小王经过多日的加班，最终确定了新车方案。于是他拿着这个新鲜出炉的方案找到了销售部经理，希望能够与他探讨。谁知，销售部经理根本没看，直接就说：“你直接找分管销售部的副总去探讨。”小王马上说：“我直接去，不合适吧？”经理说：“没关系，你直接去吧。”小王战战兢兢地找到了副总。副总听完事情之后说：“你去把你们经理叫来，这么重要的事情，他怎么能不参与？”

请问：在这个情景中，你觉得谁没有正确认识自身的角色？情景中小王、经理、副总的角色分别是什么？这个情景对你有何管理启示？

第三步：填写实训表（见表4-2）。

表4-2　清晰的团队角色实训表

姓名＿＿＿＿＿＿＿＿　学号＿＿＿＿＿＿＿＿　小组号＿＿＿＿＿＿＿＿　成绩＿＿＿＿＿＿＿＿

1. 在这个情景中，你觉得谁没有正确认识自身的角色？

＿＿

＿＿

2. 情景中小王、经理、副总的角色分别是什么？

（1）小王的角色分析＿＿＿＿＿＿＿＿＿＿＿＿＿＿＿＿＿＿＿＿＿＿＿＿＿＿＿＿＿＿

（2）经理的角色分析＿＿＿＿＿＿＿＿＿＿＿＿＿＿＿＿＿＿＿＿＿＿＿＿＿＿＿＿＿＿

（3）副总的角色分析＿＿＿＿＿＿＿＿＿＿＿＿＿＿＿＿＿＿＿＿＿＿＿＿＿＿＿＿＿＿

3. 该情景给予你的管理启示是什么？

＿＿

第四步：抽取学生代表发言。

第五步：教师总结，进一步分析明确团队角色的重要性，巩固所学的相关理论知识点。

单元三　合理的团队规范

理论知识点

一、团队规范的含义

团队规范是指团队成员共享的一些行为标准，指描述恰当的团队行为的规则和标准。它对团队成员具有较强的影响力。团队强调共同决策、共同管理，并不是说团队成员可以不受任何约束、随心所欲。团队与其他正式组织一样，也需要建立团队成员认可的行为准则、奖惩制度等，以保证团队共同目标的实现。

课堂延伸案例　行动准则我来签

美国某石油公司的客户服务团队，其成员不仅制定了行动准则，还将集体签名的准则张贴出来。其内容如下：①同事之间出现分歧，应当面讲清，妥善解决；②不要指责别人；③不要背后害人，不要背后说人坏话；④找你解决的问题，不要推卸给别人；⑤对待工作，始终报以微笑的态度，始终保持愉快的心情，投入到工作之中。

几乎所有的团队都会制定团队规范，团队规范对个人行为具有很大的影响。规范经常是通过成员间的相互交流逐渐形成的。团队成员有时会偏离团队所期待的行为，而团队可能会对其进行惩罚，惩罚的目的是让该成员回归到正轨。行为准则是有意识地定义团队规范的一种方式，以结构化的讨论方式让团队成员明确什么是正确的行为。团队作为一个整体，可以把团队规范和组织目标结合起来，使用行为准则，有助于成员个人“管理”自己的行为，提高团队的工作效率，并使团队工作更轻松。

二、团体规范的作用

合理的团队规范是支配和调整团队成员行为和团队成员间关系的内在和外在标准，其作用在于保障团队目标的实现和团队活动的一致性，统一团队成员的信念、价值观，对团队成员具有约束作用。合理的团队规范一旦形成或建立，便具有一种公认的约束力，并对每个团队成员都发挥着以下作用。

1．有助于保持团队成员在情感和认知上的一致性

合理的团队规范将实现团队成员在情感和认知上的一致性，维护团队的整体性，促使其获得巩固和发展。而情感和认知的一致性又能促使团队规范进一步完善。在如此良性循环的作用下，团队的功能就会越来越完善，效率越来越高，成员的行为越来越协调，团队规范本身也会朝着更为有效的方向发展。反之，如果团队规范不能有效地约束和调节团队成员的行为，他们不再以之作为自己的行为准则，那么团队的功能和效率就会减退，团队结构也会变得松散直至解体。

2．有助于形成统一的判断和评价标准

团队规范的不统一或不合理，会让团队成员产生不同的判断及评价标准，进而形成团队冲突。与此相反，如果团队内形成合理的团队规范，那么团队成员就会基于相同或相近的判断标准去约束自身行为，也会用相同或相近的评价标准去评估团队事务及个体。如此，团队内部就容易形成和谐的氛围，团队凝聚力也会增强。

3．有助于形成对成员行为的积极导向作用

合理的团队规范将科学地界定团队成员的行为边界、行动方向、执行程度以及合作行为模式等，从而让团队成员在顺畅、和谐的氛围中履行团队其他成员所期望的行为。而这种期望行为的实现又将提高团队成员间的角色评价，形成团队行为的良性循环。反之，如果缺乏合理的团队规范，那么团队行为边界就会不清晰，团队成员在实施行为的过程中会变得迷茫，最终影响着团队的有效合作。

合理的团队规范可以维持团队的生存，促进团队的发展，同时为所有成员提供共同的心理参考原则，用以衡量团队的动作、语言、行为或事物。团队规范还可通过舆论的影响力来推动符合团队要求的行为和阻止不符合团队要求的行为，指引成员满足需要的方式并指出相应的行为目标，从而规定了成员日常工作方式和限制成员活动的范围。

三、团队规范实验

（一）霍桑实验

1．研究过程

1924～1932年，美国西方电气公司在芝加哥附近的霍桑工厂进行了一系列实验。最初的目的是根据科学管理原理，探讨工作环境对劳动生产率的影响。1927年埃尔顿·梅奥（Elton Mayo）加入该项实验，研究心理和社会因素对工人劳动过程的影响。他于1933年出版了《工业文明的人类问题》，提出著名的“人际关系学说”，开辟了行为科学研究的道路。霍桑实验也成为心理学史上的著名实验之一。霍桑工厂是一个制造电话交换机的工厂，具有较完善的娱乐设施、医疗制度和养老金制度，但工人们仍愤愤不平，生产业绩很不理想。为找出原因，美国国家研究委员会组织研究小组开展了此项实验研究。

霍桑实验共分四个阶段：

（1）照明实验。当时关于生产效率的理论中占统治地位的是劳动医学的观点，认为影响工人生产效率的是疲劳和单调感等，于是最初的实验假设便是“提高照明度有助于减少疲劳，使生产效率提高”。然而经过两年多的实验发现，照明度的改变对生产效率并无影响。具体结果是：当实验组照明度增大时，实验组和控制组都增产；当实验组照明度减弱时两组依然都增产，甚至实验组的照明度减至0.06烛光时，其产量亦无明显下降；直至照明减至如月光一般、实在看不清时，产量才急剧降下来。研究人员对此结果感到茫然，失去了信心。从1927年起，以梅奥教授为首的一批哈佛大学心理学工作者将实验工作接管下来，继续进行。

（2）福利实验。该阶段的实验目的总体来说是为了查明福利待遇的变换与生产效率的关系。但经过两年多的实验发现，不管福利待遇如何改变（包括工资支付办法的改变、优惠措施的增减、休息时间的增减等），都不影响产量的持续上升，甚至工人自己对生产效率提高的原因也说不清楚。后经进一步的分析发现，导致生产效率上升的主要原因有两点：一是参加实验的光荣感，实验开始时六名参加实验的女工曾被召进部长办公室谈话，她们认为这是莫大的荣誉，这说明被重视的自豪感对人的积极性有明显的促进作用；二是成员间良好的相互关系。

（3）访谈实验。研究者在工厂中开始了访谈计划。最初的想法是要工人就管理部门的规划和政策、工头的态度和工作条件等问题做出回答，但这种规定好的访谈计划在进行过程中却出人意料，得到完全意想不到的效果。工人想就工作提纲以外的事情进行交谈，他们认为重要的事情并不是公司或调查者认为意义重大的那些事。访谈者了解到这一点，及时把访谈计划改为事先不规定内容，每次访谈的平均时间从30分钟延长到1～1.5个小时，多听少说，详细记录工人的不满和意见。访谈计划持续了两年多，工人的产量大幅提高。工人们长期以来对工厂的各项管理制度和方法存在许多不满，无处发泄，访谈计划的实行恰恰为他们提供了发泄机会。发泄过后工人们心情舒畅，士气提高，产量自然得到提高。

（4）群体实验。梅奥等人在这个实验中选择了14名男工人在单独的房间里从事绕线、焊接和检验工作，并对这个班组实行特殊的工人计件工资制度。研究者原本设想，实行这套奖励办法会使工人更加努力工作，以得到更多的报酬。但观察的结果发现，实验组产量只保持在中等水平上，每个工人的日产量平均都差不多，而且他们并不如实地报告产量。研究者深入调查发现，这个班组为了维护群体的利益，自发地形成了一些规范。他们约定，谁也不能干得太多，突出自己；谁也不能干得太少，影响全组的产量，并且约法三章，不准向管理部门告密。如有人违反这些规定，轻则挖苦谩骂，重则拳打脚踢。进一步调查发现，工人们之所以维持中等水平的产量，是担心产量提高，管理部门会改变现行的奖励制度，或裁减人员，使部分工人失业，或使干得慢的伙伴受到惩罚。这一实验表明，为了维护团队内部的团结，成员可以放弃物质利益的引诱。梅奥由此提出“非正式群体”的概念，认为在正式的组织中存在着自发形成的非正式群体，这种群体有自己特殊的行为规范，对人的行为起着调节和控制作用。

2．研究结果

霍桑实验表明，人的行为与人的情感有密切关系，否定“经济人”假设，提出“社会人”观点，社会关系对个体的行为有重大的影响；团队规范控制着每一个工人的产出，金钱不是决定产出的唯一因素，团队规范、士气和安全感对产出的影响更大。

（二）从众测验

课堂延伸案例 难道我错了？

心理学家曾做过一个测验，把一组人请到实验室里做研究，在黑板上画了A、B、C三条线，然后又在旁边画了一条X线，如图4-1所示，可以非常明显地看出X线和B线是一样长的。

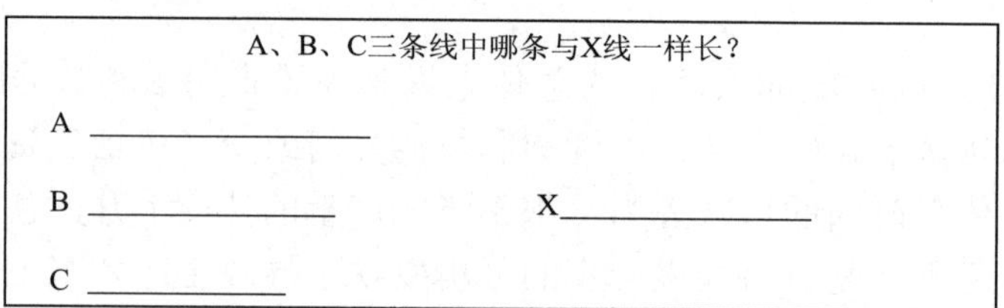

图4-1　从众游戏测试

经过心理学家的设计，每次参与测验的共有10个人，其中只有一个人是事先不知情，这个人就是被测试的人，而剩下的9个人全是心理学家的实验助理。测验开始后，实施测验的人说：“现在请你们回答一个非常简单的问题，你们看看A、B、C这三条线中哪条跟X线一样长？”事实上，在正常情况下可以很清楚地看出B线和X线是一样长的。但这个问题一提出，那9个人异口同声地说：“是A。”可A线明显比X线长一大截，但所有人都说A，这时被测试的人愣住了，不知是怎么回事儿，他就没有说话。这时实施测验的人又说：“怎么好像有人没说话呀，我得再问一遍，这条X线和这三条线中哪条是一样长的？”被测试者刚想回答，另9个人又说：“A。”这时被测试者特别茫然，不知所措。他开始在心理怀疑，“难道我错了？”

又过了几分钟，实施测验的人又说：“好像还是有人没有回答，我们这个测验是要求所有人都回答，那么，下面请所有人告诉我到底这三条线中哪条线跟X线一样长。”这时，那位被测试的人也同时说：“A！”之后实施测验的人问这位被测试者：“小伙子，你到底觉得哪两条线一样长？”这个被测试的人想了想，特别坚定地说：“我看出来了，就是A，A线和X线一样长。”

而后，测试小组不断更换这名测试者，连续进行了100次的测验。结果在所有被测试的人中，有38%的人会回答A线和X线一样长。这就是著名的心理学测验——从众测验。

从众测验告诉我们一个群体或团队的心理现象：1/3的人会屈从于群体、团队的压力或规范，而选择顺从群体或团队的决策，即使这个决策明显是不科学的，这就是所谓的从众。从众指的是个人受到外界人群行为的影响，而在自己的知觉、判断、认识上表现出符合公众舆论或多数人的行为方式，体现了团队规范对个体的心理影响和压力。

（三）所罗门·阿希的从众实验

美国心理学家所罗门·阿希（Solomon Asch）也曾进行过从众实验，结果在测试人群中仅有1/4～1/3的被测试者在实验中没有发生过从众行为，保持了独立性。可见从众是一种常见的心理现象。从众性是与独立性相对立的一种意志品质；从众性强的人缺乏主见，易受暗示，容易不加分析地接受别人的意见并付诸实施。

从众性也有一定的积极作用，就是容易形成团队规范。处于有着良好社会规范环境中的个人，也会出于从众的心理而约束自己的言行，做到与他人的行为一致。比如有序排队的人群中较少有插队的现象；在人人爱护环境的场合中，很少有人会随地乱扔垃圾。类似这种符合社会道德、促成积极有益的从众行为的情况是我们需要坚持的。

此外，人们表现出的反从众行为或独立行为，也不能一概都认为是消极的，这主要看反从众行为或独立行为本身的性质。不过，反从众行为者如果对立情绪太浓厚，常常会意气用事、缺乏理智，即使其反从众的方向是对的，也不能使人心悦诚服；而如果方向是错误的，消极因素就更多了。

单元四　适宜的团队规模

一、团队规模概述

（一）团队规模的含义

团队规模是构成团队结构的一个重要变量，主要是指组成团队的人员数量。在体育界，不同比赛中各个运动队上场的队员数量都很明确：一支篮球队需要5个人，棒球队9个人，足球队11个人。但在工作场所，随着团队合作在不断扩大且复杂化的组织中日益普遍，要确定每支团队的最佳人数就变得非常困难。

（二）团队规模的相关理论研究

实际上，一个团队的战斗力并不是与团队成员的数量完全成正比的。例如，对于一场会议，参与的人数越多，会议的效率就越低。亚马逊CEO杰夫·贝佐斯（Jeff Bezos）对于如何提高开会效率这个问题有自己的解决办法，他称之为“两个披萨原则”，即与会人数不能多到两个披萨还不够他们吃的程度。贝佐斯把披萨的数量当作衡量团队规模大小的标准。如果两个披萨不足以喂饱一个项目团队，那么这个团队可能规模太大了。人的大脑无法同时处理太多人的意见，人多往往会导致人云亦云，无法突显个人的独特想法。那么，两个披萨可以够多少人吃呢，可能只有六七个人。一些公司认为，人多好办事，将项目交给大型团队来做可以节省时间和资金。但是，贝佐斯不以为然。他认为，让一些富有创意的人组成一个大团队来完成某个项目，往往会带来很多问题。由于团队太大，成员之间无法深入沟通，就会导致成员互相推诿，最终让项目陷入停顿或彻底失败。贝佐斯发现，“两个披萨原则”有助于避免项目陷入停顿或失败的局面。领导者需要慧眼识才，找出能够让项目成功的关键人物，然后尽可能地给他们提供资源，从而推动项目向前发展。

沃顿商学院管理学教授凯瑟琳·克莱因（Katherine Klein）认为，对于团队而言，人数是很重要的。如果只有两名成员，则很难弄清楚这是一个团队还是二元对等体；而如果有三名成员，则会有进行权力斗争的可能，因为能够制造出二比一的角力状态。可见，当团队成员的数量过少时，也很难发挥团队战斗力。可见，成员过少或过多，都会产生内耗。虽然对最佳团队规模的研究还没有明确结论，但应该是在5～12人的范围内，也有人认为5～9人最妥当，且最佳团队规模的数字为6才是刚刚好。

人多力量不一定大，这也是无数的历史事实证明了的。而经过实验，我们进一步发现，当团队成员的数量超过一定比例的时候，团队的战斗力反而呈下降趋势。显然，团队的规模在一定程度上对团队中的成员个人及团队绩效起着重要的影响作用。在企业里面，尤其是营销团队的负责人，需要注意自己的团队里面是否进入了太多的“南郭先生”。虽然现在企业的营销队伍大多都采取了量化的考核标准，但如果其规模过大，难免会出现营销成本过高、营销队伍的战斗力下降的趋势。有专家提出，一个团队负责人一般只能将自己的思路直接清晰地传递到团队中的3～5人，最多不会超过10人，再多的话，就要付出极高的沟通成本。而也有些专家认为，最佳团队规模并没有一个确切的数字，因为团队绩效除了受规模的影响，还会受更多其他因素的影响，如团队工作的特点、团队成员的性格和经验等都将影响团队绩效。

二、团队规模的影响因素

1．团队成员能力

团队成员能力是指团队成员在综合能力、理解能力、表达能力等方面的个人能力。成员能力强、能有效并迅速领悟任务的团队，需要共同沟通协调的问题少，沟通效率高，请示的频率小，管理幅度可相对大些，可适当增加团队成员数量，扩大团队规模；反之，成员综合能力弱的团队，成员之间沟通效率低，存在沟通障碍，则需要减少团队规模。

2．工作标准化程度

工作标准化是指对团队成员所接受的任务有统一的操作规程、执行程序等管理规范或规定，且其统一性越强，标准化程度越高。如果团队成员的工作标准化程度高，团队成员的工作内容重复性强，指导方便，则团队规模可相对较大；反之，如果团队成员的工作性质差异很大，标准化程度低，经常需要个别指导，则团队规模不适宜太大。

3．工作条件

工作条件是指团队成员工作时所具备的设施条件、工作氛围、劳动强度和工作时间等内部核心要素的总和。若工作条件佳，能使团队成员发挥正常工作能力，能有效执行团队任务，团队规模就可大一些；反之，若团队的工作条件较差或较不成熟，导致各成员工作能力的发挥受到不良影响，整体团队效能下降，则团队规模不宜太大。

4．工作环境

工作环境是指团队成员工作时外部周围的状态，包括经济环境、社会环境等外部条件，可分为一般外部环境和特定外部环境。一般外部环境因素主要包括：社会人口、文化、经济、政治、法律、技术和资源等。一般外部环境的这些因素对团队的影响是间接的、长远的。当外部环境发生剧烈变化时，会导致团队发展产生重大变革。特定外部环境因素主要包括：供应商、客户、竞争者、政府和社会团体等。特定外部环境的这些因素对团队组织的影响是直接的、迅速的。外部环境往往是不易控制的，因此它的影响是相当大的。总体上说，工作环境越不稳定，意外情况越多，团队管理的管理幅度就越小，团队规模也越小。

三、团队规模与效率

（一）大团队与小团队的效率差异

团队规模对团队成员的个人表现和团队的整体绩效有着重要影响，但这种影响既有负向的一面，也有正向的一面。小团队完成任务的速度比大团队快，并且在小团队中个人绩效更突出，但大团队对于问题的探索更深入。小团队中成员之间有着良好的沟通，工作上可能更加努力，内部凝聚力也高于大团队。但人数过少可能不利于创新，也不利于适应外部多变的复杂环境。大团队中成员组成更加多样化，会导致内部冲突增加，但也能集思广益、促进创新，且有助于团队做出正确的决策，更好地适应环境的变化。大团队的成员满足感较低、参与度较低，协作也少于小规模团队，但大团队拥有更丰富的人力资源和网络关系，更有可能拥有影响力较大的人物，可以推动一些创新思想的执行。

（二）团队规模下的社会惰化现象

1．社会惰化实验

随着团队规模的增大，个体在完成组织任务时的努力将减小，这即是社会惰化现象。早在1913年，法国农业工程师马克西米利安·林格尔曼（Maximilien Ringelmann）在他著名的拔河实验中发现，随着拉绳子的人增多，尽管总体拉力增加，但每个成员施加的平均拉力减小，这与团队合作时成员更卖力的传统理论相悖。林格尔曼将其归因于所谓的“社会惰化”，即一个群体或团队往往会隐藏着缺少个人努力的现象。这个实验结果被称为“林格尔曼效应”，说明了人在团队中因为一些主客观的原因，不会发挥其最大产能而存在不同程度的社会惰化现象，即团队成员的数量规模越大，团队内部就越容易出现“南郭先生”。

2．消除团队中的社会惰化的方法

林格尔曼提出了消除社会惰化的途径：

（1）明确每个人的贡献。如果要消除团队的社会惰化，那么个体对团队的绩效和贡献都要能清楚地识别。

（2）增加工作任务的重要性和趣味性。研究发现，任务越令人厌倦，社会惰化就越严重。由于网络时代竞争的加剧和工作的不确定性、随意性，组织需要更加深入地研究员工的工作动机，把激发员工的工作动机集中在工作本身，这就必然要进行工作再设计。工作再设计是指重新设计员工的工作职责、内容和方式等，以提高工作绩效。它采用的一般方式有工作丰富化、工作扩大化、在家办公（SOHO一族）、弹性工时以及工作整合分化等。组织推行工作再设计是根据知识经济时代发展的要求，让工作成为一种乐趣、一种享受，激发员工的工作兴趣和热情，不断提高员工的工作满意度。因此为了能更有效地执行和完成任务，增加团队成员的任务完成质量，可以将现有任务的内容进行再设计或改变各项相关性的工作，使任务更有趣、更多样化、更具有挑战性。

（3）根据个体对团队的贡献提供报酬，以增强团队成员对团队的关心。实行按贡献分配原则，制定公平的报酬制度，可以充分调动团队成员的积极性，最大程度激发成员对团队的贡献。

（4）利用激励手段，进行正负强化。正强化是指通过设置公司奖、希望奖、授予功臣荣誉等正向激励方式，奖励那些符合团队目标的行为，以使这些行为得到进一步加强。正强化可以用来激励团队成员努力地学习与工作，多做对团队有贡献、有价值的事情。相反的，负强化就是通过惩罚那些不符合团队要求的行为，从而避免这种行为再次发生。负强化的方法包括批评、处分、降级等，有时不给予奖励或少给予奖励也是一种负强化。通过正负强化的激励手段，能在较大程度上消除团队成员的社会惰化，从而提高团队效率。

实训组织

实训4-3 团队规模

实训形式 团队游戏

实训步骤

第一步：提出问题，请同学们思考如下三个问题。

问题1：团队规模越大，越有效率吗？

问题2：团队人数越多，成员越卖力吗？

问题3：什么样的规模才是适合的呢？

第二步：将全班学生分成两个大组。

第三步：其中的一组先来完成游戏，要求这一组成员除了“领头人”外，其余所有人都要蒙上眼睛，越过障碍物，计算他们完成任务的时间。

第四步：另外一组则分成四个小组，各小组依次序越过障碍物，除了每个小组的组长外，其余成员都要蒙上眼睛，越过障碍物，计算他们完成任务的时间。

第五步：分享游戏感悟，填写实训表（见表4-3）。

表4-3　团队规模实训表

姓名______________　学号______________　小组号______________　成绩______________

请同学们认真参与游戏，观察各组游戏结果进行登记，并简要回答下述问题						
团队类型	大规模团队	小规模团队				
登记内容	大组A	小组B	小组C	小组D	小组E	备注
组长姓名						
团队规模（人）						
完成时间（秒）						
思考	团队规模越大，越有效率吗？					
	团队人数越多，成员越卖力吗？					
	什么样的规模才是适合的呢？					
参与本游戏的其他管理启示						

第六步：抽取小组代表发言，讲述团队规模与团队绩效的心得体会。

第七步：教师结合团队规模相关理论进行点评，巩固所学的理论知识。

拓展资源

戏说《西游记》团队角色——角色与定位

喜欢读书的人谁没有读过《西游记》？就连小孩子都可以对孙悟空“高谈阔论”一番。而如果你可以通过研究西游故事养活自己的话，那你就是管理学家了。管理学的专家们认为，唐僧师徒五人（包括白龙马）是一个配合得天衣无缝的优秀团队。他们降妖除魔的曲折故事全都是现代管理学说的经典案例，唐僧的管理思想和技能在许多的MBA、EMBA课堂上得到了广泛的推崇。

那么，这个团队中都是些什么角色呢？

唐三藏，团队领袖。虽然他时常优柔寡断、不明是非，但是他有权力、有素质、有修养，是个“敢想敢干”之人。他没有什么管理理念或方法，但是有自己的“金刚钻”，敢揽这个“瓷器活”。他充分运用上级授权（紧箍咒）来管理团队，把几个飞天神王管得服服帖帖。

孙悟空，是个“敢干会干”的人才，“大哥”的位置在团队中是当仁不让。此人神通广大，本领高强，关系复杂。除了唐僧，人人都称“猴哥”。要不是犯了错误，头上又被戴上了紧箍咒，他也不会与二三流的“妖物”为伍，送唐僧西天取经。对照来看，可以说孙悟空就像一个部门领导，或是一个职业经理人。

猪悟能，多少有些“会干”的本事，但是懒得不愿多想更不愿多干。可是那只一天到晚呱唧呱唧的长嘴却很讨唐僧以及某些异性的欢心。也正是这个特点，有时还在团队中起到不小的作用，比如调节师徒矛盾，协调团队关系，充当着团队润滑剂的角色。

沙悟净，挑夫兼保安，最平凡而又最广大的劳动者。只需会干不用多想。他就像广大平凡员工的一员，朴实无华，工作踏实，平平凡凡，兢兢业业，还不多言语。他几乎没有权力可以行使，却承担着最基层的职责，完成着最基础的工作，获取着该得的薪水，是我们基层员工学习的好榜样。

白龙马，坐骑。这个角色往往会被大家忽视，好像他真的只是一个“牲畜”，其实人家才是一条“真龙”。比较而言，白龙马比沙僧更踏实肯干、默默无闻。他明知自己是条“龙”，但是上级安排他做“马”的工作，他却欣然受之，而且矢志不渝。

同步强化训练

一、单项选择题

1．SMART原则中的R代表（　　）。

A．明确性　　B．可衡量性　　C．相关性　　D．时限性

2．下面关于团队规模的叙述，正确的是（　　）。

A．人多力量大，所以团队规模越大越好

B．一个团队的战斗力和团队成员的数量完全成正比

C．工作标准化程度越低，团队规模可越大

D．工作环境越不稳定，团队规模可越小

二、多项选择题

1．关于SMART原则，以下描述不正确的是（　　）。

A．S-具体性　　B．M-可衡量性

C．A-行动性　　D．R-相关性

E．T-时限性

2．团队规模的影响因素有（　　）。

A．团队成员能力　　B．工作标准化程度

C．工作条件　　D．工作环境

3．清晰的团队角色建设要求包括（　　）。

A．角色齐全　　B．准确的角色定位

C．刚性管理　　D．角色互补

三、思考题

什么是SMART原则？请举例说明。

综合实训一 企业团队建设问题诊断

一、实训性质

本实训是基于模块一～四团队基础知识的综合性实训，将通过对校外企业团队建设问题的诊断，提出相应的诊断分析报告，考查学生对团队知识的掌握情况，检验学生团队合作、问题分析等能力，是实践应用型的综合实训。

二、实训目的

通过本次实训，希望能够巩固学生对团队基础知识的掌握，增强学生的团队合作意识，并考查学生的对外沟通能力、问题分析能力、突发事件处理能力、信息搜集整理能力、报告撰写能力、PPT制作及讲解能力等。与此同时，也希望学生通过本次实训，能科学地分析所调研企业的团队建设问题，为企业的可持续发展提出建议。

三、前导单元与后续单元

前导单元：团队概述、团队发展历程及类型、团队精神、优秀团队品质。
后续单元：团队构建、团队培训。

四、实训方式

校外企业调研；诊断分析报告撰写；PPT制作及讲解。

五、调研对象

校外中小微企业或者企业内的某个部门。

六、完成时间

两个星期（课余时间）。

七、实训步骤

1．调研并诊断校外企业团队建设问题

（1）以小组为单位，以校外中小微企业或其某个部门为调研对象，诊断其团队建设中存在的问题。

（2）小组的调研内容包括：

1）企业（部门）团队所处阶段评估（借鉴团队发展历程理论）。

2）企业（部门）团队类型界定（借鉴团队类型理论）。

3）企业（部门）团队精神的主观评价（包括团队凝聚力、团队合作和团队士气）。

4）企业（部门）优秀团队品质的评估。

2．整理企业调研信息

3．撰写企业诊断报告

诊断分析报告格式如下：

（封面）

班　　级__________　小 组 号__________

团队建设与管理实务课程实训

——××企业团队建设诊断分析报告

小组长__________　　学号__________

姓名__________学号__________分工__________
姓名__________学号__________分工__________
姓名__________学号__________分工__________
姓名__________学号__________分工__________
姓名__________学号__________分工__________
姓名__________学号__________分工__________
姓名__________学号__________分工__________
姓名__________学号__________分工__________
姓名__________学号__________分工__________

指导教师__________

成　　绩__________

目　录

■　格式要求

字体要求：宋体。

字间距设置为“标准”。报告的各级标题依次为“一、”（字号为小二，加粗）；“（一）”（字号为四号，加粗）；“1.”（字号为小四，加粗）；“（1）”（字号为小四）。行距为1.5倍。

4．诊断分析报告的PPT制作及讲解

（1）PPT制作要结合诊断分析报告的内容。

（2）PPT讲解时间为5～8分钟。

（3）PPT讲解可以由团队代表一人负责，也可以由团队多人合力完成。

八、实训成绩评定

1．成绩构成

团队建设问题诊断分析报告（60%）+PPT制作及现场汇报（40%）。

2．评分标准

（1）团队建设问题诊断分析报告评分标准：

结构指标	单项指标	评判分值及评价要点
企业选择及准备（10%）	1. 企业或部门的选择具有合理性	
	2. 企业或部门的选择具有科学性	
	3. 查阅相关文献等准备工作	
企业调研（10%）	1. 去企业调研两次或以上	
	2. 有多种调研方法	
	3. 调研内容全面、科学	
报告撰写（60%）	1. 报告结构合理	
	2. 融入团队建设相关理论知识	
	3. 问题分析科学、深入	
	4. 问题表述清楚	
	5. 分析结论有借鉴意义	
	6. 文本语言规范、科学	
	7. 文本格式规范	
企业评价（10%）	1. 调研态度认真	
	2. 问题诊断科学	
团队合作性（10%）	1. 团队成员分工合理	
	2. 团队成员相互配合	
	3. 团队整体状态佳	
	4. 团队成员学习状态佳	
总分值及评价		

（2）PPT制作及现场汇报评分标准：

结构指标	单项指标	评判分值及评价要点
准备态度（10%）	1. 讲稿及PPT准备到位	
	2. 态度认真	
	3. 熟悉PPT内容，准备充分	
准备内容（25%）	1. 内容紧扣实训内容、丰富充实、组织合理	
	2. 概念准确，分析透彻	
	3. 重点突出，讲清难点，阐明疑点，举例恰当	
	4. 逻辑性强，思路清晰	
PPT制作（15%）	1. PPT制作简单、大方	
	2. PPT制作清晰、符合主题	
	3. PPT应用充分、科学	
PPT讲解方法（20%）	1. 语言流畅、清晰	
	2. 讲解生动形象	
	3. 有互动，现场反应快	
	4. 讲解时精神风貌佳	
	5. 能结合多样化的汇报演讲手段	
团队合作性（20%）	1. 团队成员分工合理	
	2. 团队成员相互配合	
	3. 团队整体状态佳	
汇报效果（10%）	1. 实训现场秩序良好	
	2. 实训学员学习状态佳	
总分值及评价		

模块五

团队构建

学习目的

通过教学，让学生掌握团队构建的方法，掌握团队目标和团队人员的构建，学会整合内部和外部资源，能够进行团队的发展规划。

教学手段

知识讲授；案例分析；情景分析；团队游戏。

单元一　团队目标的构建

理论知识点

团队目标是一个团队在未来一段时间内要达到的目的。团队应该有一个既定的目标，为团队成员导航，指引团队的未来发展。

团队目标构建

一、设置科学的团队愿景

团队管理的首要任务就是在行动前先确定目标和方向。这样不仅能使不同角色的团队成员有一致的目标，更重要的是使团队有前进的动力，这也正是一个优秀团队与一般群体的不同之处。而团队目标源自团队的愿景。愿景是勾勒团队未来的一幅蓝图，能够激发成员勇往直前的斗志，启发成员开拓创新的智慧。此外，团队目标又是愿景实施的行动纲领。

课堂延伸案例　宜家的愿景

这是一个像“家”一样的公司，很多人没事就喜欢去那逛一圈。它诞生在瑞典的一个小村庄，创始人从小就要开一家自己的公司，小时候他就做起了卖火柴的小男孩，先从斯德哥尔摩买了很多便宜的火柴，然后再高价卖给邻居，就这样赚了不少零花钱。17岁的时候他在父亲的帮助下正式开始了自己的创业之路。现在他的公司成了全球最大的家居用品零售商，它就是大家熟悉的宜家。

“为大众创造更加美好的日常生活”，这是宜家的愿景。正是在这一愿景的引导下，通过不断优化整个价值链，与供应商建立长期合作关系，投资高度自动化和大规模生产等方式，宜家致力于“提供种类繁多、美观实用、普通消费者买得起的家居用品”。

二、注重构建目标的SMART原则

团队目标是团队精神的灵魂和核心，是团队文化建设的出发点和基础，是团队成败得失的关键。在构建团队目标过程中，要遵循模块四“优秀团队品质”中的SMART原则。根据SMART原则制定的目标应该符合如表5-1所示的目标形式。

表5-1　符合SMART原则的目标形式

要干什么	结果是什么	条件是什么	什么时间
缩短	生产周期	18%	本年年底
开发	一种功能软件包	达到3.5级或更高级别	2025年1月9日正式推出

在“要干什么”一栏中，还可以使用其他一些词语来描述目标，如表5-2所示。

表5-2　“要干什么”栏可用词语

升级	设计	发送	修正
完成	训练	制作出	生产出
销售	编写出	检验出	执行
解决	提高	研究	达到
降低	维持	运输	修建

团队应避免使用如表5-3所示的比较模糊的词语表述目标。

表5-3　目标中避免使用词语

尽量	较好	以为	适宜
认识到	好的	合理的	认为

三、建立科学的团队目标管理“闭环”

一个高效率的团队通常会采用一定的目标管理。目标管理（Management by Objectives，MBO）是一种最早于20世纪50年代中期出现在美国，以弗雷德里克·泰勒（Frederick Taylor）的科学管理和行为科学理论（特别是其中的参与管理）为基础形成的管理制度。1954年，彼得·德鲁克（Peter Drucker）在《管理的实践》一书中，首先提出了“目标管理和自我控制”的主张。他认为，企业的目的和任务必须转化为目标，企业的各级主管必须通过这些目标对下级进行领导，以此来实现企业的总目标。目标管理一般分为以下四个步骤，且构成一个闭环系统（见图5-1）。

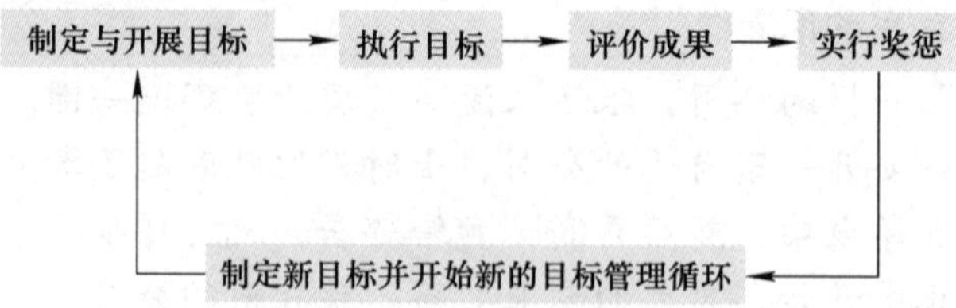

图5-1　目标管理闭环系统

1. 制定与开展目标

团队目标的制定主要遵循SMART原则。目标制定的过程也是团队成员相互学习与交流经验的过程，优秀的团队成员可针对“困难户”的问题提出一些切实可行的方案，这些“困难户”也可学习优秀团队成员的工作方法和思路。全体成员参与决策的主要优势是能够引导个人设立更高的目标，使个人发挥出自身的潜能以参与决策。这可以在很大程度上鼓舞成员的士气，使他们普遍对自己选择的目标感到满意、充满信心。

2．执行目标

在执行阶段，可以将大的目标分解成若干个小目标，尽量将目标落实到各个部门乃至各个成员，这样才有利于目标的实施与达成。在实际的目标执行过程中，团队要有一个明确的计划，并将计划清晰地落实到具体时间和具体的人。与此同时，团队还可以通过“看板”及时查看目标执行情况，及时纠正偏差，以推进目标的执行。

3．评价成果

评价成果是指对目标实施成果进行检查和评价，即将实现的成果同原来制定的目标相比较，以检查目标实施的进度、质量和最终落实情况。目标管理要求在规定的时间考核目标完成情况。考核应以目标为依据，考核的标准、过程、结果也应当公开。

4．实行奖惩

奖惩标准的设定应该与目标制定同时进行，从而给团队成员以清晰的工作目标导向和奖惩导向。而在目标检查期，团队的主要任务就是将业绩结果量化、及时反馈，并严格按照事先制定的奖惩标准实行奖惩。对结果进行奖惩是目标管理的重要组成部分，更是团队激励的重要内容，团队须予以重视。

课堂延伸案例　海尔的OEC管理

凭目标管理法获得成功的企业有很多，通用汽车、IBM都是其中的代表，但是真正将目标管理法运用得出神入化的是海尔，或者说是海尔的张瑞敏。

张瑞敏博采众长、上下求索，始创了OEC（Overall Every Control and Clear）管理法。OEC管理法的核心就是目标管理。OEC管理法是海尔以目标管理为基础所独创的一种生产管理模式，也可以表示为“日事日毕，日清日高”，即每天的工作每天完成，每天的工作要清理并每天有所提高。具体内容为：O—Overall（全方位），E—Everyone（每人）、Everyday（每天）、Everything（每件事），C—Control（控制）、Clear（清理）。基本做法包括日清工作法和区域管理法。日清工作法包括三方面的内容：当日工作当日清、班中控制班后清、员工自清为主组织清理为辅。区域管理法亦称定置管理法，即依据生产及工作对现场的要求，为便于生产或工作，按照工艺要求或工作要求将区域进行功能划分，并用专门的区域线进行标识，指定专门的区域作为专门用途的场所。在该场所内留下必要的，去除多余的或不必要的，留下的按工艺或工作最便利的要求摆放整齐。

OEC管理法是海尔生存的基础，并成为海尔对外扩张、推行统一管理的基本模式，也是海尔走向世界的一个竞争优势。

实训组织

实训5-1　团队目标构建——SMART原则

实训形式　案例分析

实训步骤

第一步：实训前准备。要求学生提前阅读团队目标构建的相关文献，了解本次实训的理论知识。

第二步：以6～8人为一个小组，对以下三个案例进行分析。

案例分析

案例一：

李勇为了提高1 000米的跑步成绩，每天安排两次1 000米的训练，希望在三个月内可以将成绩从原来的3分30秒提高到3分20秒。

案例二：

没有任何表演经验的小赵想参演一部张艺谋执导的电影，决定每周去横店一次寻找出镜机会，期望在不久的将来可以实现。

案例三：

UPT需要达到1.3（注：UPT又称客单量，是指商场或超市平均每个客户购买货品的数量，是店铺营运的重要衡量指标，其计算公式是：客单量=货品销售数量/成交笔数）。

第三步：学生根据对以上案例的分析填写实训表（见表5-4）。

表5-4　团队目标构建——SMART原则实训表

姓名________　学号________　小组号________　成绩________

请同学们仔细阅读上文案例，并回答下述问题	
案例一中的团队目标设置是否符合SMART原则？	
案例二中的团队目标设置是否符合SMART原则？	
案例三中的团队目标设置是否符合SMART原则？	

第四步：小组讨论，并推荐1～2名学生代表发言。

第五步：教师对各小组成员的观点进行点评，要求学生熟练掌握团队目标的SMART原则。

单元二　团队人员的组建

理论知识点

一、团队人员组建的定义

团队人员组建是团队根据目标和任务需要，正确选择、合理使用、科学考评和培训其所需要的人员，安排合适的人员来完成团队中规定的各项任务，从而保证整个团队目标和各项任务能够顺利完成的职能活动。

课堂延伸案例　腾讯团队成员的组建

成立于1998年的腾讯公司，是中国最大的互联网综合服务提供商之一，也是中国服务用户最多的互联网企业之一。经过20多年的发展，腾讯公司实现了多元化的业务发展，服务内容涉及社交和通信服务QQ及微信、门户网站腾讯网、腾讯新闻客户端和腾讯视频等。2020年，腾讯公司成功入选中国服务业企业500强榜单、福布斯全球数字经济100强榜单。

腾讯能够创造出如此奇迹，靠的是团队。1998年的秋天，马化腾与他的同学张志东“合资”注册了深圳市腾讯计算机系统有限公司，之后又吸纳了三位股东：曾李青、许晨晔、陈一丹。在企业迅速壮大的过程中，要保持创始人团队的稳定合作尤其不易。在这个背后，工程师出身的马化腾一开始对于团队合作的理性设计功不可没。他在创立腾讯之初就和四个伙伴约定清楚：各展所长、各管一摊。

据《中国互联网史》作者林军回忆说：“马化腾非常聪明，但非常固执，注重用户体验，愿意从用户的角度去看产品。张志东是脑袋非常活跃，对技术很沉迷的一个人。马化腾技术上也非常好，但是他的长处是能够把很多事情简单化，而张志东更多是把一个事情做得完美化。”许晨晔和马化腾、张志东同为深圳大学计算机专业的同学，他是一个非常随和、有主见，但不轻易表达的人，是有名的“好好先生”。而陈一丹是马化腾在深圳中学时的同学，后来也就读深圳大学，他十分严谨，但同时又是一个非常张扬的人，他能在不同的状态下激起大家的激情。如果说其他几位合作者都只是“搭档级人物”的话，那么曾李青就是腾讯五个创始人中最好玩、最开放、最具激情和感召力的一个人，与温和的马化腾、爱好技术的张志东相比是另一个类型，其大开大合的性格，甚至比马化腾更具“攻击性”，更像是拿主意的人。

在中国的民营企业中，能够像马化腾这样，既包容又拉拢，选择性格不同、各有特长的人组成一个创业团队，并在成功开拓局面后还能依旧保持着长期默契的合作，实属不易。也正是由于组建了卓有成效的创业团队，腾讯才能如此快速发展。

二、团队人员组建的主要任务

1．选择合适的团队人员

团队各部门是在任务分工的基础上设置的，因而不同部门有着不同的任务和不同的工作性质。这就必然要求有不同知识结构和水平、不同能力结构和水平的人与之匹配。而人员配备的首要任务就是根据岗位工作需要，经过严格的考查和科学的论证，选出或培训出为己所需的各类人员。

2．科学组合团队人员

要使团队目标得以实现，使团队结构真正成为凝聚各方力量、保证团队管理系统正常运行的有力手段，则必须要把具备不同素质、能力和特长的人员安排在合适的岗位上，形成团队人员的科学组合。只有使人员配备尽量适应各类职务的性质要求，不同人员之间优势互补，团队的整合效能才可以真正地发挥出来。

三、团队人员组建的原则

1．经济效益原则

团队人员的组建要以团队需要为依据，以保证经济效益的提高为前提。它既不是盲目地扩大团队人员队伍，也不是单纯为了解决当前业务问题，而是为了保证团队整体效益的提高。

2．互补原则

团队与一般群体的重要差别在于团队能更好地实现技能互补，增强合力效果。为此，团队应当遵循技能差异化互补原则来甄选、培训其成员，从而构建更为健全、综合能力更强的高效团队。

3．任人唯贤原则

在人事选聘方面，应大公无私、实事求是地发现人才、爱护人才，本着求贤若渴的精神，重视和选用确有真才实学的人。这是团队不断发展壮大、走向成功的关键。

4．因事择人原则

因事择人是指员工的选聘应以职位的空缺和实际工作的需要为出发点，以岗位对人员的实际要求为标准，合理选拔、录用各类人员。

5．量才适用原则

量才适用是指根据每个人的能力大小来安排合适的岗位。人与人之间的差异是客观存在的，一个人只有处在最能发挥其才能的岗位上，才能干得最好。

6．程序化、规范化原则

团队人员的选拔必须遵循一定的标准和程序。科学、合理地确定团队人员的选拔标准和聘任程序，是团队能够聘任优秀成员的重要保证。只有按照规定的程序和标准进行选聘，才能挑选出真正愿意为团队的发展做出贡献的人才。

四、团队人员组建的程序

1．确定人员需求量

确定人员需求量的主要依据是设计出合理的职务类型和数量。职务类型指出了需要什么样的人，职务数量说明了每种类型的职务需要多少人。构成团队结构基础的职务可以分为许多类型。例如，团队成员可分为管理人员与生产作业人员。其中，管理人员又可分为高层、中层、基层管理人员，每一层次的管理人员又可分为直线主管与参谋或管理研究人员；生产作业人员可分为技术工人与专业工人，或分为基本生产工人与辅助生产工人等。

如果是为一个新建的团队组建人员，则需要根据上述职务类型设计的分类数量表进行选聘；如果是对现有组织机构重新调整团队成员，则应在岗位重新设计后，检查和对照团队内部现有的人力资源情况，找出供给与需求人数之差，再确定选聘外部人员的类别与数量。在实际工作中，为了提高效率，团队规模及层级的设置要适度，不可为了管理而管理，最终反而走向团队无效悖论。

2．选配人员

为了保证担任职务的人员具备职务所要求的知识和技能，必须对团队内外的候选人进行筛选，做出最恰当的选择。团队在选配人员时，应按照团队人员组建的六大原则，科学选择合适的人员，把好入口关，尽力做到最佳的人员配置。

3．制订和实施人员培训计划

团队人员，特别是管理人员的培训无疑是人员组建中的一项重要工作。培训既是为了适应技术变革、规模扩张的需要，也是为了实现成员个人的充分发展。因此，要根据团队人员、技术、活动、环境等特点，采用科学的方法，有计划、有组织、有重点地进行人员培训。

实训组织

实训5-2　团队人员组建

实训形式　情景分析

实训步骤

第一步：实训前准备。要求学生提前阅读团队人员组建的相关文献，了解本次实训的理论知识。

第二步：以6～8人为一个小组，对以下情景进行分析。

情景分析　外星球生存计划

假设我们的地球遭遇险情，不久就要毁灭。一艘宇宙飞船会带一些人去外星球，现在有14名备选人员，他们分别是：科学家、农民、工人、足球运动员、音乐家、建筑师、医生、教师、残障无线电工、成年女性、小男孩、年长的僧侣、小说家、相声演员。因为飞船承重能力有限，只有6个人可以跟你一起前往外星球。

问题：你会带哪6个人去外星球？你和他们各自的职责是什么？

第三步：学生填写实训表（见表5-5）。

表5-5　团队人员组建实训表

姓名＿＿＿＿＿＿　学号＿＿＿＿＿＿　小组号＿＿＿＿＿＿　成绩＿＿＿＿＿＿

请同学们仔细阅读上文情景，并回答下述问题	
1．你会带哪6个人去外星球？	
2．你的职责是什么？	
3．成员1是谁？他（她）的职责是什么？	
4．成员2是谁？他（她）的职责是什么？	
5．成员3是谁？他（她）的职责是什么？	
6．成员4是谁？他（她）的职责是什么？	

（续）

7．成员5是谁？他（她）的职责是什么？	
8．成员6是谁？他（她）的职责是什么？	
9．在这个团队人员的组建过程中，你觉得最困难的是什么？	
10．本次实训对你今后的团队构建有何指导意义？	

第四步：小组讨论，并推荐一名代表发言。

第五步：教师对各小组成员的观点进行点评、分析，讲解团队人员组建的基本技巧。

实训5-3　团队建设悖论

实训形式　案例分析

实训步骤

第一步：实训前准备。要求学生提前阅读团队建设的相关文献，了解本次实训的理论知识。

第二步：以6～8人为一个小组，对以下案例进行分析。

案例分析　蚂蚁的悲哀

每天，小蚂蚁很早来上工，并且一来就开始做事。她的生产力很高，并且工作愉快。身为老板的狮子，非常惊奇于蚂蚁能自行工作而不需监督。他认为在没有监督下的蚂蚁生产力能这么好，如果有人监督的话她的生产力应该会更好！因此他招募了有丰富经验的猫作为监督员，猫以擅长撰写优良报告而闻名。猫的第一个决定是设立了打卡计时系统，但她觉得需要一个秘书来帮助她撰写和键入报告。于是，猫又招募了蝴蝶，负责管理档案和监管所有电话。狮子对猫的报告非常满意，并要求她用图表描述生产率并分析趋势变化，如此他就能在董事会上用这些资料来解读报告了。为此，猫必须买一台新的计算机和打印机等，于是她又招募了刺猬来管理IT部门。曾经很有生产力、工作很轻松的蚂蚁，恨透了这些耗尽她大多数时间的烦琐文书作业和会议！

但作为老板的狮子不仅没发现蚂蚁的情绪，反而为了管理又提出了提名一位新成员作为部门负责人的决策，而这个位置最终被赋予了孔雀。孔雀上任之后的第一个决定是为她的办公室买一张地毯和一把舒适的椅子。作为新的负责人，孔雀也需要一部计算机和一位从她原先部门带来的个人助理，来帮助她准备工作，进行预算控制、策略优化和计划实施。于是这个部门的工作人员越来越多。

随着时间的推移，这个部门逐渐成为一个哀伤的地方，不再有人欢笑，而且大家都变得很焦虑。此时，作为部门负责人的孔雀说服狮子上司，强调进行部门调查的必要性。而在审查了该部门的运作业绩表后，狮子发现蚂蚁和部门整体的生产力较以前大幅下降。为了彻底解决这个问题，提高部门效率，狮子招募了猫头鹰，一位有名望的企业咨询顾问来进行企业管理咨询工作。猫头鹰在部门待了三个月，工作认真，并且形成了一份几百页的咨询报告，结论是：部门成员人数过多……

猜一猜狮子首先会解雇谁？

第三步：学生填写实训表（见表5-6）。

表5-6　团队建设悖论实训表

姓名______________ 学号______________ 小组号______________ 成绩______________

请同学们仔细阅读上文案例，并回答下述问题	
1. 你觉得狮子会首先解雇谁？为什么？	
2. 该团队在人员组建的过程中存在哪些问题？	
3. 该案例给你的管理启示是什么？	

第四步：小组讨论，并推荐一名代表发言。

第五步：教师对各小组成员的观点进行点评、分析，进一步讲解团队人员组建的方法。

单元三　团队资源的整合

理论知识点

资源是指对某一主体或组织具有支持作用的各种要素的总和。对于团队来说，只要是对团队组建和团队发展有所帮助的各种要素，都可以归入团队资源的范畴。团队最基本的资源是人员、资金和团队项目，除此之外还包含技术支持、咨询机构、潜在公众甚至政府机构等各种各样的资源。

一、团队资源分类

团队资源的类型

（一）“归属权”角度

从“归属权”的角度来看，团队资源可以分为内部资源和外部资源。

1. 内部资源

内部资源是指团队自己所“拥有”的，能够自由配置和使用的各种资源，如土地、厂房、机器设备、材料、资金、技术等，也可以包括团队领导者及成员。

2. 外部资源

外部资源是指团队自己并不具有“归属权”，但通过某些利益共同点而可能在一定程度上加以配置和利用的各种资源。常见的外部资源有技术支持者、咨询机构、潜在公众、相关政府部门等。

（二）“认知度”角度

从“认知度”的角度来看，团队资源可分为现实资源、潜力资源和潜在资源。

1. 现实资源

现实资源是指那些已经完全被成员认识到其作用的团队资源，如机器设备、原材料、厂房、资金等。

2. 潜力资源

潜力资源是指那些已经被团队所关注，但成员可能还没有完全认识其作用的团队资源。例如，新加入的人员就是一种典型的潜力资源。

3. 潜在资源

潜在资源是指那些团队成员可以利用但却还没有发现的团队资源。从某种意义上说，这种资源所占的比例可能是最大的，但其作用的不确定性往往也是很大的。

（三）“支撑点”角度

从“支撑点”的角度来看，团队资源可分为效益型资源、声誉型资源和决策型资源。

1. 效益型资源

效益型资源是指那些能够直接影响团队经济效益的资源，即通过配置和利用这些资源，能够达到降低成本或者增加收益的目的。

2. 声誉型资源

声誉型资源是指那些能够为团队带来知名度等无形资产的资源。

3. 决策型资源

决策型资源是指那些能够为团队的各种决策提供相关信息的资源。由于决策型资源是通过团队领导或者决策者来起作用的，所以也可以称之为间接型资源。

（四）“有效性”角度

从“有效性”的角度来看，团队资源可分为有利要素和负资源。

前面所阐述的团队资源都是对团队发展有利的要素。而在现实当中，还存在着很多对团队发展不利的要素，从资源的“有效性”角度可以将这些要素称为“负资源”。从某种角度来说，“负资源”的有效处理也是非常重要的，因为损失的避免也可以看作是一种收益。

二、团队资源整合

团队资源整合原则

团队资源整合，是指寻找并有效利用各种团队资源的过程。这一过程应当具备两个基本特点：一是尽量多地发现有利的团队资源，二是以效率最高的方式来开发、配置和利用这些团队资源。

（一）团队资源整合的流程

团队资源整合的流程如图5-2所示。

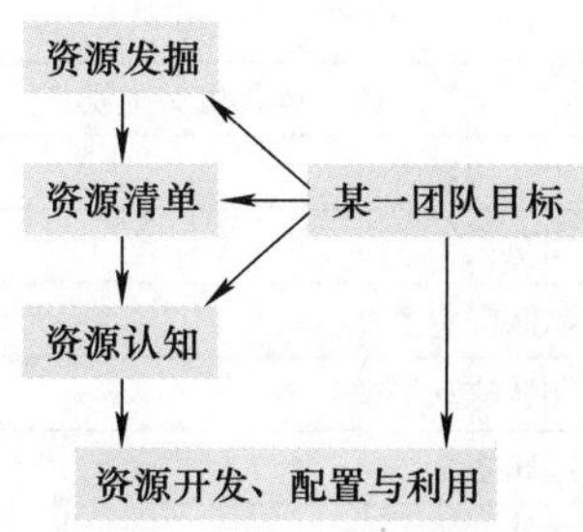

图5-2　团队资源整合的流程

（二）团队资源整合的原则

1．渐进原则

对于任何一个团队来说，有利的团队资源有时候是难以完全开发、配置和利用的。因此，团队必须遵循渐进原则，即要综合考虑团队对资源的需求程度，资源开发和利用的成本、收益以及不确定性，逐步寻找和利用各种团队资源。也就是说，对于每一种团队资源，都应当选择一个适当的整合时机，以降低资源的维护成本。

2．双赢原则

实际上，我们所开发和利用的每一种团队资源往往也是一个相对独立的利益体。因此在开发和使用这些资源的时候，就不能仅仅考虑团队自身的利益，而是要坚持双赢原则。尤其是需要长期使用的团队资源，更要重视对方的既得利益。

3．量力原则

团队不仅要对不同的资源进行渐进地开发和使用，即使对于同一种团队资源，也需要逐步开发。尤其是在团队组建初期，资源开发的能力和经验都相对较弱，因此就更需要坚持量力而行的原则，逐步开发和使用团队资源。

课堂延伸案例　范蠡卖马

战国名相范蠡发现了一个巨大的市场需求：吴越一带需要大量战马；同时北方多牧场，马匹便宜又剽悍。如果能将北方的马匹低成本、高效率地运到吴越，一定能够大获其利。可问题是：买马不难，卖马也不难，就是运马难。千里迢迢、人马住宿费用代价高昂不说，更重要的是当时正值兵荒马乱之时，沿途常有强盗出没。怎么办？

经过一番设计和调查，范蠡终于了解到北方有一个很有势力、经常贩运麻布到吴越的巨商姜子盾。姜子盾因常贩运麻布早已用金银买通了沿途强人。于是，范蠡就打算与姜子盾合作。

在获知某天姜子盾将要经过城门时，范蠡写了一张告示张贴在城门口，大意是：范蠡新组建了一支马队，开业酬宾，可免费帮人向吴越运送货物。

果然，姜子盾看了告示之后主动找到范蠡，求运麻布。范蠡满口答应。就这样范蠡与姜子盾一路同行，货物连同马匹都安全到达吴越，马匹在吴越很快被卖出，范蠡因此获得了巨大的商业利益。

三、内部资源整合

团队的内部资源基本上可以概括为人、财、物和技术四种资源，其清单如表5-7所示。

表5-7　内部资源清单

团队内部资源类别	对资源的认知
团队领导者	素质与能力、社会关系网络、需求特征
团队员工	素质与能力、社会关系网络、需求特征
团队固定资产	寿命周期、使用成本、有效配置
团队流动资产	使用成本、有效配置
团队资金	使用成本、有效配置
团队技术支持	后继研发、拓展应用

（一）目标和原则

与团队外部资源相比，团队内部资源更为明确、可控，因此内部资源整合的最根本目标就是能够有效地配置和使用这些资源。鉴于团队内部资源的特点，在其整合的过程中应当遵循以下基本原则。

1．公平原则

对于具有相对独立利益主体特征的资源，在整合过程中要体现不同资源主体之间的公平原则，尤其是对于内部的“人”的资源。由于团队成员间有着频繁的业务往来，也存在一定的竞争，内部很容易产生不公平现象，所以需要建立保障公平的机制来整合内部资源。

2．长远利益原则

团队资源整合的根本目的是实现团队利益的最大化，在团队内部资源整合的过程中要充分协调好当前利益与长远利益之间的冲突。任何基于当前利益而对团队资源的过度开发，都会给团队的长远发展带来隐患，因此要基于长远利益原则合理开发团队内部资源。

3．缓冲原则

遭遇困难和挫折是团队常有的事情，而应对这些困难和挫折通常需要依靠团队的自有资源，因为任何一个利益主体都不会愿意冒太大的风险去帮助外部团队。因此，在对内部资源进行整合的过程中一定要留有余地，以备不时之需。比如在资金方面，适当的储备资金是十分必要的，因为团队在处于困境时想要二次融资是非常困难的。

（二）基本思路和方法

1．对内部“人”的资源整合

在团队当中，成员作为相互独立的利益主体，能够集合在一起是因为大家拥有一些共同的目标和需求。但不可忽视的是，团队中的每个人又有着一些自身的独特需求和目标。这种独特的需求和目标既为整合提供了可能，也对整合提出了挑战。

基于人的趋利性，对人的整合就必须与激励机制结合起来，在控制适度成本的前提下使得所有成员的利益（不一定是经济利益）总和最大化是对内部“人”的资源整合的根本要求。除了经济利益以外，团队及成员的发展前景和团队文化的渲染也都是整合资源的有效措施。此外，给予成员展示自己的机会和场合，也是实现对“人”的资源整合的有效方式。

2．对内部资产性资源的整合

资产性资源是指团队内部的固定资产、流动资产和资金等。与“人”的资源不同，资产性资源不具备利益主体的特性，且具有很强的可度量性。因此，强化财务管理是实现对资产性资源有效整合的重要工具。具体来说，就是要建立完善的财务管理和决策的体系与制度，对资产性资源的配置和使用进行财务核算。

3．注重时间对资源整合的影响

时间也可以看作是一种重要的团队内部资源。时间的效益主要是通过影响其他资源的配置来实现的。以机器设备为例，很多技术含量较高的生产设备，其报废可能不是因为物理磨损，而是技术磨损。也就是说，这些机器设备尽管还可以运转，但由于其技术水平已经落后，最终被新的机器设备所取代。团队可以通过加强这些机器设备的连续运转来尽量降低技术进步带来的风险，这也就体现了时间对资源整合的影响。

四、外部资源整合

与内部资源相比，外部资源更为复杂。外部资源是相对独立的利益主体，与团队的关系更加复杂，团队对这些资源开发、配置和使用的难度也更大；同时，很多外部资源不是现成的，而是需要去寻找、发掘或选择的，因此具有相当的不确定性。团队外部资源清单如表5-8所示。

表5-8　团队外部资源清单

团队外部资源类别	具体资源举例	对资源的认知
相关政府机构	园区管理委员会、工商行政部门、税务管理部门等	相对规范的外部资源
商业化的服务组织	银行、技术市场、管理咨询公司、会计师事务所、律师事务所、投资机构、广告公司等	实际上是把团队作为“买方”的各种营利机构
非营利性的服务组织	慈善基金会、公益组织等	可为团队提供服务，并有利于塑造团队良好的社会责任形象
产业链相关组织	原材料供应商、机器设备供应商、潜在客户、批发商、零售商等	可以为团队提供全产业链的外部资源
可能的合作伙伴	高校、科研院所等研究机构	可以提供人才、技术支持
竞争者（竞合）	同领域企业	既是竞争者，也是相互学习与合作的伙伴

（一）目标和原则

由于团队对外部资源缺乏控制权和支配权，所以团队外部资源整合要难于内部资源的整合。换句话说，对内部资源进行整合的目的是提高效率，不存在是否可以使用的问题；而在外部资源整合方面，基本的目标则是确保团队可以使用这些外部资源。团队在进行外部资源整合时应当遵循以下三个基本原则。

1．比选原则

外部资源具有多样性，因此某一团队的外部资源可能会有多个，使用每个外部资源都将会有不同的收益、成本和不确定性。因此，团队领导者要根据团队目标发展的需要、团队自身实力以及外部资源的特点，选择最适合团队目前发展阶段的外部资源。

2. 信用原则

与外部资源打交道，实际上就是在与人打交道。因此，在外部资源的整合过程中，团队的信用和声誉是决定其能否长期利用这些外部资源的关键。

3. 提前原则

由于外部资源整合的难度较大、进展相对较慢，并且外部资源的发掘也需要一定的时间和过程，所以团队不能等到需要的时候再去考虑外部资源的整合，而应当具有前瞻性，提前规划外部资源，提前启动外部资源的整合。

（二）基本思路和方法

1. 重视信息对资源的引流作用

由于外部资源具有不可控性，团队应充分利用信息的作用，及时、有效地寻找到外部资源。这一方面需要团队尽快明确对外部资源的需求，并对需求进行分解，以形成有效、清晰的资源清单；另一方面，团队要借助资源清单，及时搜寻对应的资源。

2. 强化团队外部资源关系网络

有价值资源的稀缺是一种常态，团队要想及时获取有价值的外部资源，就要建立广泛、多节点的外部资源关系网络。外部资源关系网络的建设要做到多维度、多主体。其中，多维度是指关系维度的多样性，即要寻求不同方面的资源，以实现互补；多主体是指参与决策主体的多样性，以确保资源的丰富性。

3. 注重成本分析和不确定性分析

外部资源的整合无论在效果上还是在成本上，都存在着很高的不确定性。如何看待和处理这些不确定性是影响外部资源整合的重要因素。

课堂延伸案例 / 采购成本

曾经有一个坐落在华北地区的专门为大型企业加工零配件的小型团队。由于其产品质量好、成本低，得到了不少北方企业的认可和选用。但出于对风险的考虑，这些大型企业所需要的零配件一般只有50%左右从该团队采购，另一半则来自于南方的一个同类企业。为了扩大销量，该团队需要再去发展新的客户，但这些潜在客户大都在南方。考虑到运输成本，产品运到南方之后将不再具备成本优势。最后，团队选择了进一步开发现有客户资源的做法，成功地使北方企业对它的产品的采购量提高到了80%。

实训组织

实训5-4　资源整合技巧

实训形式　团队游戏

实训步骤

第一步：实训前准备。要求学生提前阅读团队整合技巧的相关文献，了解本次实训的理论知识。

第二步：以6～8人为一个小组，按要求开展“拼图游戏”。

团队游戏 拼图游戏

（1）每个小组获得一组拼图，用最快的时间找出缺少的和多余的拼图。

（2）选两名同学设置一个公证的公共交易平台。

（3）每组派一名同学用多余的拼图在公共交易平台上换取缺少的拼图。

（4）取得所有拼图后，完成拼图。

第三步：由最先完成的小组回答问题：“为什么能这么快完成拼图？”

第四步：教师结合团队资源整合的相关理论知识，点评各小组实训结果，巩固已学知识。

单元四 团队发展的规划

理论知识点

一、团队发展规划的概念

团队发展规划，是指团队在激烈的市场竞争中，为了求得生存和发展所制订的总体谋略及具体规划。进行团队发展规划的过程，就是团队的最高决策者根据团队愿景，分析团队内部条件和外部环境，确定发展目标和方向，制订、实施和评价总体谋划的全过程。

如果一个团队没有发展规划，无异于盲人骑瞎马。联想集团创始人柳传志先生曾经提出发展团队的“三要素”：一是搭班子，二是定战略，三是带队伍。这是他在市场经济的惊涛骇浪中总结出的经验之谈。其中的第二条就是定战略。现在已有越来越多的企业团队领导者开始认识到团队发展规划的重要意义。

二、团队发展规划的要求

1．环境适应性

环境适应性是指制订发展规划的时候，要考虑团队与外界环境的关系。外界环境对团队有很大影响。要解决团队与外界环境对接及适应的问题，首先要对环境进行分析，了解当前外界环境的特点；再研究外界环境给团队带来的影响，根据这些影响分析如何制订团队的发展规划才能更好地适应外界环境。

2．资源适应性

资源适应性指的是团队在做发展规划的时候，要清晰识别团队的内外部资源，如投资的分配、人员的招收和选用、资金的规模等，并实现团队发展规划与内外部资源的科学匹配，提高发展规划对资源的适应性。

3．全局性

发展规划涉及团队的全局，影响团队各成员及团队整体的发展。从团队目标、团队方向再到团队的内部结构、人员配置、活动规模、管理方式、日常决策等，都与团队发展规划息息相关。

4．长远性

团队发展规划涉及团队的长远发展问题，所以团队发展规划设计要有前瞻性和弹性。前瞻性要求团队发展规划设计中尽可能预见未来发展的各项问题，提早谋划各项应对策略；弹性则要求团队发展规划设计不能过“死”，而需要有一些替代方案，以应对未来发展的不确定性。

三、团队发展规划阶段

（一）规划阶段

规划阶段是团队未来发展的总体设计阶段，涉及团队使命、团队发展总目标、团队发展阶段性目标、团队发展执行体系、团队发展保障体系等内容。规划阶段又分为环境分析和规划制订两个具体阶段。

1．环境分析

（1）外部及行业环境分析。

（2）企业内部环境分析。

2．规划制订

（1）确定团队使命，确定团队的核心价值观、发展愿景，以体现团队的终极价值，形成一种精神导向。

（2）明确团队发展目标，包括团队发展总目标和阶段性目标，这是团队愿景的具体化和阶段性成果。

（3）设计团队发展执行体系，即实现团队目标、完成团队使命的具体执行方案，包括目标执行主体、执行路径、执行方式等。

（4）设计团队发展保障体系，即确保团队发展规划执行的保障条件，如团队内外部资源、条件等。

除此之外，团队也要制订出备选方案，以做临时应变规划。

（二）实施阶段

在实施阶段，团队需要在搭建团队结构、开展团队活动、监控团队成员行为等方面做出决策并予以执行。

1．设定年度目标

按照团队发展规划确定年度目标。例如，团队规划在第五年要实现一个总目标，那么第一年年底需完成总目标的1/5，至第二年年底需完成总目标的2/5，以此类推。

2．调整团队结构

在实施团队规划的过程中，要按照团队发展方向和团队所处阶段而不断调整团队结构，以实现团队内部结构与发展规划的匹配。

3．制定配套规章制度

规章制度是实施发展规划的一种保障。调整了团队结构之后，为确定流程和管理标准，还需要按照规范化体系，制定一些配套的规章制度。

4．培育团队文化

团队文化是团队内在的精神元素，体现了团队的核心价值观，是驱动团队发展的重要因素。为此，团队可以通过一些活动项目的开展，实现有效的团队合作，提高团队凝聚力和战斗力，培育良好的团队文化，为团队规划的有效实施提供支撑。

（三）评估阶段

发展规划经过一段时间的推动和实施以后，团队需要评估和总结在实施过程中出现的问题和不足，从而及时纠正团队错误，调整成员的偏差行为，确保团队发展规划的可持续推进。

1．检查发展规划基础

在实施规划的过程中要不断地检查原来的分析是否正确，如果原本的计划或目标没有发生变化则说明发展规划是相对正确的。

2．检查团队绩效

发展规划正确与否的重要检验标准是团队的绩效，绩效是评估发展最重要的措施。

3．采取纠正措施

根据绩效检查的结果，团队需要对局部的一些问题采取相应的纠正措施。比如五年发展规划在实施了一年后，若发现有问题，在第二年就要及时进行修正。

拓展资源

世界银行总裁和洛克菲勒的女婿

在美国的一个农村，住着一位老人和他的儿子，父子俩相依为命。

突然有一天，一个人找到老人，对他说：“尊敬的老人家，我想把你的儿子带到城里去工作？”

老人气愤地说：“不行，绝对不行，你快出去吧！”

这个人说：“如果我在城里给你的儿子找个对象，可以吗？”

老头摇摇头：“不行，快点出去吧！”

这个人又说：“如果我给你儿子找的对象，也就是你未来的儿媳妇是美国首富石油大王洛克菲勒的女儿呢？”

老头想了又想，终于被儿子可以当上洛克菲勒的女婿这个条件打动了。

过了几天，这个人找到了洛克菲勒，对他说："尊敬的洛克菲勒先生，我想给你的女儿找个对象可以吗？"

洛克菲勒说："开什么玩笑，请你出去吧！"

这个人又说："如果我给你女儿找的对象，也就是你未来的女婿是世界银行的副总裁，可以吗？"洛克菲勒最终同意了。

又过了几天，这个人找到了世界银行总裁，对他说："尊敬的总裁先生，你应该马上任命一个副总裁！"

总裁先生摇头说："不可能，这里已经有这么多副总裁，我为什么还要任命一个副总裁呢，而且是必须马上？"

这个人说："如果你任命的这个副总裁是洛克菲勒的女婿，可以吗？"

总裁先生欣然同意了。

同步强化训练

一、单项选择题

1．（　　）是一种最早于20世纪50年代中期出现在美国，以弗雷德里克·泰勒的科学管理和行为科学理论为基础形成的管理制度。

A．团队目标　　B．科学管理　　C．目标管理　　D．团队构建

2．（　　）指那些能够直接影响团队经济效益的资源，即通过配置和利用这些资源，能够达到降低成本或者增加团队效益的目的。

A．效益型资源　　B．声誉型资源　　C．决策型资源　　D．潜在资源

3．从"认知度"的角度来看，团队资源可分为现实资源、潜力资源和（　　）。

A．潜在资源　　B．内部资源　　C．外部资源　　D．负资源

二、多项选择题

1．团队人员组建应遵循（　　）原则。

A．经济效应　　B．互补　　C．任人唯贤　　D．因事择人

2．确定人员需求量的主要依据是设计出合理的（　　）。

A．知识　　B．职务类型　　C．数量　　D．技能

3．团队发展规划阶段包括（　　）。

A．规划阶段　　B．实施阶段　　C．评估阶段　　D．总结阶段

三、思考题

1．请从有效性的角度简述团队资源的分类。

2．团队发展规划有哪些要求？

模块六 团队培训

学习目的

通过教学，让学生理解团队培训的目的及内容，掌握团队培训的方法，学会设计团队培训方案，掌握团队培训技巧。

教学手段

知识讲授；案例分析；方案设计；培训模拟；情景分析；角色扮演。

单元一　团队培训概述

理论知识点

一、团队培训的概念

团队培训是指通过讲授、游戏等各种方法提高成员个体及团队整体能力，进而提升团队整体绩效的过程。团队培训作为一种大众化的培训方式，仍然是现代企业管理中的基本培训方式。它在提升团队成员能力、协调团队成员关系、促进成员之间的合作、更好更快地达到组织目标等方面发挥了重要作用。

团队培训的作用主要体现在：促使团队成员掌握本职工作所需技能，提高成员业务技能及团队合作技能，提升成员的环境适应能力，增强成员归属感，提升团队士气和战斗力。

二、团队培训的目的及内容

“团队”一词的英文名“TEAM”：“T”代表“Target”，即“目标”；“E”代表“Education”，即“教育”；“A”代表“Ability”，即“能力”；“M”代表“Morale”，即“士气”。所以“TEAM”一词的解释就是根据团队目标对团队成员开展教育，提高团队成员的能力，提升团队士气。

（一）团队培训的目的

团队培训的目的是为了生存和发展。生存是团队培训的首要目的，发展是团队在生存基础上的进一步成长。通过培训，将团队目标同个人成长目标相结合，使成员收获自我成功时的满足感和团队共同努力取得成功时的成就感，深刻体会并认同团队价值。

（二）团队培训的内容

团队培训的主要内容包括知识培训、技能培训和素质培训。

1．知识培训

知识培训是团队培训中的第一个层次。知识培训有利于团队成员理解特定领域的专业知识，增强成员对新环境的适应能力，减少团队引进新技术、新设备、新工艺的障碍和阻扰。

知识培训的主要内容一般包括以下六个方面：①完成本职工作所必需的基本知识；②团队的运营状况及发展战略、经营方针、规章制度、市场竞争等；③处理工作中发生的相关问题的专业知识；④岗位职责，与工作相关的技术领域现状及发展趋势；⑤管理知识，如计划、组织、领导、协调、控制等；⑥节约和控制成本的方法。

2．技能培训

技能培训主要是指对团队成员工作技能所开展的培训，一般包括以下三个方面：①掌握工作岗位所需要的基本技能技巧，如熟练的工艺操作技能、管理技术技能等；②团队合作、沟通和创造性解决问题的能力；③突发问题的应对策略及技巧。

3．素质（理念）培训

素质培训的内容包括价值观、工作态度等，主要有以下六个方面：①认识自我，处理好各种关系，建立工作中的自信心；②正确认识自己的工作岗位、上级、下属及所属的团队；③科学规划自己的职业生涯；④积极调整工作状态；⑤传递团队价值观；⑥树立良好的团队精神。

在上述培训内容的设计上，要充分考虑团队日常管理和运营过程中的实际问题，根据团队的现实绩效与预期绩效之间的差异来设置培训内容。一般来说，团队培训在注重团队业务技能的同时，更要注重团队精神的培训，从而激发成员潜能和创造力，形成团队凝聚力，开拓团队成员的视野，使其掌握各种经营管理知识和技能。

课堂延伸案例 东京迪士尼员工培训

全世界有多个迪士尼乐园，其中开得最为成功的是日本东京迪士尼。主要原因之一在于东京迪士尼非常重视员工培训。

到东京迪士尼去游玩，人们不大可能会遇到迪士尼的经理，门口卖票和剪票的也许只会遇到一次，遇到最多的可能是扫地的清洁工。所以东京迪士尼对清洁员工非常重视，将更多的训练和教育集中在他们身上。有些负责扫地的员工是利用暑假出来打工的学生，虽然他们只在这里工作2个月，但是培训他们做好这项工作要花2天时间。

学扫地：第一天上午要培训他们如何扫地。扫地有三种扫把：一种是用来扒树叶的；一种是用来刮纸屑的；一种是用来掸灰尘的。这三种扫把的形状都不一样。怎样扫树叶才不会让树叶飞起来，怎样刮纸屑才能刮得很干净，怎样掸灰才不会让灰尘飘起来，这些看似简单的动作却都需经过严格的培训。而且扫地时还另有规定：开门时、关门时、中午吃饭时、距离客人15米以内等情况下都不能扫。

学照相：第一天下午学照相。十几台世界最先进的、各种不同品牌的数码相机被摆在一起，每台都要学习如何使用，因为顾客会叫员工帮忙照相，如果员工不会照相，不知道如何操作，就不能很好地照顾好顾客。

学包尿布：第二天上午学怎么给小孩子包尿布。带孩子的妈妈可能会叫员工帮忙抱一下小孩，如果员工不会抱小孩，动作不规范，不但不能帮忙，反而会给顾客添麻烦。为了更好地帮助顾客，员工不但要会抱小孩，还要会替小孩换尿布。

学辨识方向：第二天下午学习如何辨识方向。有人要上洗手间，“右前方，约50米，第三号景点东，那个红色的房子”；有人要喝可乐，“左前方，约150米，第七号景点东，那个灰色的房子”……顾客会问各种各样的问题，所以每一名员工要把整个迪士尼的地图都熟记在脑海中，对迪士尼的每一处位置和方向都要非常明确。

三、团队培训课程设计

团队培训课程设计包括以下三大要素：

1．课程目标

课程目标即设定培训的总体方向和培训各阶段受训者要达到的标准。培训课程目标的设定应当强调以具体的受训者所需要解决的问题为基础。同时，培训课程目标在不同团队，甚至在同一团队的不同阶段都会有所不同。

2．课程内容

一般情况下，团队需要从知识、技能和素质三个方面来确定培训内容。知识是对事物的基本认识和对抽象理论的掌握，知识培训应注重知识的实用性；技能是解决具体问题的技巧和能力；素质则是包括精神面貌、价值观、心态在内的综合素养。

3．课程模式

课程模式是指课程的执行模式，即对培训活动的安排和培训方法的选择。比较常见的课程模式有体验式培训、现场互动与讨论、多媒体授课和角色扮演等。

实训组织

实训6-1　培训内容设计

实训形式　案例分析

实训步骤

第一步：实训前准备。要求学生提前阅读团队培训的相关文献，了解本次实训理论知识。

第二步：对以下案例进行分析。

案例分析　小王的第一个任务

小王原本是一家汽车4S店的普通销售员，后因其出色的工作表现，公司决定提任他为销售部副经理，负责销售部的人员管理。小王怀着无比激动的心情到岗上任，可第一天上班，销售经理就给他下达了一个重要任务，让他根据销售部的现状，设计针对销售部员工的培训内容。小王接到任务后，感觉压力非常大。他所在的这家汽车4S店才成立一年，很多销售人员是从其他销售行业转行而来的，对汽车销售不是很精通。除此之外，该店销售人员的学历普遍较低，销售团队内部矛盾重重。也正因如此，自小王进入公司以来，销售部从来没有开展过培训。面对这些困难，小王遭遇了职业升迁后的第一个难题：如何才能设计出符合销售部实际情况，又能有较好培训效果的培训内容？

第三步：请同学们根据案例，帮助小王设计一个针对销售部员工的培训内容，并完成实训表（见表6-1）。

表6-1 培训内容设计实训表

姓名______________ 学号______________ 小组号______________ 成绩______________

请同学们根据案例，设计销售部培训内容，要求分点介绍每一个模块的具体培训内容	
培训内容一： __________培训	具体培训内容：
培训内容二： __________培训	具体培训内容：
培训内容三： __________培训	具体培训内容：
培训内容四： __________培训	具体培训内容：

单元二 团队培训组织

理论知识点

一、团队培训需求分析

培训需求分析是指在规划与设计培训活动之前，由培训部门、主管人员、工作人员等采用各种方法和技术，对团队及其成员的目标、知识、技能等方面进行系统分析，以确定是否需要培训及培训内容的过程。它既是确定培训目标、设计培训规划的前提，也是进行培训评估的基础。

（一）团队培训需求分析的内容

1．培训目的

团队培训需求分析的第一个重要内容就是深入挖掘团队培训的目的。对于生存型的培训，应该紧紧围绕生存危机而展开，而且培训过程必须不折不扣、严格执行；对于发展型的培训，则要以前瞻性知识或技能提升为导向。

2．培训内容

对培训内容进行需求分析，可以有效地增强培训效果。对于知识型的培训，应该以知识讲解、培训后考试为主；对于技能型的培训，应该以实践操作为主；对于素质型的培训，则应以感悟、情感体验为主。

3．培训时间

培训是要投入时间的，所以在培训需求分析中必须要调研培训对象的时间要求，特别是对于一些无法脱岗培训的成员，更加需要科学安排培训时间。

4．培训成本

培训需要投入物力、人力和财力，所以培训前必须要比较清晰地计算出培训的直接成本、间接成本，并将其成本预算报送团队领导者，在与领导者的充分沟通下确定培训的成本支出。

5．培训方式

从理论上讲，团队培训的方式有脱岗培训、不脱岗培训、自学、业余时间培训等多种方式，所以在团队培训前，需分析团队及其成员对培训方式的需求，从而选择最适宜的培训方式，提高培训的可接受度。

6．培训方法

团队培训的方法非常多，具体包括直接传授法、实践法、参与互动法和科技培训法等。所以在开展培训前，须认真分析团队实际需求，选择成员接受度高的培训方法，从而提高培训方法的适用性。

（二）团队培训需求分析的作用

1．寻找绩效差距

培训需求分析的基本目标就是确认理想绩效与现实绩效之间的差距。绩效差距的确认一般包括三个环节：①对岗位所需的知识、技能、素质的分析；②对当前成员的知识、技能和素质的分析；③将前两者的分析结果进行差异性比较，从而确认理想的知识、技能、素质与现实团队成员已掌握的知识、技能、素质间的差异。

2．提升成员能力

成员加入团队后，其本身具备的能力与团队期待的能力水平往往存在一定差距，而通过培训需求分析能够帮助成员提高对自身知识、能力的认识，提高对团队业务能力水平的认知，并且能比较准确地识别差距，从而为提高自身业务水平提供方向和途径。

3．应对团队变革

随着外部环境的持续变化，变革成为一种新常态，而团队需要有应对这些变革的能力。团队培训能够提高团队成员应对变革的灵敏度和能力。例如，团队可以针对未来发展趋势开展相关培训，包括新技术、新技能、新思维等，从而让团队成员能够有更强的能力应对变革风险，实现平稳过渡。

4．评估培训价值

培训价值由培训成本和培训收益决定。培训成本包括培训的直接成本和间接成本；培训收益既包括培训员工知识、能力提升等隐性收益，也包括由于成员技能提高等所带来的团队绩效的提升。培训需求分析能在源头上分析成员或团队的需求，如此就能为团队培训结束后的成本与收益分析提供评估标准。如：团队成员的成长需求满足了多少？哪些方面得到了满足？哪些方面的培训需求还没有得到满足？通过这样的分析，团队就能更为客观、科学地进行培训价值评估。

5．提高团队凝聚力

团队培训的内容之一是对团队成员素质、理念的培训。通过素质、理念培训，能够让成员不断提高自身修养和素质，增强团队理念，进而提高团队合作能力，提升团队凝聚力。

二、团队培训步骤

（一）确定培训需求

确定培训需求的目的在于明确团队工作所需要提高或改进的方面。具体包括以下三方面内容：①团队需求分析，即根据团队发展或变革需求所提出的团队整体培训需求；②岗位需求分析，即在团队运作过程中根据具体岗位操作所产生的培训需求；③个体需求分析，即团队对成员个体素质提高的培训需求，或者是团队成员对提高自身工作技能和发展职业生涯的自我培训需求。

（二）制订培训计划

确定培训需求后，就要为培训工作建立明确、可度量的目标及计划。培训计划是培训活动的指南，一个比较完整的培训计划主要包括以下五个方面：

1．确定培训内容

团队培训要结合培训需求分析，设置科学的、多维度的培训内容。

2．确定培训对象

原则上，人人都可以成为培训对象，每个人都有接受培训的权利和义务。但对于一个具体的培训项目而言，其目标群体通常是有限而具体的。为此，可以结合团队需求分析、岗位需求分析以及个人需求分析，实行分类分层、有针对性的团队培训，从而提高团队培训效果。

3．确定时间、地点

在团队培训时间的选择上，要做到及时、有效。在培训地点的选择上，可以根据脱岗培训和在岗培训等培训方式的不同来选择培训场所。培训场所除了传统教室外，还可以是车间、会议室、培训中心、户外拓展基地等。

4．安排培训师

培训师是负责实施具体培训的教师，是培训成败最为关键的因素。团队培训师除了可以是专业培训师外，还可以是团队成员或团队领袖，如部门经理等。在培训师的选择上，要基于培训需求分析，注重考察培训师的专业知识、专业技能、工作经验、语言沟通及教学能力。

5．选择培训材料

为了有效实现培训目标，培训中需要设置相应的培训课程，提供相应的培训材料，包括教学资料、视听材料、案例或测试题目等。这些材料既可以是自主开发的培训教材，也可以是团队所购买的外部培训资料。

课堂延伸案例　学生干部培训计划

为了不断完善团学组织运营机制，提高学生干部的素质以及业务能力，促进学生干部的全面发展，特举办学生干部培训班。具体内容如下：

一、培训目标

通过培训，进一步提高学生干部的综合素质，使其树立远大理想，增强自我约束力，培养学生干部的带头意识及主动精神，全面提升学生干部在自我服务、自我管理、自我教育、自我监督中的能力和水平。

二、培训主题

"经""成"石开：凝团学力量，造铁军队伍。

三、培训对象与分班安排

培训针对两院团学组织学生干部，分设骨干班和新锐班。

（一）骨干班

培训对象：2020级院团学组织学生干部。

培训重点：着重培养其"服务同学"意识，提升自我沟通能力和服务技能，勇做新青年的"领头羊"。

（二）新锐班

培训对象：2021级院团学组织部长助理、秘书、干事等。

培训重点：着重培养其共青团组织文化认同、中国共产主义接班人的奋斗意识，提升团队协作能力和业务技能，勇做新时代下优秀新青年的"排头兵"。

四、培训师资及教材

培训教师：***学院的党总支书记。培训教材：《如何做好一名优秀的学生干部》。

五、培训内容

（一）骨干班培训内容

1. 政治素养培训：新形势新政策解读、校训理念渗透、成功案例分享等。
2. 管理能力培训：团队组建与管理、团队自主管理实践、突发事件处理等。
3. 沟通能力培训：沟通礼仪与技巧等。

（二）新锐班培训内容

1. 政治素养培训：新形势新政策解读、校训理念渗透、共青团“好人好事”案例分享等。

2. 业务技能培训：策划案撰写、摄影技巧、图片处理、视频多媒体技术、小程序设计、微信公众号维护等。

3. 协作能力培训：社会实践课程、团队拓展训练等。

六、培训时间及地点

培训时间：5月6日～5月9日，晚上6:30～8:30。培训地点：学校报告厅。

（三）实施培训

1．前期准备

在组织培训之前要做好各方面的准备工作，如拟定并及时发布培训项目通告、制作团队培训手册、安排学员登记注册和完成培训档案建设等。

2．开展培训

团队培训者按照培训计划有条不紊地开展培训。在培训过程中要特别注意以下四个方面：①让学员全面了解整个培训的内容和安排；②培训中既要遵循事先拟定的培训安排，又要根据实际情况做出适度调整；③在培训之初，就应明确告知学员培训纪律并严格执行；④设计新颖的团队活动，以营造和谐、积极向上的团队培训氛围。

（四）培训效果评估

培训效果评估是对学员培训后的满意度、所学习到的知识和技能、培训后工作行为的改变以及工作绩效的情况等做出评价，以便改进和完善培训体系。具体包括反应评估、知识评估、行为评估以及结果评估。

1．反应评估

大多数的培训项目都要进行这一层面的评估，其评估方法和评估内容都比较成熟，也比较容易操作。反应评估关注学员对培训项目的主观感受，如培训场所是否舒适安静、培训师讲课是否有针对性、培训内容是否符合自己的需求、培训方式是否科学多样等。反应评估的信息主要来自于受训者，主观性比较强，所以需要结合其他评估手段来进行综合评价。

2．知识评估

知识评估主要是为了评估学员经培训后所达到的对知识、技能、素质等培训内容的掌握程度。绝大多数的培训项目对学员受训后所要掌握的知识、技能、素质等都有明确的规定，而通过知识评估能够清晰地衡量学员的掌握情况。知识评估往往通过书面测试进行。

3．行为评估

行为评估是了解并确定学员能否将培训中所学的知识、技能和素质应用于团队行为，即团队行为在多大程度上因为培训而发生改变。为了准确评估学员的行为变化，团队往往会采用行为观察法来进行评估。但由于驱动行为产生的动机比较复杂，行为过程也受到多因素交叉作用，所以培训的行为评估也会比较主观，需要结合其他评估手段进行综合评定。

4．结果评估

相对于其他评估手段，结果评估是最难以实施的一种评估方法。它反映的是培训对团队绩效的贡献，如全面质量管理培训对于产品质量的提高、安全教育对于事故的减少、销售培训对于销售业绩的改善、培训成本的投入对于培训收益的获得等。结果评估手段在培训评估中真正被使用的情况比较少，除了是因为有些项目不适用结果评估外，更为主要的原因在于结果评估的可执行性较差。

实训组织

实训6-2　团队培训实施方案

实训形式　方案设计

实训步骤

第一步：实训前准备。要求学生提前阅读团队培训的相关文献。

第二步：根据本单元所学内容，并结合单元一的实训6-1“培训内容设计”，按照表6-2设计销售部的培训实施方案。

表6-2　销售部培训实施方案表

姓名＿＿＿＿＿＿ 学号＿＿＿＿＿＿ 小组号＿＿＿＿＿＿ 成绩＿＿＿＿＿＿

假设小王所在的销售部将在11月12～13日组织培训，请结合单元一实训“培训内容设计”中的培训内容，完成本培训实施方案表

培训日期	培训对象	培训内容	培训师	培训方式	培训场地	注意事项
11月12日						
11月13日						

第三步：抽取小组代表发言。

第四步：教师点评学生代表发言，进一步讲解团队培训组织的相关理论。

单元三　团队培训方法

理论知识点

团队培训的方法有很多，主要包括以知识培训为主的直接传授型培训法、以培养技能为主的实践型培训法、以增强成员互动为主的参与型培训法、以成员行为调整和心理辅导为主的态度型培训法和以现代化手段为主的科技培训方式。除此之外，还有函授、业余进修、读书活动、参观学习等其他培训方法（参考自中国就业培训技术指导中心编写的《企

业人力资源管理师（三级）》），如图6-1所示。

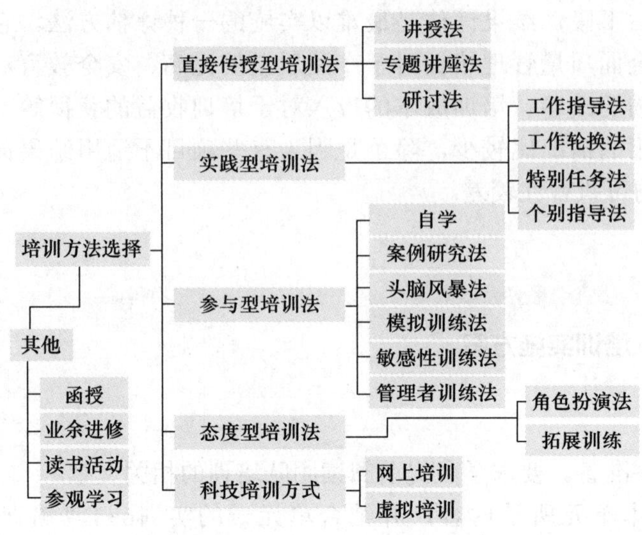

图6-1　团队培训方法

一、直接传授型培训法

（一）讲授法

讲授法是指培训师按照准备好的讲稿，系统地向受训者传授知识的培训方法。它是最基本、最常见的培训方法，主要有灌输式讲授、启发式讲授和画龙点睛式讲授三种具体方式。授课教师是决定讲授法成功与否的关键因素。

讲授法的优点：传授的知识比较系统、全面，有利于大规模培养人才；对培训环境要求不高；有利于教师主观能动性的发挥；学员可利用培训环境相互沟通；学员的平均培训费用较低。

讲授法的缺点：传授内容较为枯燥，学员难以消化、吸收；单向传授不利于培训双方的互动；不能满足学员的个性需求；培训师水平直接影响培训效果，容易导致理论与实践相脱节。

（二）专题讲座法

专题讲座法形式上和讲授法基本相同，但在内容上有所差异。讲授法一般是系统知识的传授，每次培训会涉及一个专题，接连多次授课；而专题讲座则是针对某一个专题知识，一般只安排一次培训。这种培训方法适合于团队管理人员或技术人员了解专业技术发展方向或当前热点问题等方面的知识。

专题讲座法的优点：培训不占用大量的时间，形式比较灵活；可随时满足学员某一方面的培训需求；讲授内容集中于某一专题，更易于被学员理解。

专题讲座法的缺点：讲座中传授的知识相对集中，内容缺乏系统性。

（三）研讨法

研讨法是指在培训师的引导下，学员围绕某一个或几个主题进行相互交流、相互启发的培训方法。

1．类型

（1）研讨可分为以培训师为中心的研讨和以学员为中心的研讨。以培训师为中心的研讨会从头至尾由培训师组织，培训师提出问题，引导学员做出回答。培训师起着活跃气氛、使讨论不断深入的作用。讨论的问题除主题本身外，有时也包括由学员回答所引发的问题。以学员为中心的研讨常常采用分组讨论的形式，一般有两种具体方式：一是由培训师提出问题或任务，学员独立提出解决办法；二是不规定研讨的任务，学员就某个议题进行自由讨论，相互启发。当然，在团队培训实践中，也存在既不以培训师为中心，也不以学员为中心，而是以某一个组织为中心，参加者以平等的身份就某一主题展开讨论。

（2）研讨还可分为任务取向的研讨和过程取向的研讨。任务取向的研讨着眼于达成某种目标，这个目标是事先确定的，即通过讨论弄清某一个或几个问题，或者得出某种结论。组织这样的研讨需要设计出能够引起讨论者兴趣、具有探索价值的题目，否则研讨将陷入僵局。过程取向的研讨着眼于讨论过程中学员之间的相互影响，重点是进行信息交换、相互启迪，并增进了解、加深感情。

2．优点

（1）多向式信息交流。在研讨过程中，培训师与学员间，学员与学员间相互交流、启发和借鉴，及时反馈，有利于学员取长补短、开拓思路。

（2）学员积极参与讨论，有利于培养学员的综合能力。研讨法要求学员在调查准备的基础上，就研讨内容提出自己的观点，找出解决办法，因而学员必须独立思考，收集、查阅各种资料，分析问题，并用语言表达出来，同时还要判断、评价别人的观点并及时做出反应。

（3）加深学员对知识的理解。对实际问题的研究、讨论，能够为学员提供运用所学知识的机会，加深学员对理论知识的理解，提高其知识运用能力。

（4）研讨法形式多样、适应性强，可针对不同的培训目的进行调整。

3．难点及注意事项

研讨法对研讨题目、内容的准备要求较高，对培训师的要求也较高，需要培训师更好地掌握整个培训进程。为此，培训师要选择合适的研讨题目，既要有代表性、启发性，又要难度适当，而且要事先将研讨题目提供给学员，以便其做好研讨准备。

二、实践型培训法

实践型培训法是让学员通过在实际工作岗位或真实的工作环境中，亲身操作、体验，掌握工作所需的知识、技能的培训方法。这种方法直接将培训内容和实际工作相结合，具有很强的实用性，是学员培训的有效手段。适用于从事具体岗位所应具备的技能和管理实务类培训。

实践型培训法的优点：受训者可以边干边学，一般无须特别准备教室及其他培训设施；实用、有效，受训者通过实干来学习，使培训的内容与其将要从事的工作紧密结合；受训者在实践的过程中，能够迅速得到关于他们工作行为的反馈和评价。

（一）工作指导法

工作指导法又称教练法、实习法，是指由一位有经验的团队成员，如直接主管人员担任培训师，在工作岗位上对受训者进行培训的方法。工作指导法的优点是应用广泛，可用于团队基层生产工人培训，如让受训者通过观察培训师的示范和实际操作，掌握岗位所需的基础操作技能；也可用于团队各级管理人员培训，让受训者与培训师一起工作，后者负责对受训者进行指导。这种培训方法不一定要有详细、完整的培训计划，但应注意培训的要点：一是关键工作环节的要求；二是做好工作的原则和技巧；三是须避免、防止的问题和错误。

（二）工作轮换法

工作轮换法是指让受训者在预定时期内变换工作岗位，使其获得不同岗位的工作经验的培训方法。以管理岗位的工作轮换培训为例，让受训者有计划地到各个部门进行学习，如生产部、销售部、财务部等，并在每个部门工作一段时间。通过实际参与各岗位工作，或仅作为观察者进行参观和学习，扩大受训者对团队整体业务中各环节工作的了解。

工作轮换法的优点：能够丰富受训者的工作经验，加强对团队业务工作的了解；使受训者明确自己的长处和弱点，找到适合自己的位置；改善团队或组织间的合作，促进成员之间的相互理解。

工作轮换法的缺点：鼓励“通才化”，适合于团队中一般直线管理人员的培训，但不适用于职能管理人员的培训。

课堂延伸案例 海豚式升迁

海尔公司在提拔员工干部时，会采取“海豚式升迁”。这种方式不是让员工马上到新岗位任职，而是先去新岗位下的基层锻炼一段时期。例如，一个员工在生产车间工作，由于工作做得好，所以从班组长提任为车间主任。而企业为了全方位锻炼这名员工，让他去事业部下的市场一线去锻炼。经过再次锻炼，该员工又从普通员工提任为市场一线的工作组组长。这样，他不仅具备了生产能力，又具备了市场工作能力，综合能力不断得到提升，这就是“海豚式升迁”。“海豚式升迁”有利于员工多岗位锻炼，提高工作能力和工作效率。

（三）特别任务法

特别任务法是指团队通过为某些成员分派特别任务来对其进行培训的方法，因为不太常用，所以不进行详述。

（四）个别指导法

个别指导法与“师傅带徒弟”或“学徒工制度”相类似，其培训师为团队中的“老师傅”。目前，仍有很多企业组织、团队在实行这种帮带式培训方式。其主要特点在于通过资历较深的团队成员的指导，让新成员迅速掌握岗位技能及团队业务能力。

个别指导法的优点：新成员在“师傅”的指导下开展工作，可以避免盲目摸索；有利于新成员尽快融入团队；可以消除新成员刚入职时的紧张感；有利于团队传统优良工作作风的传递；新成员可从培训师处获取丰富的经验。

个别指导法的缺点：为防止新成员对自己构成威胁，培训师可能会有意保留自己的经验、技术，从而使指导流于形式；培训师自身水平对新成员的学习效果有极大影响；培训师不良的工作习惯可能会影响新成员；不利于新成员的工作创新。

课堂延伸案例　师带徒

“师傅带徒弟”也称“师徒制”，是手工艺人传授徒弟的一种古老方式，让徒弟一边工作一边学习，它起源于工厂手工业时期。“师徒制”的出现，实现了培训史上的第一次改革。其特点是师徒之间教与学关系的确立，有对应的培训内容和学徒期限，通过“传、帮、带”实现技艺传承。目前，这种起源于民间传授技艺的形式发展为现代学徒制，很多国家都通过现代学徒制来解决教育与就业的矛盾，促进职业教育的发展。“师带徒”形式包括现场讲解、实际操练以及角色换位。如师傅做A的角色，干主要工作，徒弟做B的角色，干辅助工作。通过师傅言传身教，一个项目做完，徒弟熟悉了项目的基本工作流程和要点，具备了独立作战的基本功。这时就可以让徒弟做A的角色，师傅做B的角色，把徒弟直接推上前台，师傅在业务上进行指导，保驾护航。

三、参与型培训法

参与型培训法是调动受训者积极性，使其在与培训师的互动中相互学习的培训方法。这类方法的主要特征是每个受训者积极参与培训活动，在亲身参与中获得知识、技能和正确的行为方式，开拓思维，转变观念。其主要形式有自学、案例研究法、头脑风暴法、模拟训练法、敏感性训练法和管理者训练法。

参与型培训法

（一）自学

自学适用于知识、技能、观念、思维、心态等多方面的学习。自学既适用于团队成员的岗前培训，又适用于在岗培训。

（二）案例研究法

案例研究法是一种信息双向性交流的培训方法，它将知识传授和能力提高两者融合到一起，是一种非常有特色的培训方法。具体又可分为案例分析法和事件处理法。

1. 案例分析法

案例分析法又称个案分析法，它是围绕一定的培训目的，把实际中的真实场景加以典型化处理，形成供学员思考、分析和决断的案例，通过独立研究和相互讨论的方式来提高学员的分析及解决问题的能力的一种培训方法。案例分析法中的案例用于培训时应满足以下三个要求：内容真实；案例中应包含一定的管理问题；案例必须有明确的目的。

案例分析法可分为两种类型：①描述评价型，即描述并评价解决某个问题的全过程。这类问题无论是否被成功解决，都可以作为案例来进行描述和评价。由此，留给学员的分析任务只是对案例中的做法进行事后分析，以及提出“亡羊补牢”性的建议。②分析决策型，即只介绍某一待解决的问题，由学员去分析并提出对策。本方法能更有效地培养学员分析决策、解决问题的能力。上述两种方法不是截然分开的，中间存在着一系列过渡状态。分析决策型案例分析法解决问题的过程有七个环节，如图6-2所示。

找问题→分主次→查原因→提方案→权衡→决策→实施

图6-2　分析决策型案例分析法过程

2．事件处理法

事件处理法是指让学员自行收集亲身经历的案例，将这些案例作为个案，利用案例研究法进行分析和讨论，并用讨论结果来处理团队实际工作中可能出现的问题。学员间对彼此亲历事件的相互交流和讨论，可使团队的内部信息得到充分利用和共享，同时有利于形成和谐、合作的团队氛围。

事件处理法的优点：参与性强，使学员由被动接受变为主动参与；将学员解决问题能力的提高融入知识传授中；培训方式生动具体、直观易学；学员之间能够通过案例分析达到交流的目的。

事件处理法的缺点：案例准备的时间较长且要求较高；需要较多的培训时间，同时对学员能力有一定的要求；对培训师的能力要求较高；无效的案例会浪费受训学员的时间和精力。

（三）头脑风暴法

头脑风暴法又称研讨会法，其特点是培训学员在培训活动中相互启发思想、激发创造性思维。它能最大限度地发挥每个参加者的创造能力，使其提出更多、更好的问题解决方案。

操作要点：①只规定一个主题，即明确要解决的问题，保证讨论内容不泛散；②把学员组织在一起，让他们无拘无束地提出解决问题的建议或方案，培训师和学员都不能评议他人的建议和方案；③事后再收集各学员的意见，然后排除重复的、明显不合理的方案，重新修改内容表达含糊的方案；④所有学员对各可行方案逐一评估，选出最优方案。

头脑风暴法的优点：培训过程中为团队解决实际问题，大大提高培训的收益；培训中学员参与性强；团队讨论有利于加深学员对问题的理解；集中了团队智慧，达到相互启发的目的。

头脑风暴法的缺点：对培训师要求较高，如果不善于引导，可能会使讨论漫无边际；培训师主要扮演引导角色，讲授机会较少；培训主题的挑选难度大。

（四）模拟训练法

模拟训练法以组织或团队工作中的实际情况为基础，将实际工作中可利用的资源、约束条件和工作过程模型化，学员在假定的工作情境中参与活动，学习从事特定工作的行为和技能，进而提高其处理问题的能力。其基本形式有人与机器共同参与模拟、人与计算机共同参与模拟（假定的环境）等。

模拟训练法的优点：可以提高学员的工作技能；有利于加强学员的竞争意识；可以带动培训中的学习气氛。

模拟训练法的缺点：模拟情景的准备时间长，而且质量要求高；对培训师要求较高，培训师需要熟悉培训中的各项技能。

这种方法与角色扮演类似，但并不完全相同。模拟训练法更侧重于对操作技能和反应敏捷性的培训，将学员置于模拟的工作环境中，让他们反复操作装置，解决团队实际工作中可能出现的各种问题，为进入实际工作岗位奠定基础。

（五）敏感性训练法

敏感性训练法又称T小组法，或简称ST（Sensitivity Training）法。敏感性训练要求学员在小组中就自身和其他学员的个人情感、态度及行为进行坦率、公正的讨论，相互交流对彼此行为的看法，并说明其引起的情绪反应。它的目的是要提高学员对自己和他人行为的洞察力，了解自己在他人心目中的“形象”，感受与周围人群的相互关系和相互作用，学习与他人沟通的方式，提高在各种情况下的应变能力。敏感性训练法适用于团队发展训练、晋升前的人际关系训练、中青年管理人员的人格塑造训练、新进人员的集体组织训练和外派工作人员的异国文化训练等。

（六）管理者训练法

管理者训练法简称MTP（Manager Training Plan）法，是比较普及的管理人员培训方法。这种方法旨在使学员系统地学习、深刻地理解管理的基本原理和知识，从而提高他们的管理能力。管理者训练法适用于培训团队管理人员掌握管理的基本原理、知识，提高管理的能力，一般采用专家授课、学员间研讨等培训方式。团队可以通过脱产或脱岗的方式对管理人员进行集中训练。

四、态度型培训法

（一）角色扮演法

角色扮演法是根据学员可能担任的职务，让学员身处模拟的团队工作环境之中，并按照其在实际工作中应有的权责来担当与实际工作类似的角色，模拟性地处理工作事务，从而提高其处理各种问题的能力。这种方法的精髓在于“以动作和行为作为练习的内容来开发设想”。也就是说，学员不是针对某个问题相互对话，而是采取实际行动来解决问题，以提高个人及团队的业务能力和工作绩效。

角色扮演法的优点：学员参与性强，学员与培训师之间的互动交流充分，可以提高学员培训的积极性；角色扮演中特定的模拟环境和主题有利于增强培训效果；在角色扮演过程中，学员之间需要进行交流、沟通与配合，因此可增加彼此之间的情感交流，培养学员沟通、自我表达、相互认知等社会交往能力；具有高度的灵活性，培训师可以根据培训的需要改变学员的角色、调整培训内容。

角色扮演法的缺点：场景是人为设计的，如果设计者没有精湛的设计能力，则其设计出来的场景可能会过于简单或与实际不符，使学员得不到真正的角色锻炼、能力提高的机会；实际工作环境复杂多变，而模拟环境则相对静止；扮演中的问题分析仅限于个人，不具有普遍性；如果学员参与意识不强，在角色扮演中漫不经心，则直接影响培训效果。

（二）拓展训练

拓展训练是指通过模拟探险活动而开展的情境式心理训练、人格训练和管理训练。它以外化型体能训练为主，学员被置于各种艰难的情境中，在面对挑战、克服困难和解决问题的过程中，使人的心理素质得到改善。拓展训练包括场地拓展训练和野外拓展训练两种形式。

1．场地拓展训练

场地拓展训练是指需要利用人工设施（固定基地）的训练活动，例如高空断桥、空中单杠、缅甸桥等高空项目以及扎筏泅渡、合力过河等水上项目。场地拓展训练的特点如下：

（1）有限的空间，无限的可能。如训练场地的几根绳索，却是能否生存的关键；几块木板，可用来架设通往成功的桥梁。

（2）有形的游戏，锻炼的是无形的思维。在培训师的引导下，利用简单的道具，整个团队进入模拟真实的训练状态，团队和个人的优点得以突显，问题也不同程度地暴露出来。学员基于这样的情境，可以找到某些问题的答案或解决思路。

（3）简便、容易实施。场地拓展训练既可以在会议厅里进行，也可以在室外的操场上进行，因此它既可以作为一次单独的、完整的团队培训项目来开展，又能很好地和会议、酒会或其他培训相结合。在培训过程中，团队学习、团队沟通、团队士气等方面都可以得到增强。

2．野外拓展训练

野外拓展训练是指在自然地域，通过模拟探险活动进行的情境体验式心理训练。它起源于第二次世界大战中的海员学校，海员们乘一只小船离开安全的港湾，勇敢地开始探险旅程，他们接受一个个挑战，战胜一个个困难。这种训练方法旨在提高海员的意志力和生存能力，后被应用于管理训练和心理训练等领域。其基本原理在于通过野外探险活动中的情境设置，使学员体验所经历的各种情绪，从而了解自身或团队面临某一外界刺激时的心理反应及其后果，以实现提升学员能力的培训目标。野外拓展训练包括远足、登山、攀岩和漂流等项目。这些活动是培训学员的一种媒介，使他们可以了解自身与同伴的力量、局限和潜力。

五、科技培训方式

（一）网上培训

网上培训又称基于网络的培训，是指通过团队的内部网或互联网对学员进行培训。它是将现代网络技术应用于人力资源开发领域而创造出来的培训方法，以其无可比拟的优越性受到越来越多企业和其他组织的青睐。在网上培训中，培训师将培训课程上传至特定的在线平台，散布在世界各地的学员利用网络浏览器进入该平台接受在线培训。

（二）虚拟培训

虚拟培训是指利用虚拟现实技术生成实时的、具有三维信息的人工虚拟环境，学员通过运用某些设备接受和响应该环境的各种感官刺激而进入仿真情境，并可根据需要采用多种交互设备来驾驭环境、操作工具和操作对象，从而达到提高各种技能或学习知识的目的。虚拟培训的优点在于它的仿真性、超时空性、自主性和安全性。在培训中，学员不仅能够自主地选择或组合虚拟培训场地和设施，而且可以通过重复使用来不断增强自己的训练效果；更重要的是这种虚拟环境使他们脱离了在现实环境中培训的风险，并能从这种培训中获得感性知识和实际经验。

除上述培训方法外，还有函授、业余进修、读书活动、参观学习等方法。

实训组织

实训6-3 任务取向研讨法

实训形式 情景分析

实训步骤

第一步：实训前准备。要求学生提前阅读任务取向研讨法的相关文献。

第二步：学生对以下情景进行分析。

情景分析 沙漠求生记

在炎热的八月，一架小型飞机在撒哈拉沙漠失事，机身严重撞毁，很快会起火燃烧。在飞机燃烧前，假设乘客只有15分钟时间，从飞机上的15件物品中领取5件最为重要的物品。

沙漠情况：1. 飞机的位置不能确定，只知道最近的城镇是70公里外的煤矿小城。

2. 沙漠日间温度是40℃，夜间温度随时骤降至5℃。

假　设：小组成员都是这架飞机上的乘客，而且装束轻便，只穿着短袖T恤、牛仔裤、运动裤和运动鞋，每人都有一条手帕。在此情况下，你们会从以下15件物品中挑选出哪5件最为重要的物品呢？

物品清单：

①一支闪光信号灯（内置四个电池）；②一把军刀；③一张该沙漠区的飞行地图；④一件大号塑料雨衣；⑤一个指南针；⑥一个小型量器箱（内有温度计、气压计、雨量计等）；⑦一把45口径手枪（已有子弹）；⑧三个降落伞（有红白相间图案）；⑨一瓶维生素丸（100粒装）；⑩十加仑饮用水；⑪化妆镜；⑫太阳眼镜；⑬两加仑伏特加酒；⑭厚衣服；⑮一本《沙漠动物》百科全书。

第三步：学生填写实训表（见表6-3）。

表6-3 任务取向研讨法实训表

姓名________ 学号________ 小组号________ 成绩________

请同学们仔细阅读案例，以小组为单位开展研讨，并回答下述问题	
1. 如果只能从这15件物品中挑选，你们会挑选哪5件最为重要的物品？	
2. 请写出这5件物品在你们求生过程中的作用。	
3. 通过本情境分析，你对任务取向研讨法有何理解？	

第四步：小组讨论，并推荐一名代表发言。

第五步：教师点评学生代表发言，进一步讲解任务取向研讨法的相关理论。

实训6-4 团队培训方法

实训形式 事件处理法

实训步骤

第一步：实训前准备。要求学生在实训前阅读事件处理法相关理论知识。

第二步：每一位同学收集自己的学习或生活中的管理案例，内容包括案例概况、当时的处理方法、改进意见，并填写实训表（见表6-4）。

表6-4 事件处理法实训表

姓名__________ 学号__________ 小组号__________ 成绩__________

1. 案例概况	
2. 处理过程	
3. 改进意见	

第三步：教师抽取部分学生代表发言。

第四步：教师点评学生，并进一步讲解事件处理法的应用。

实训6-5 团队培训方法

实训形式 角色扮演法

实训步骤

第一步：实训前准备。要求学生在实训前阅读角色扮演法相关理论知识。

第二步：学生对以下案例进行分析。

案例分析 过期面包

假设你是某食品公司的一名员工，你在一辆载着过期面包的公司卡车上，准备到偏远的地区把这些面包销毁，但在半路遇见了一群难民，他们非常饥饿，这些难民知道车里有吃的，并堵住了前方的道路，当场还有刚刚赶来的记者。在这种情况下，作为公司的员工，你会如何来处理这件事情，既不让记者报道公司把过期的面包给难民吃，又让难民可以吃到这些救命的面包。（注：车不可以回去，车上只有面包，不可以贿赂记者。）

第三步：学生以小组为单位进行角色扮演。

第四步：学生填写实训表（见表6-5）。

表6-5 角色扮演实训表

姓名__________ 学号__________ 小组号__________ 成绩__________

1. 作为该食品公司的员工，应该如何处理此次事件？	
2. 记者应该如何报道此次新闻？	
3. 通过此次角色扮演，你对这个方法有何评价？	

第五步：小组讨论，并推荐一名代表发言。

第六步：教师结合角色扮演及学生代表发言，进一步讲解角色扮演法的相关理论。

单元四　团队培训技巧

团队培训涉及培训师、培训组织、培训反馈等各个环节，任何一个环节的疏忽都会影响团队培训的整体效果，因此要从培训师主体、培训实施环节入手，掌握团队培训技巧。

一、培训师做好充分准备

1．充分分析培训学员

学员的教育背景、人数、岗位等都将影响团队培训的具体模式及培训效果，因此培训师要在培训前充分、准确地掌握学员的相关特性，如学历、岗位、年龄、性别等，并进行科学分析，以形成有针对性的培训课程及方案。

2．精心准备培训内容

培训师要根据学员的特性，结合培训组织方的培训需求，科学设计培训内容，选择合理的培训方法，做到有的放矢、准备充分。

3．充分准备好“自己”

培训师要在课程开始前，仔细检查培训过程中可能使用的活页纸、学员手册、演示文稿等材料，充分了解培训现场环境，并能熟练使用培训相关设备。培训前一天做好休息，以确保能够以旺盛的精力参与团队培训。

4．科学决定学员分组

团队培训是学员之间可以互相学习的重要途径，科学分组则能够增强团队学习的效果。为此，培训师要在精确掌握培训人数的基础上，采用合理的分组方法，组建人数均衡、成员互补的学习团队。

5．事先规划行程安排

如果培训师是外请的，则需要提早做好相关行程安排，确保培训如期举行。

二、培训课程的科学管理

（一）课程实施的前期准备工作

在培训课程开始前要做好各方面的准备工作，这是培训成功实施的关键。前期准备工作包括以下几个方面的内容。

1．参训学员的通知

如果先前的培训计划已明确了参训学员的组成，那么在培训实施前必须再进行一次审核，看有无变化，并确保通知到位。与此同时，要做好学员培训期间的岗位协调等工作。

2．培训后勤的准备

确认培训场地和设备，需考虑的相关因素包括：培训性质、交通情况、培训设施与设备、行政服务、座位安排、费用（场地费、餐费）等。

课堂延伸案例　培训会桌椅摆放方式

培训前桌椅的摆放非常有讲究，组织者应根据培训要求选择最合适的摆台方式，不仅可以充分利用场地，还能提升培训效果。一般来讲，培训中桌椅的摆放方式包括：课桌式摆放、剧院式摆放、回字形摆放和U形摆放等。课桌式摆放有桌子和椅子，非常适合培训；剧院式摆放是在留有过道的情况下，尽可能多地摆放座椅，使空间利用最大化，但不方便学员记录；回字形摆放适合人数较少的培训会议，对会议空间有一定的要求，前后不留缺口，椅子摆在桌子外围；U形摆放便于学员自由发言，营造轻松的氛围。

3．培训时间的确认

确认培训时间时需考虑的相关因素包括：学员的工作状况、培训时间的长度（原则上以不超过白天8小时、晚上3小时为宜，且中间要有间断性休息）、符合培训内容、教学方法的运用、时间控制等。

4．培训资料的准备

培训资料的准备主要包括：课程资料编制、设备检查、活动材料准备、座位号或签到簿的印制、结业证书等。

5．与培训师的积极沟通

沟通内容主要包括：培训时长、培训地点、培训方式、培训内容等相关内容，确保培训正常开展。

（二）培训实施阶段的科学管理

1．培训前准备

（1）准备茶水，播放音乐。

（2）学员报到，要求在签到簿上签名。

（3）引导学员入座。

（4）课程及培训师介绍。

（5）学员心态引导，宣布课堂纪律。

2．培训开场

（1）有效“破冰”，加强培训效果。

（2）培训师做简要的自我介绍。

（3）提醒需注意的后勤安排和管理规则。

（4）清晰讲解培训主题及课程。

（5）明确提出培训目标，简要介绍培训纲要。

3．培训过程

（1）根据学员表现合理把握培训节奏。

（2）采用多种培训方法，提高学员参与度，保证培训效果。

（3）合理安排培训中场休息或茶歇时间。

（4）要在培训中及时回顾所学的知识或理论。

（5）培训内容要尽可能结合学员所从事的工作或熟悉的事物进行讲解。

（6）培训过程要有弹性，懂得权变。

4．培训结束工作

（1）培训师要向学员致谢，组织方也要向培训师表达谢意。

（2）做好培训后续工作的布置。

（3）可发放培训满意度调查问卷，并组织填写、收齐。

（4）安排学员离场，送别培训师。

（5）清理、检查培训设备及现场。

（6）做好培训问卷的整理、总结工作。

实训组织

实训6-6　培训方法应用实战

实训形式　培训模拟

实训步骤

第一步：实训前准备。要求学生提前阅读团队培训相关文献。

第二步：以小组为单位开展实训准备，实训内容是每个小组选择一种培训方法，就某一个团队小知识点给全班同学展开培训，培训时间需控制在10分钟以内。

第三步：小组填写实训表（见表6-6）。

表6-6　培训方法应用实战实训表

姓名________　学号________　小组号________　成绩________

1．培训的主题	
2．培训的主要内容	
3．培训方法	
4．培训进程安排	

第四步：各小组依次在班级中开展培训。

第五步：教师抽取小组代表发言。

第六步：教师点评各小组表现，并结合培训方法的理论知识进行讲解。

拓展资源

团队文化建设的“五星级音乐厅”理论

团队要把企业文化、团队精神传递给成员，就需要加强环境建设。团队文化建设“五星级音乐厅”理论认为，只要环境变化强度够大，就能在短时间内让人性发生改变。该理论的核心就是：通过营造特定的外部环境，强迫成员改变不好的行为。当然，这种情况下人性的改变是相对的，而不是绝对的，它仅仅是一种形式上的改变，但如果一直持续下去，则会由量变引起质变。这里的环境包括公共环境与公共财物。如卫生间、办公区地面以及电灯、空调和复印机等公共资源。

1．小题大做

“五星级音乐厅”理论的核心是通过营造“极端环境”来影响乃至改变人性，实现这一理论的唯一途径是吹毛求疵、小题大做。任何一个小细节都不能放过，只有对细节近乎偏执的执着才能起到震撼教育的作用。

2．切忌眉毛胡子一把抓

“五星级音乐厅”理论要求有极端的环境，需要抓重点，要把公司有限的资源投入最值得的地方，不宜面面俱到。

3．抓反复，反复抓

对于团队文化建设，团队要做好打持久战的准备。团队的文化建设工作就像是手捧一个装着沙子却满是漏洞的塑料袋，容易出现堵了上面下面漏，堵了下面上面漏的情况。所以，团队要持之以恒，坚持不懈，通过不断累积“抓”的次数，耐心等待“习惯”的到来，实现量到质的转变。

同步强化训练

一、单项选择题

1．下列关于讲授法，说法正确的是（　　）。

A．此类方法适用于团队管理人员或技术人员了解专业技术发展方向等方面知识

B．此类方法讲授内容集中于某一专题，便于学员加深理解

C．此类方法对培训师要求较高，需要实时掌握整个培训进程

D．此类方法主要包括灌输式讲授、启发式讲授和画龙点睛式讲授三种具体方式

2．以下不属于参与型培训方法的是（　　）。

A．自学　　B．案例研究法　　C．头脑风暴法　　D．特别任务法

3．关于头脑风暴法的第二个阶段，下面说法不正确的是（　　）。

A．继续工作，合理处理剩下的想法

B．对那些提出荒谬想法的人进行批评教育

C．挑出需要保留的想法，并剔除那些无用的想法

D．仔细考虑剩下的想法并根据价值或有效性进行排序

二、多项选择题

1．团队培训的主要内容包括（　　　）。

A．知识培训　　B．技能培训　　C．素质培训　　D．个性培训

2．团队培训课程设计包括（　　　）要素。

A．课程目标　　B．课程结果　　C．课程内容　　D．课程模式

3．培训课程实施前，需要做好以下工作（　　　）。

A．参训学员的通知　　B．培训后勤的准备

C．培训时间的确认　　D．培训资料的准备

三、思考题

1．假设你是公司人力资源部负责人，请你设计一份企业新入职员工的培训计划。

2．你怎么理解参与型培训法？现实中如何应用？

综合实训二

企业团队培训实战

一、实训性质

本实训是针对模块五、六的团队构建相关知识进行的综合性实训。本次实训通过对校外企业进行真实的团队培训来锻炼学生的团队建设实践应用能力，以提高学生现场沟通、团队合作、团队培训等方面的综合能力，也是对学生综合心理素质的考查，有着非常明显的实践应用性。

二、实训目的

通过本次实训，一方面希望能推动学生将所学的团队构建、团队培训等理论知识应用于企业团队培训实战，实现理论的边学边用；另一方面，通过这样具有较大挑战性的企业团队培训实战，激发学生的团队合作精神，锻炼学生的心理素质和综合能力。

三、前导单元与后续单元

前导单元：团队构建、团队培训。

后续单元：团队激励、团队沟通、团队领导、团队冲突。

四、实训方式

校外企业调研；企业团队培训方案制作；企业团队培训实战。

五、适用企业

校外中小微企业或企业内的某个部门（大于或等于3人），建议是综合实训一所调研的企业或部门，以此能更深入分析和解决该企业或其部门的团队建设问题。

六、完成时间

一个星期（课余时间）。

七、实训组织

1．企业团队培训方案的前期调研

（1）以小组为单位，以校外中小微企业或其部门为调研对象，结合“××企业团队建设诊断分析报告”，开展培训方案调研。

（2）小组的调查内容包括：

①企业（部门）的培训需求点是什么？

②企业（部门）员工所期望的培训方式是什么？

③企业（部门）所能提供的培训场所、条件有哪些？

④需明确的其他相关内容。

2．企业调研信息的整理

3．企业团队培训方案制作

（1）培训内容原则上应仅针对某一个知识点，且能结合该企业团队建设现状，尽可能做到讲深讲透。

（2）培训时长一般不超过30分钟。

（3）培训要求有PPT、教案以及相关培训辅助材料。

4．企业团队培训实战

（1）小组所有成员提早一个小时到达双方事先约定的培训场地。

（2）学生做好相关培训准备。

（3）学生展开培训。

（4）企业现场评价。

5．上交企业团队培训材料

（1）填写企业团队培训汇报表并上交，汇报表格式如下：

企业团队培训汇报表

班级＿＿＿＿＿＿＿＿ 小组号＿＿＿＿＿＿＿＿ 组长姓名＿＿＿＿＿＿＿＿ 联系方式＿＿＿＿＿＿＿＿

培训企业名称：	培训企业地址：
企业员工总人数：	培训时间：
培训方式：	培训人数：
培训纲要（另附三分钟的现场视频或视频剪辑）：	
培训效果主观评价（由企业方主要负责人做出评价）：	
评价人职务：	评价人联系方式：
小组实训感受：	

（2）上交3分钟的培训视频或视频剪辑。

（3）上交培训对象对本次企业团队培训的满意度评价表，评价表格式如下：

企业团队培训满意度评价表

评价培训名称：____________________

评估人所在部门：____________________

请您结合本次培训，对培训人及培训内容进行评价（请在评价等级中给出具体分值）。

评价内容	优秀（10～9分）	良好（8～7分）	一般（6～5分）	较差（4～3分）	很差（3分以下）
（1）培训主题清楚、结构清晰					
（2）知识讲授、案例、游戏等培训形式的安排合理、科学					
（3）培训中的一些观点可以应用于企业团队建设实际					
（4）培训内容的选择有价值性					
（5）培训准备充分					
（6）培训人表达技巧					
（7）培训人对培训内容有深刻的认识，具备丰富的相关知识					
（8）培训内容讲解的吸引力					
（9）培训辅助材料或手段的运用					
（10）对本次培训整体满意程度					
总分值					

您对培训内容、培训人以及今后培训安排和方向等方面还有其他建议吗？

____

八、实训成绩评定

1．成绩构成

培训教案（15%）+培训PPT（15%）+企业培训满意度评价平均分（55%）+培训视频（15%）。

2．评分标准

（1）培训教案的评分标准：

教案格式的规范性（15%）	内容的结构性、逻辑性（20%）	内容的科学性（25%）	培训方法的合理性（20%）	培训方案的可执行性（20%）
教案的整体格式是否完整？语言是否规范？表达是否清晰？	教案的整体结构是否清晰？逻辑性如何？	培训内容是否符合团队建设相关理论？科学性如何？	培训方法是否科学合理？是否符合员工需求？	培训方案的整体可执行性如何？是否符合企业实际情况？

（2）培训PPT的评分标准：

PPT的美观、实用性（20%）	PPT的格式、语言规范性（20%）	PPT内容的逻辑性（30%）	PPT内容的科学性（30%）
PPT整体是否美观、简单、大方，且实用？	PPT的文字、语句是否规范？格式是否规范？	PPT内容的层次性如何？层次间是否有逻辑性？	PPT所呈现的内容是否科学？

（3）培训视频的评分标准：

拍摄的清晰度（20%）	拍摄的美观度（20%）	视频内容的完整性（30%）	培训效果（30%）
所拍摄的视频是否清晰？声音、画面质量如何？	视频的整体拍摄效果如何？	视频是否能较好且全面地反映整个培训？	视频中所呈现出来的培训效果如何？

模块七 团队激励

学习目的

通过教学，让学生了解团队激励的理论基础，掌握团队激励的方式，并能够灵活运用。

教学手段

知识讲授；案例分析；团队游戏。

单元一　团队激励的理论基础

理论知识点

一、激励的含义

激励是指影响人们的内在需求或动机，从而加强、引导和维持其行为的活动或过程。《韦氏新世界词典》中对激励一词的解释是“向别人提供积极性或以积极性影响别人”，其中“积极性”的意思是“促使一个人做事或以某种方式行事的内心动力、冲劲或意欲”。所以，激励涉及如何激发一个人内心深处促使其行为的东西，即激发人的内在动机或潜能。

从管理活动角度讲，激励的目的是使人产生工作动力，也就是人们常说的调动积极性，即组织通过满足员工的需要，引导和强化其行为的过程。因此，团队激励的目的是调动团队及团队成员的积极性，激发团队成员的动机与潜能，高效地实现团队既定的共同目标。

二、激励的过程

心理学家指出，人类的行为基本上都是动机性的行为，也就是说，人的行为都有一定的动机，这种动机起源于人的需要和欲望。当需要未被满足时，就会产生内心紧张，使人的身体或心理失去平衡而感到不舒服，进而激发个体的内驱力，这种内驱力会导致寻求某种特定目标的行为。如饥饿时，人的大脑会支配人去寻找食物；口渴时，人的大脑会支配人去寻找水源。这种大脑指挥人去行动的心理过程就是动机。当目标达到之后，原有的需要和动机也就消失了。

课堂延伸案例 小王的求职经历

小王是即将毕业的贫困大学生，正面临找工作的问题。由于平常很内向，再加上不自信，她感觉到前所未有的压力。就在临毕业前的2个月，学校要组织专场招聘会，小王很期待，但又担心自己能力不足，所以很犹豫，也很紧张。同宿舍的小李是一个“热心肠”，也是一个很活跃的人。看到小王的状态，小李鼓励小王要去面试，并且表示会跟她一起去面试。但由于各种原因，小王没有被任何一家公司录用，她很难过，且压力倍增。同宿舍的其他同学陆续都找到了工作。这时，大家向小王伸出援手，不仅鼓励她，而且还提供给她一些就业信息。在同学们的鼓励下，小王重新找回就业的信心，最终如愿找到了工作。

激励不仅是一种行为，也是被激励者的需要获得满足的过程。因此，激励的过程就是从未能得到满足的需要开始，以需要得到满足或未得到满足而产生新的需要而告终（见图7-1）。

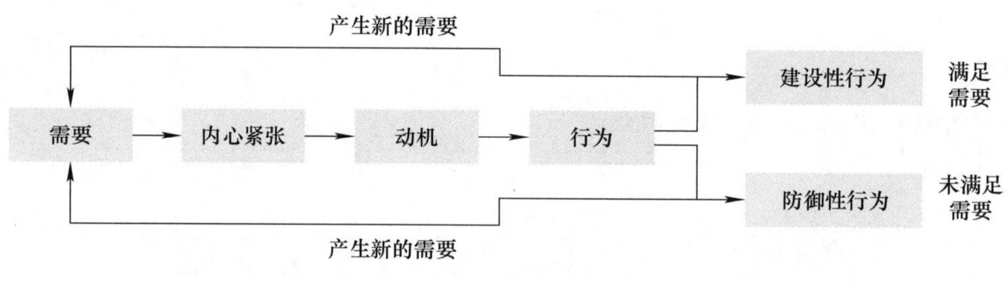

图7-1　激励的过程

对于团队而言，被激励的团队和团队成员为了实现既定目标而处于一种紧张状态，团队成员会为此努力工作，紧张强度越大，努力程度也就越高。如果这种努力能够成功地满足团队需要，实现团队既定目标，那么紧张感将会减轻直到消除，这样的努力过程也正是团队激励的过程。

三、团队激励的理论基础

需要层次理论

激励理论是现代管理学的重要内容，从激励的起点和过程两个角度可以分为内容型激励理论和过程型激励理论。内容型激励理论重点研究激发动机的诱因，主要包括马斯洛的需要层次理论、奥尔德弗的ERG需要理论、麦克利兰的成就激励理论和赫茨伯格的双因素激励理论等；过程型激励理论则着重研究人从产生动机到采取行动的心理过程，其主要任务是找出对行为起决定作用的某些关键因素，弄清它们之间的相互关系，以预测和控制人的行为，主要包括亚当斯的公平理论、弗鲁姆的期望理论和斯金纳的强化理论等。

（一）内容型激励理论

1. 马斯洛的需要层次理论

马斯洛需要层次理论是人本主义科学理论之一，由美国心理学家亚伯拉罕·马斯洛（Abraham Maslow）于1943年在《人类激励理论》论文中提出。他将人类需要从低到高分为五个层次，分别是：生理需要（Physiological Needs）、安全需要（Safety Needs）、爱与归属需要（Love and Belonging Needs）、尊重需要（Esteem Needs）和自我实现需要（Self-actualization Needs）。在自我实现需要之后，马斯洛还提出了自我超越需要（Self-transcendence Needs），但通常不作为需要层次理论中的必要层次，大多数情况下会将自我超越需要合并至自我实现需要中。1954年，马斯洛在《激励与个性》一书中又探讨了他早期著作中提及的另外两种需要：求知需要和审美需要，他认为这二者应居于尊重需要与自我实现需要之间。马斯洛需要层次理论中五个层次的具体内容如图7-2所示。

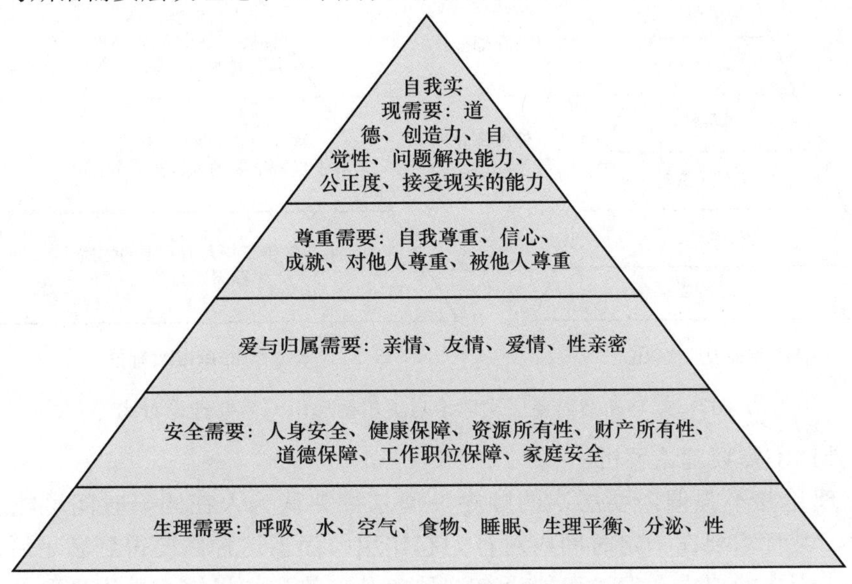

图7-2　马斯洛需要层次理论

马斯洛需要层次理论解析：

（1）需要层次是一种刚性阶梯式上升结构，即认为较低层次的需要必须在较高层次需要之前得到充分满足，具有不可逆性；并认为一个人在某一层次的需要尚未得到满足时，可能会停留在这一需要层次上，直到获得满足为止。

（2）该理论有两个基本出发点，一是人人都有需要，某层需要获得满足后，另一层需要才会出现；二是在多种需要未获满足时，首先满足迫切需要。该需要满足后，更高层次的需要才显示出其激励作用。

（3）一般来说，某一层次需要获得相对满足后，就会向高一层次发展，追求更高一层次的需要就成为驱使行为的动力，而已获得基本满足的需要就不再是一股激励力量。

（4）五种需要可以分为两级，其中生理需要、安全需要、爱与归属需要都属于低级需要，这些需要通过一定的外部条件就可以满足；尊重需要和自我实现需要则是高级需要，只有通过内部因素才能满足，而且一个人对尊重和自我实现的需要是无止境的。

（5）同一时期，一个人可能有多种需要，但每一时期总有一种需要占支配地位，对行为起决定作用。任何一种需要都不会因为更高层次需要的发展而消失，各层次的需要相互依赖和重叠。高层次的需要发展后，低层次的需要仍然存在，只是对行为的影响大幅度减小。

2．奥尔德弗的ERG需要理论

美国耶鲁大学的克雷顿·奥尔德弗（Clayton Alderfer）在马斯洛需要层次理论的基础

上，进行了更接近实际经验的研究，提出了一种新的人本主义需要理论。奥尔德弗认为，人们共存在三种核心需要，即生存（Existence）需要、相互关系（Relatedness）需要和成长发展（Growth）需要，因而这一理论被称为“ERG需要理论”。马斯洛需要层次理论与奥尔德弗ERG需要理论的对比如图7-3所示。

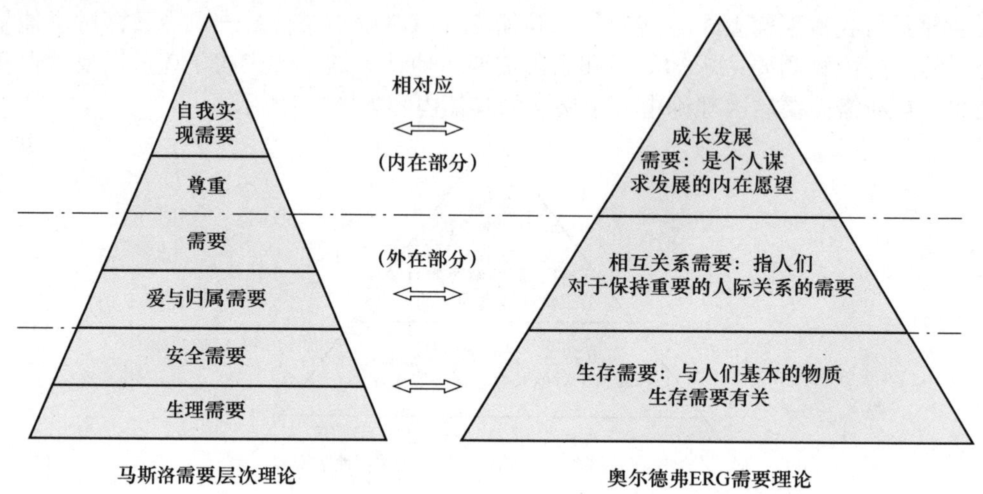

图7-3　马斯洛需要层次理论与奥尔德弗ERG需要理论对比

奥尔德弗ERG需要理论解析：

（1）该理论并不强调需要层次的顺序。奥尔德弗认为人在同一时间可能有不止一种需要起作用，某种需要在一定时间内对行为起作用，而当这种需要得到满足后，可能会产生对更高层次需要的追求，但也可能没有这种上升趋势。如果较高层次需要的满足受到抑制，那么较低层次的需要会变得更加强烈。

（2）该理论并不认为各类需要层次是刚性结构。比如说，即使一个人的生存需要和相互关系需要尚未得到完全满足，他仍然可以为成长发展需要而努力工作，这三种需要可以同时起作用。

（3）该理论提出了一种“受挫—回归”的思想。即认为，当一个人在某一更高层次需要的满足上受挫时，那么作为替代，其某一较低层次的需要可能会有所增加（见图7-4）。例如，如果一个人的社会交往需要得不到满足，可能会增强其对得到更多金钱或更好工作条件的渴望。

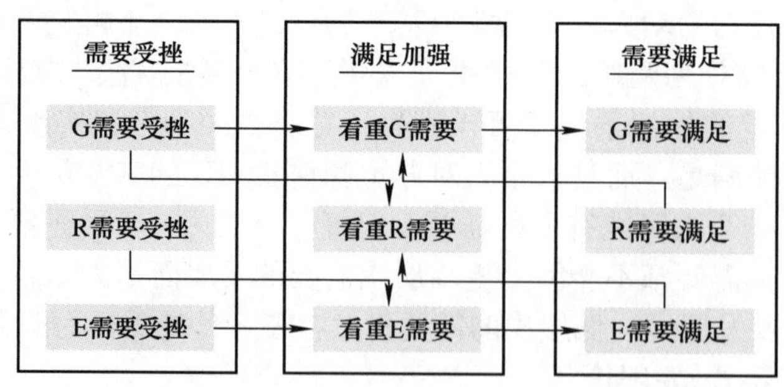

图7-4　ERG需要理论的“受挫—回归”思想

3．麦克利兰的成就激励理论

成就激励理论是由美国哈佛大学教授戴维·麦克利兰（David McClelland）通过对人的需要和动机进行研究，于20世纪50年代在其一系列文章中逐步提出的。麦克利兰把人的高层次需要归纳为对成就、权力和亲和的需要。

（1）成就需要（Need for Achievement）：争取成功并希望做到最好的需求。理论认为，具有强烈成就需要的人渴望将事情做得更加完美，提高工作效率，获得更大的成功，他们并不看重成功所带来的物质奖励，而是追求在争取成功的过程中克服困难、解决难题、努力奋斗所带来的乐趣，以及成功之后的个人成就感。个体的成就需要与其所处的经济、文化、社会、政府等环境的发展程度有关。

（2）权力需要（Need for Power）：影响或控制他人且不受他人控制的需求，也是影响和控制别人的一种愿望或驱动力。不同的人对权力的渴望程度是不同的。权力需要较高的人对影响和控制别人表现出极大的兴趣，喜欢对别人“发号施令”，注重争取地位和影响力；喜欢争辩、健谈、直率且头脑冷静；善于提出问题和要求；喜欢教训别人，并乐于演讲；喜欢具有竞争性和能体现较高地位的场合或情境。有着高权力需要的人也会为了获得地位和权力或为了与自己已具有的权力和地位相称而追求出色的业绩。适当的权力需要是管理成功的基本要素之一。

（3）亲和需要（Need for Affiliation）：建立友好、亲密的人际关系的需求，也是寻求被他人喜爱和接纳的一种愿望。高亲和需要的人更倾向于与他人进行交往，这种交往会使其感到愉快，他们渴望亲和，喜欢合作而不是竞争的工作环境，希望彼此之间有更多的沟通与理解，对环境中的人际关系更为敏感。有时，亲和需要也表现为对失去某些亲密关系的恐惧和对人际冲突的回避。亲和需要是保持社会交往和人际关系和谐的重要条件。

4．赫茨伯格的双因素激励理论

20世纪50年代末期，美国行为科学家弗雷德里克·赫茨伯格（Fredrick Herzberg）和他的助手们在美国匹兹堡市对200名工程师、会计师进行了调查访问。访问主要围绕两个问题：在工作中哪些事项会让他们感到满意，并估计这种积极情绪的持续时间；又有哪些事项会让他们感到不满意，并估计这种消极情绪的持续时间。赫茨伯格以受访者对这些问题的回答为基础，分析研究哪些事情使人们在工作中感到快乐和满足，哪些事情会造成不愉快和不满足。结果发现，使员工感到满意的都是属于工作本身或工作内容方面的，称为激励因素；使员工感到不满意的都是属于工作环境或工作关系方面的，称为保健因素。因此该理论被称为双因素激励理论（Dual-factor Theory），也称激励因素-保健因素理论（Motivation-hygiene Theory），如图7-5所示。

赫茨伯格认为，满意和不满意并非共存于单一的连续体中，而是截然分开的，这种双重的连续体意味着一个人可以同时感到满意和不满意，还暗示着工作条件和薪水等保健因素并不能影响人们对工作的满意程度，而只能影响其对工作的不满意程度。

双因素理论的核心在于“只有激励因素才能够给人带来满意感，而保健因素的改善只能消除人的不满，但不会带来满意感”这一论断，因此如何认定与分析激励因素和保健因素并“因材施政”才是管理的关键。

激励因素（内在因素）	保健因素（外在因素）
涉及对工作的积极感情，又和工作本身的内容有关，包括： 工作富有成就感、工作本身具有挑战性、工作成绩得到社会认可、职务上的责任感、职业上能得到发展和成长	涉及工作的消极因素，也与工作的氛围和环境有关，包括： 公司的政策、管理制度、监督、工作条件、薪水、地位、安全、人际关系

若能满足，可以极大地激发员工的热情，调动员工的积极性，提高工作效率；而如果不能满足，虽无关大局，但也会引起员工的不满，严重影响工作效率	若能改善，虽不能使员工变得非常满意或调动其工作积极性，却能解除员工的不满；而若不能得到改善，往往会使员工产生不满情绪、消极怠工，甚至引起罢工等对抗行为

图7-5　双因素激励理论

（二）过程型激励理论

1．亚当斯的公平理论

公平理论又称社会比较理论，由美国心理学家约翰·亚当斯（John Adams）于1965年提出。该理论是研究人的动机和知觉关系的一种激励理论，侧重于研究工资报酬分配的合理性、公平性及其对员工生产积极性的影响，认为员工的激励程度来源于对自己和参照对象的报酬和投入比例进行比较的主观感觉。

亚当斯公平理论认为：人们的工作投入或付出包括自己受教育程度、经验、用于工作的时间和精力以及其他消耗等，人们所获得的工作报酬包括物质上的金钱、福利和精神上的受重视程度、表彰奖励等。人的积极性取决于其所感受的分配上的公正程度（即公平感），而这种公平感取决于历史比较与社会比较（见图7-6）。

每个人都会自觉或不自觉地对自己进行历史比较，同时也会自觉或不自觉地与他人进行社会比较。当人对自己的报酬做历史比较或社会比较的结果表明收支比率相等时，便会感受到公平，因而心理平衡、心情舒畅、努力工作；当认为自己的收支比率过低时，便会产生报酬不足的不公平感，且比率差距越大，这种感觉越强烈，这时员工就会产生挫折感、义愤感，甚至是破坏心理，进而影响工作积极性；少数时候，也会因认为自己的收支比率过高而产生不安或感激心理。当人感到不公平时，可能会千方百计地进行自我安慰，如通过自我解释，主观上形成一种公平的假象，以减少心理失衡，或选择另一种比较基准进行比较，以便获得主观上的公平感；还可能采取行动，改变自己或对方的收支比率，如要求给自己增加报酬、减少劳动投入或把他人的报酬降下来、增加他人的劳动投入等；还可能采取发牢骚、消极怠工、制造矛盾或离职等行为。

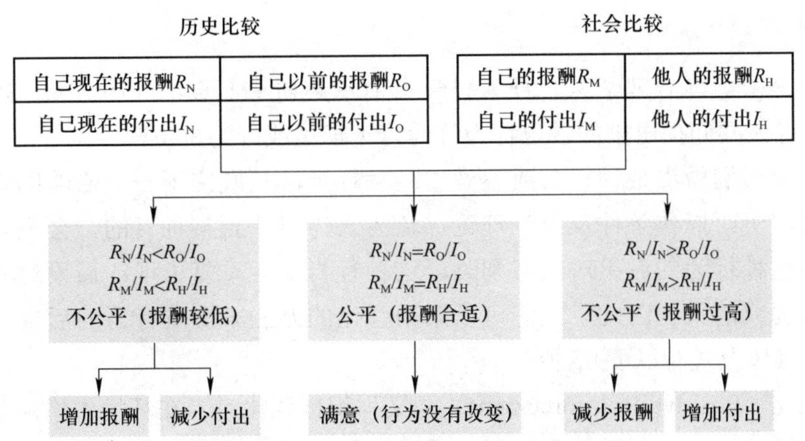

图7-6　公平理论的历史比较与社会比较

公平感直接影响人的工作动机和行为。因此，从某种意义来讲，动机的激发过程实际上是人与人进行比较，做出公平与否的判断，并据以指导行为的过程。

2．弗鲁姆的期望理论

期望理论（Expectancy Theory）又称效价—手段—期望理论，是由北美心理学家、行为科学家维克托·弗鲁姆（Victor Vroom）于1964年在《工作与激励》一书中提出来的激励理论。

（1）期望理论的基本内容。弗鲁姆的期望理论阐明了激励员工的方法，他认为：某一活动对于调动个体的积极性、激发其内在潜力的激励力量（Motivation）强度，取决于效价（Valence）和期望值（Expectancy），效价即达成目标后满足个人需要的价值大小，期望值即根据以往经验判断能实现预期目标的概率，可用公式表示为：

激励力量=效价×期望值

（2）期望模式。怎样使激励力量达到最大，弗鲁姆提出了人的期望模式：

个人努力→个人成绩（绩效）→组织奖励（报酬）→个人需要

在这个期望模式中需要兼顾三方面的关系，这也是调动人们工作积极性的三个条件。

1）个人努力与个人绩效的关系。人总是希望通过一定的努力能够达到预期的目标，如果个人主观认为通过自己的努力达到预期目标的可能性较大，就会有信心，就能激发出较强的工作热情；但如果个人认为再怎么努力目标都不可能达到，就会失去内在动力，导致工作消极。但能否达到预期目标，不仅仅取决于个人的努力，同时还受员工自身能力和上级提供支持的影响。

2）个人绩效与组织奖励的关系。人总是希望取得成绩后能够得到奖励，这种奖励既包括提高薪水、多发奖金等物质奖励，也包括表扬、自我成就感、同事信赖、提高个人威望等精神奖励，还包括职位晋升等物质与精神兼而有之的奖励。如果员工认为取得绩效后能够得到合理的奖励，就可能产生工作热情，否则就会丧失工作的积极性。

3）组织奖励与满足个人需要的关系。人总是希望获得的奖励能够满足自己某方面的需要。然而由于人们各方面的差异，个人需要的内容和程度都可能不同，因而对于不同的员工采用同一种奖励，能满足其需要的程度是不同的，能激发出来的工作动力也是不同的。

3. 斯金纳的强化理论

强化理论是由美国心理学家、行为科学家伯尔赫斯·斯金纳（Burrhus Skinner）与赫西、布兰查德等人共同提出来的，也称为行为修正理论或行为矫正理论。

斯金纳认为人们做出某种行为或不做出某种行为，只取决于一个影响因素，就是行为的后果。他提出了“操作条件反射”理论，认为人为了达到某种目的，会采取一定行为作用于环境，当这种行为的后果对其有利时，这种行为就会重复出现；后果对其不利时，这种行为就会减弱或消失。因此，人们可以采用强化的办法来影响行为的后果，从而修正其行为。强化的具体方式有以下几种：

（1）正强化（Positive Reinforcement），又称积极强化。当在环境中增加某种刺激，有机体反应概率增加，这种刺激就是正强化对于组织而言，即是要奖励那些符合组织目标的行为，以使这些行为得到强化。正强化的方法包括奖金、对成绩的认可、表扬、改善工作条件和人际关系、晋升、安排挑战性的工作、给予学习和成长的机会等。

课堂延伸案例 / 员工敲锣

台湾有一家公司，在公司的大厅里放置了一个大铜锣，规定只要业绩突破100万新台币的人，就可以去敲一响，突破200万可以敲两响，以此类推。该公司的办公室紧临着大厅，所以只要这个铜锣被敲响，它的声音马上会传入所有的办公室内，此时大家都会知道有人突破百万大关了。当这位敲锣的同事步入办公室时，所有的人又都会起立鼓掌，给予他（她）以英雄式的欢呼。

（2）惩罚。当员工出现一些不符合组织目标的行为时，采取惩罚的办法可以约束这些行为少发生或不再发生。惩罚的目的是使所不希望的行为逐渐削弱，甚至完全消失。

（3）负强化（Negative Reinforcement），又称消极强化。当某种刺激在有机体环境中减少或消失时，反应概率增加，有机体力图避开的这种刺激，即为负强化。与惩罚不同，负强化强调的是一种事前规避。俗语“杀鸡儆猴”就形象地区别了惩罚与负强化，对出现了违规行为的“鸡”加以惩罚，意欲违规的“猴”会从中深刻地意识到组织规范的存在，从而加强对自己行为的约束。

（4）忽视。忽视是对已出现的不符合要求的行为进行“冷处理”，达到“无为而治”的效果。

对强化理论的应用，要考虑强化的模式，并采用一整套的强化体制。强化模式主要由“前因”“行为”和“后果”三个部分组成。“前因”是指在行为产生之前确定一个具有刺激作用的客观目标，并指明哪些行为将得到强化，如企业规定车间安全生产中每月安全操作无事故定额。“行为”是指为了达到目标的工作行为。“后果”是指当行为达到了目标时，给予肯定和奖励；当行为未达到目标时，则不给予肯定和奖励，甚至给予否定或惩罚，以求控制员工的工作行为。

实训组织

实训 7-1　团队激励

实训形式　团队游戏

实训步骤

第一步：实训前准备。要求学生提前阅读团队激励的相关文献，了解本次实训的理论知识。

第二步：开展“爱要大声写出来”的团队游戏。

团队游戏　爱要大声写出来

（1）给每位学生5分钟时间，如实在纸条上写出对其他同学的赞扬。

（2）写好后，同学要把赞扬的纸条送到对方手上，并且要与对方进行目光交流。

（3）送达完毕，同学回到自己座位，对方打开纸条。

（4）教师抽取部分同学念出纸条上的赞扬之词。

第三步：教师抽取收到纸条的同学，谈谈内心感受。

第四步：教师总结，提出团队激励的重要性，进一步巩固理论知识点。

实训 7-2　团队激励理论的应用

实训形式　案例分析

实训步骤

第一步：实训前准备。要求学生提前阅读团队激励理论的相关文献，了解本次实训的理论知识。

第二步：以6～8人为一个小组，对以下案例进行分析。

案例分析　海尔的员工激励

海尔文化的特色之一就是通过研究和满足员工的需要来调动其积极性。海尔认为研究员工的需求，目的就是在完成组织目标的前提下，尽可能满足其个人需求。组织将员工的利益同组织联系在一起，离开组织就无法满足个人的需求。只有这样，才能调动员工的积极性。并且海尔认为，员工为企业拼命工作，企业就要主动考虑员工的需要，甚至个人的特殊需要。

海尔允许员工竞争领导岗位，甚至在员工层面制定了“三工并存，动态转换”等奖罚措施，既通过设置切实可行的目标给人以期望，又通过制度强化员工动机和行为。如成为“优秀员工”的升级，即为正强化；成为“不合格员工”的降级，即为负强化。通过这样反复不断地强化，促使每个员工认同新的、更高的共同目标并为之努力。张瑞敏说：“我们靠的是建立一个让每个人在实现集体大目标的过程中充分实现个人价值的机制。这种机制使每位员工都能够找到一个发挥自己才能的位置。我们创造的是这样一种文化氛围，你干好了，就会得到正激励与尊重；同样，干得不好，就会受到负激励。”他解释说，之所以不叫惩罚而叫负激励，其目的在于教育你不再犯同样的错误，而不仅仅是简单地让你付出点代价。

好的公司内部都会存在一种表扬文化，海尔也不例外。“海尔企业文化手册”中明确规定了海尔的奖励制度：

海尔奖：用于奖励本集团内各个岗位上的员工对企业所做的突出贡献。

海尔希望奖：用于奖励企业员工的小发明、小改革及合理化建议。

命名工具：凡本集团内员工发明、改革的工具，如果明显地提高了劳动生产率，可由所在工厂逐级上报厂职代会审核，以发明者或改革者的名字命名，公开表彰宣传。

这些奖项无疑是一种激励的源泉。当获奖者的新闻通过分发到每位员工手中的《海尔人》、领导讲话和闲聊等渠道传开之后，这样的竞争就成为成千上万员工投身工作的强大力量。

第三步：学生填写实训表（见表7-1）。

表7-1　团队激励理论的应用实训表

姓名＿＿＿＿＿＿　学号＿＿＿＿＿＿　小组号＿＿＿＿＿＿　成绩＿＿＿＿＿＿

请同学们仔细阅读上文案例，并回答下述问题	
1．案例中海尔是从哪些方面进行员工激励的？	
2．请用相应的激励理论解释这些激励能够达到的效果：	
3．除此之外还可以采用哪些激励理论中的知识对员工进行激励？	

第四步：小组讨论，并推荐一名代表发言。

第五步：教师对各小组成员的观点进行点评、分析，总结团队激励理论及其具体的应用。

单元二　团队激励的方式

理论知识点

团队激励的方式多种多样，不同激励方式具有不同的导向性，其激励效果也不尽相同，因此需要因时制宜、因地制宜和因人制宜地选择恰当的激励方式。在这里我们介绍几种常用的团队激励方式。

一、团队目标激励

目标是行动所要得到的预期结果。目标同需要一起调节着人的行为，把行为引向一定的方向，目标本身是行为的一种诱因，具有诱发、导向和激励行为的功能。因此，通过设定适当的目标，能够激发人的动机，调动人的积极性。团队目标激励就是通过设定团队目标，并将其分解成每个团队成员的个人目标，来激发团队成员的动机，引导其行为，使团队成员的个人目标与团队目标紧密地联系在一起，以激励团队成员的积极性、主动性和创造性。

发挥团队目标激励的作用，应注意以下几点：

（1）尽可能使团队成员个人目标与团队目标相一致。

（2）设定的团队目标方向应具有明显的社会性。

（3）团队目标的难度要适当。

（4）团队目标的内容要具体、明确，有定量要求。

（5）既要有近期的团队阶段性目标，又要有远期的团队总体目标。

二、团队信任激励

信任激励是一种基本的激励方式。团队成员之间的相互理解和信任是一种强大的精神力量，有助于促进人与人之间的和谐，有助于形成团队精神和凝聚力。

对团队成员的信任主要体现在平等待人，以及尊重团队成员的劳动、职权和意见等方面。授权是充分体现对团队成员信任的一种方法。人人都想实现自我价值，充分授权是对团队成员的信赖和尊重。刘备“三顾茅庐”力请诸葛亮，显出一个“诚”字；魏征直言敢谏，得益于唐太宗的一个“信”字。这些历史故事都体现了领导者对人才的充分信任所形成的激励作用。信任可以缩小团队成员之间的距离，使其充分发挥主观能动性，使团队发展获得强大的原动力。

课堂延伸案例　团队信任“冰山模型”

小李所在的企业是一家皮鞋生产企业，从最初只有3个工人的小作坊，发展至现在拥有几千名员工的大型企业，只用了短短的5年时间。发展速度如此之快，一个不可忽视的原因就在于企业组织内有着很高的团队信任感。而这种团队信任感的建立得益于企业在会议中所实施的团队信任“冰山模型”。在冰山的下半部分，即在冰山水平面以下的部分有三个问题：一是成员曾经思考过，但是没有说出来的事情；二是成员感受到，但是没有表达出来的事情；三是成员观察到，但是没有指出来的事情。企业领导者鼓励大家在会议中敞开心扉，真诚地分享团队信任“冰山”下的三个问题。通过这样坦诚的沟通，该企业的团队成员间建立了很强的信任感，提升了团队凝聚力和士气，激励着团队成员同舟共济，也推进企业的可持续发展。

信任对团队成员个体的激励作用表现在以下三个方面。

1．信任是人生的动力源

人生前行的动力主要源于精神上的刺激，信任之所以能给人精神上带来强大的动力，主要基于两个方面：一是因为人是“脸面动物”，活在世上就是追求尊重与认同，以此来体现自我价值，而信任就是一种尊重和认同；二是因为人是“感恩动物”，给人信任就是给人知遇之恩，有时人在乎的并不是自己是什么样的人，而是别人将其当作什么样的人。

2．信任是自信的催化剂

一个人能否获得成功，从自身因素来讲，主要取决于意志和能力。意志对于人生尤为重要，因为只要矢志不移，能力就能在其反复的实践中得到锻炼和提升。而最能体现意志的就是人的自信，有了自信，人才能正确面对失败和坎坷，才能一次次地从挫折中积累经验，走向成功。而这种自信，除了靠自己在历练中积累之外，更多的是源自于别人的鼓励和信任，尤其是团队管理者（领导者）的信任。

3．信任是忠诚的塑造点

团队情感激励

判断一个团队的凝聚力和战斗力，成员的忠诚度是一个相当重要的标志。成功的企业、团队都非常重视对成员忠诚度的培育。只有这样，才能使不同成员的思想和行动保持一致，才能保证集体利益的最大化。而信任则是这种忠诚度的一个重要塑造点，信任给人的不仅仅是一种态度，更是一种亲和力，甚至是一种“俘虏”，古语“士为知己者死”，说的就是这个观点。

三、团队情感激励

据国外科学家测定：一个人平常表现的工作能力水平与通过激励可能达到的工作能力水平存在着50%左右的差距，可见人们的内在潜能有多大。因此团队管理者（领导者）既要抓好各种规范化、制度化的刚性管理，又要注意各种随机性因素，注重感情的投入、交流，以及人际互动关系，充分发挥“情感激励”的作用。

情感是影响人们行为最直接的因素之一。情感激励就是通过强化感情的交流与沟通，协调团队管理者（领导者）与团队成员之间的关系，让团队成员获得情感上的满足，从而激发团队成员工作积极性的一种激励方式。通过情感激励团队能够建立良好的情感关系，激发每个成员的士气，从而实现团队的共同目标。在团队管理实践中，主要有以下七个具体方法。

1．团队管理者（领导者）行为的“垂范激励”

团队管理者（领导者）管理能力的有效性和稳定性取决于团队成员的社会赞同。受到团队成员认可和赞同的团队管理者（领导者）在对团队成员施加影响时，要比那些未受到认可或赞同的团队管理者（领导者）更为有效。而团队管理者（领导者）的“率先垂范”对于提高团队成员对其的认同感非常有效。

2．日常交往中的“融通激励”

团队管理者（领导者）与团队成员的接触是正常的、大量的，这些接触正是实施“情感激励”的最佳时机。团队管理者（领导者）在团队成员面前的主动、耐心，神情语言的平易、谦和，都可以增强彼此的信赖和理解，这种心理上的融通交流更能促进团队和谐。

3．布置工作时的“沟通激励”

布置工作是落实团队决策的关键。对此，团队管理者（领导者）应有充分的思想准备，讲话要清楚、果断，语气要充满自信，让团队成员受到鼓舞和感染。同时应随时注意与团队成员进行感情上的沟通交流，适时提出问题并给团队成员以思考、回答的余地，让团队成员感受到情感上的体贴及人格上的尊重，进而激励团队成员努力工作。

4．交代任务时的“授权激励”

团队管理者（领导者）要参考团队成员的个性、能力、特长、人际关系等具体情况，分别交办不同的任务，并对其表现出充分的信任和关切。交代任务，意味着要下级承担一定的责任，因此，应同时授予其相应的权力，并为其正确行使职权提供必要的帮助。权力是完成任务的条件，而责任是赋予相应权力的依据。通过上级的委任授权，下级既具备了完成任务的基本前提，又从委任者那里感受到信任和关切，势必会尽职尽责地把事情办好。

5．决策过程中的“参与激励”

参与意识是随着人类生活水平的提高而不断增强的实现自我价值需求的表现。因此，团队管理者（领导者）在决策过程中，要多体现民主的工作作风，即便自己已经胸有成竹，也应该以虚怀若谷的态度，征询他人意见。只有让成员们明确组织的目标，并为他们提供献计献策的机会，才能满足成员实现自我价值的欲望，激发他们创造性思维的火花。

6．发生矛盾时的“宽容激励”

团队成员间发生矛盾和冲突是在所难免的，团队管理者（领导者）应以豁达的态度泰然处之，不能耿耿于怀，更不能蓄意报复。即使团队成员的态度比较恶劣，也要本着“团队大事讲原则，个人小事不计较”的精神去消除和淡化矛盾，必要时团队管理者（领导者）可于事后主动找对方谈心、交换意见，以期圆满解决。这样处理不仅不会有损于团队管理者（领导者）的形象，反而可以树立高的威信，加深其与团队成员之间的理解与沟通。

7．取得成绩时的“赞美激励”

人总是渴望得到别人的赞美和肯定。赞美能赋予人一种积极向上的力量，能够极大地激发人对事业和生活的热情。因此，当团队成员取得成绩时给予一定的赞美，能够激励其更加努力。

四、团队竞争激励

竞争是行为激励法的一种，它将“优胜劣汰”原则引入团队工作，使团队活动具有某种集体强化的自觉机制。竞争激励的强化与奖惩激励的强化不同，竞争激励不是自上而下压过来的，而是竞争对手间相互的强化激励；它不是外部诱因的刺激，而是内心激奋的结果。

人或多或少会有争强好胜的心理。在团队内部建立良性的竞争机制，是一种积极、健康、向上的引导和激励。团队管理者（领导者）摆一个“擂台”，让团队成员分别上台较量，能充分调动他们的积极性、主动性、创造性和争先创优意识，全面提高团队的组织活力。团队竞争激励要注意以下四个问题。

1．正确的导向

要注意观察和引导团队成员对竞争的认识取向和行为倾向，防止竞争目标的偏离。导向机制包括目标导向、观念导向、舆论导向、政策导向等。

2．合理的安排

开展竞争活动不能采取“今天一个指标、明天一个立项、后天一个活动”的紧密安排，而是要把握好竞争活动的节奏，做到张弛有度，才能达到理想的团队激励效果。

3．公平的竞争

在竞争面前要保证人人平等，这种平等性是指给所有竞争者提供相同的竞争条件或统一的评价标准。良性竞争实际上也是一种赛场竞争，其竞赛规则要做到公平、合理。

4．良好的机会

鼓励竞争的目的是为了人尽其才，充分调动团队成员的积极性，因此必须为每一个团队成员提供良好的竞争条件，包括给予每个人能够获胜的机会，如尽才机会、失败复归机会、进修深造机会和进取机会等。机会的给予不能“定量供应”，也不能“平等供应”，更不能“按期供应”，而应该在团队成员事业发展的过程中，设立一个又一个的“里程碑”和“加油站”，从而使其在完成任务的同时，也能获得“能量的补充”。

五、团队奖惩激励

奖惩激励，又称为正负激励法，即采取正激励和负激励双向措施。正激励为奖赏，是对成员行为的肯定，目的是鼓励其行为继续进行下去；负激励为惩罚，是对成员行为的否定，目的在于制止其行为的发生。奖赏要进行得光明正大且能够服众，才能起到榜样作用。同时，如果团队成员的错误行为未遭到一定的惩罚，就有可能再犯同样的错误。

在团队管理中，如果奖罚得当，能进一步调动成员的积极性，起到激励的作用。奖励的形式多种多样，但基本上可分为物质奖励和精神奖励。其中物质奖励满足人的生理需要，精神奖励满足人的心理需要。例如，奖金、住房、生活用品等属于物质奖励；奖状、奖章、命名、标兵、模范、介绍经验、优秀事迹的宣传等属于精神奖励。而科技成果奖、晋升晋级则是物质与精神相结合的奖励。

六、团队文化激励

团队文化是推动团队发展的原动力，它对企业发展的目标、行为有导向功能，能有效地提高团队工作效率，对团队中的个体也有强大的凝聚功能。优秀的团队文化可以改善成员的精神状态，培养成员的自豪感和荣誉感。

1．团队文化对于团队成员精神层面的激励作用

团队文化对于团队成员精神层面的激励多来源于团队的精神文化层。团队精神文化在整个文化体系中处于核心地位，是指团队在组织活动中，受一定的社会文化背景、意识形态影响而长期形成的一种精神成果和文化观念，包括团队精神、团队价值观念、团队风貌等内容，是团队意识形态的总和。团队文化的精神激励是对团队成员的内在激励，即精神方面的无形激励，包括向团队成员授权，对他们工作绩效的认可，公平、公开的晋升制度，提供学习、发展和进一步提升自己的机会，实行灵活多样的弹性工作时间制度以及制定适合每个人特点的职业生涯发展道路等。精神文化激励是一项深入细致、复杂多变、应用广泛且影响深远的工作，是团队管理者（领导者）用思想教育的手段倡导团队精神，调动成员积极性、主动性和创造性的有效方式。优秀的团队文化能够发挥目标激励、信任激励、情感激励、竞争激励、奖惩激励等多种激励手段的综合作用，为成员提供良好的工作环境，从而激发他们的积极性，而这种积极性同时也成为团队发展的无穷力量。

2．团队文化对于团队成员物质层面的激励作用

团队文化中对于团队成员物质层面起激励作用的是团队的物质文化。团队物质文化是由团队成员创造的产品以及各种物质设施、团队品牌、旗帜、徽标、服饰等构成的器物文化，是一种以物质形态为主要研究对象的表层文化。而团队文化对于团队成员的物质激励作用是不可忽视的，通过直观、可触的器物文化可以持续激发成员对团队的认同感、归属感，提升团队凝聚力和士气。

实训组织

实训7-3　团队激励的方式

团队游戏：无敌风火轮

实训形式　团队游戏

实训步骤

第一步：实训前准备。要求学生提前阅读团队激励方式的相关文献，了解本次实训的理论知识。

第二步：以6～8人为一个团队，完成“无敌风火轮”游戏。

团队游戏　无敌风火轮

（1）由团队成员共同商议，确定团队的旗帜和口号。

（2）按讨论商议的结果和设计要求制作出真实的团队旗帜。

（3）团队共同努力，用报纸和透明胶带制作出一个能够容纳所有成员的环形履带（风火轮），大家进入履带（双脚站在履带贴近地面的部分内，手持履带上端），同时举起团队旗帜，喊着团队口号，从起点出发向终点前进，使履带滚动起来。在行进过程中，团队成员的位置不能调换，脚不能离开履带范围。若在行进中履带发生断裂，要停止行进，用透明胶带补好断裂处才能再次前进。到达终点时，以最后一位团队成员的脚越过终点线为止。

（4）按完成任务到达终点的先后顺序公布各团队的比赛成绩。

第三步：由团队管理者（领导者）组织团队成员讨论在整个比赛过程中存在的问题或取得的经验，以及每个团队成员所感受到的团队激励。

第四步：抽取学生代表发言。

第五步：教师总结，进一步讲解团队激励的方式，巩固理论知识点。

单元三　团队激励的应用

理论知识点

团队激励的应用

团队中有不同类型的成员，在进行激励时，应当针对不同类型的成员采取不同的激励方式，但无论是团队领导者还是团队成员，首先要学会的是自我激励。

一、团队成员的自我激励

自我激励是指通过自我约束和自我鞭策，使自己能够持续努力地工作，从而实现工作目标的激励方式。自我激励相对于其他激励方式而言，主要强调“自我”在激励中的作用。一个人要想成为优秀的团队管理者（领导者）或团队成员就必须成为有效自我激励的高手。不善利用自我激励的人很难实现自己在事业上的追求或目标。

对于团队管理者（领导者）而言，自我激励是在前进道路上披荆斩棘的利器。如果团队管理者（领导者）连自己都无法激励，就更没有资格和能力去激励团队中的其他成员。

进行自我激励时应注意以下七个方面。

1．科学的目标管理

很多人之所以缺乏自我激励的动力，是因为他们的目标模糊不清、缺乏吸引力，或遥不可及，从而使自己失去了动力。若想自我激励能够持续发挥作用，就需要设立合理的最终目标，并将最终目标分解为阶段目标，甚至是每日目标，从而使目标变得触手可及。

2．适当的奖惩措施

当按照自己的计划完成阶段性的工作任务和目标时，要对自己进行小小的奖励，比如美餐一顿或看一场电影等，以此来不断鼓舞自己；而当没有达成预定目标时，则要对自己进行小小的惩罚，比如多看一会儿书、少买一件衣服等，从而鞭策自己不断朝着预设目标而努力。

3．合适的竞争对手

竞争的魅力在于能够达到优胜劣汰的效果。想要每天保持激昂的斗志，可以从战胜自己的竞争对手开始，在不断超越别人的同时，也会一步步地超越自己。当然，竞争对手的选择要合理。

4．激发挑战的乐趣

许多人乐于迎接挑战，是因为在危机和挑战中蕴含着机遇，如果把困难看作是对自己的诅咒，就很难在工作中找到动力；而如果学会把握困难带来的机遇，自然会产生动力。

5．调试自己的情绪

人在开心的时候，体内会发生奇妙的变化，从而获得新的动力。所以，不要总想在自身之外寻找乐趣，快乐的真正源泉在于自己。情绪失常的时候，冲杯咖啡、听听音乐，或向别人诉说，都有利于调整自己的情绪、保持良好的状态。

6．保持适度的警醒

在自我激励不足的时候，想想失败后别人对自己的看法和态度，回忆一下自己曾经遭受过的坎坷和苦难，就会警醒，就能激发自己工作的斗志，达到自我激励的效果。

7．远离“不和谐”的言行

在自我激励的过程中，要能恰当地处理周围环境对自己的影响，避免因别人的消极言行而影响自己的信心和行动。

二、对团队一般成员的激励

1．科学的绩效制度

团队应把成员的工作绩效及其对团队的贡献与其报酬收入紧密结合起来。例如，在实行岗位责任制和劳动合同制的基础上实行结构工资制，将团队成员的实际收入与岗位责任、工作数量和质量挂钩，体现能者多劳、多劳多得、优质优酬的分配原则。

2．弹性的奖励方式

弹性奖励是指根据团队成员的需要，有针对性地选择奖励的时间和地点。根据激励理论，人的需要是多种多样的，有的人希望得到奖金，有的人需要更长的休假时间，有的人渴望晋升，还有的人更珍惜进修学习的机会。因此，以弹性的奖励方式代替固定不变的奖励制度，会起到更好的激励作用。

3．合理的权变激励

根据团队成员的特点，可以将其分为四种不同类型，相应地就要有不同的激励手段。

第一类团队成员，是善于听命执行的守成者。他们负责任、守纪律，但不愿冒险。对于这种特质的成员，要定期表扬，侧重于有形奖励。

第二类团队成员，是喜欢迎接挑战的叛逆者。他们喜欢行动、不重理论、追求自由。对于这类成员，要把新任务交给他们，激励手段是让他们去学习和组建新团队。

第三类团队成员，是有远见卓识的策略者。他们善于思考和分析复杂问题，不仅关注眼前利益，更重视未来发展。对于这类团队成员，可以采用更多授权或弹性工作时间的激励手段。

第四类团队成员，是追求环境和谐的尊重者。他们重视和谐的人际关系，追求公平。结合他们的优点，公开表扬他们对同事的友好或在工作中的合作精神，会起到一定的激励效果。

4．公平的激励原则

公平是激励的基本原则，在如今这样一个更加讲求集体主义、追求人人平等的时代，更应当注重如何做到真正的公平。分档次的激励是打破“大锅饭”、增加激励力度的重要措施，但也可能使部分团队成员在心理上感到不平衡。最好的办法是提高团队成员对薪酬决策的参与度，增加分配的透明度，使团队成员相信分配是公平的、差距是合理的。

三、对团队管理者（领导者）的激励

高素质的管理者（领导者）是团队成功的必要条件，要建立和完善团队激励制度，也需要对团队的管理者（领导者）实施有效的激励。

1．引入竞争机制

团队管理者（领导者）是团队的经营决策者，是联系团队成员的桥梁，是上情下达和下情上传的主要沟通者，是能动性地发挥人力资源价值的一个重要环节。建立开放、流动的用人机制，实行管理岗位竞争上岗制度，使能者上、庸者下甚至平者下，形成能升能降的管理体制，有利于选拔优秀人才和保证团队经营管理决策的顺利实施。一些企业实行的“末位淘汰制”，就是一种有效的竞争激励措施。

2．进行适度授权

授权可以增强各层次管理人员的工作责任感和积极性，提高其管理能力，使管理者获得相应的锻炼和发展机会，也有利于团队成员的成长。此外，授权还有利于团队打破传统的等级观念，让更多的中低层管理者参与团队的经营决策，有利于集思广益，提高决策的科学性和有效性。

3．运用薪酬杠杆

确定合理的薪资水平，将管理者（领导者）的个人报酬与其工作业绩直接挂钩，有利于激励的实现。实行目标管理，是运用薪酬杠杆进行激励的有效手段。从现代管理角度看，对团队高层管理人员常用的物质奖励方式是年薪制和期权制，这两种方式的优点是将团队经营业绩与管理者的个人收入直接挂钩。管理者与产权所有者以签订合同的方式，把个人收入与团队的经济效益直接联系起来，既有利于从经济利益方面对管理者进行激励，也有利于对其进行有效的约束。

4．强调精神激励

在市场经济条件下，精神激励并不过时。马斯洛需要层次理论告诉我们，团队中高层次管理者往往有着更高层次的需要，他们希望能够发挥自己的聪明才智，而且往往具有很强的实现自我价值的欲望，反映在团队管理工作中，则表现为具有最大限度发挥自身才能与利用团队资源的需要。因此，突出他们的经营思想、创新精神，承认他们在工作上的努力和绩效等精神激励，往往比物质奖励更有威力。

实训组织

实训7-4 团队激励的应用

实训形式 团队游戏

实训步骤

第一步：实训前准备。要求学生提前阅读团队激励应用的相关文献，了解本次实训的理论知识。

第二步：以6～8人为一个团队，完成“橡皮筋传递”游戏。

团队游戏 橡皮筋传递

（1）团队成员分等距站立，从首位成员开始每人用嘴叼着牙签，将牙签上的橡皮筋传递给下一位成员。

（2）在这个过程中不能用手，只能用嘴巴和牙签将橡皮筋从第一位传递到最后一位，再从最后一位传递回第一位。

（3）传递过程中若出现橡皮筋掉落的情况，要从第一位重新开始。

（4）按传递回第一位成员的先后顺序公布各团队的比赛成绩。

（5）由团队管理者（领导者）组织团队成员进行讨论，总结第一轮比赛过程中存在的问题或取得成绩的经验，并部署第二轮的比赛。

（6）进行第二轮的比赛，再次公布各团队比赛后的成绩。

（7）由团队管理者（领导者）组织团队成员再次进行讨论，总结第二轮比赛过程中存在的问题或取得成绩的经验。

团队游戏：橡皮筋传递

第三步：抽取学生代表发言，阐述团队激励在游戏中的体现。

第四步：教师总结，进一步讲解团队激励的具体应用。

拓展资源

宝洁公司的团队激励

在某个星期四的下班时分，宝洁中国人力资源部高级经理周女士，将一张卡片放在办公桌上，这张卡片将提示每一个来找自己的同事，周五她在家工作。同样具有提示效果的，是她在公司内部邮件和沟通平台上的留言——如果需要，可以直接拨打住宅电话找到她。大多数公司完全无法容忍员工这般“自由散漫”，但宝洁并非如此。这家全球领先的快速消费品制造和零售商，正在将跨国公司推行的“弹性工作制”带入中国职场。这项名为“工作与生活平衡”的计划，旨在改变几十年来约定俗成的中国商业信条——出勤等同于工作，以至于需要上下班打卡。周女士的上述行为正是这个计划的核心部分之一，即允许员工每周自由选择一个工作日，在家工作。这项计划的其他部分还包括，员工有特殊需求，最多可以只工作60%时间的“非全职工作”；工作1年以上的员工，每3年可以要求1个月的个人假期；上午10点才赶到公司的员工并不算迟到，而工作时间去做半小时推拿也不会被上司指责。位于广州天河30层的办公室里，非工作设施一应俱全，员工随时可以去做运动、推拿，吃新鲜水果餐或躺在床上小睡片刻。

宝洁公司作为日化行业的领导者，不仅在品牌管理上闻名全球，作为美国最早的利润分享制度和第一个实施员工认购公司股份制度的公司，宝洁也一直是在激励模式上保持创新的企业。该企业的激励制度包括提供完善而有竞争力的薪资体制的奖励机制、清晰的职业生涯规划以及开放的氛围。

同步强化训练

一、单项选择题

1. 激励是指影响人们的内在（　　），从而加强、引导和维持行为的活动或过程。

A. 需求或动机　　B. 动力和需要　　C. 想法或意识　　D. 心理与情感

2. 以下对于马斯洛的需要层次理论表述正确的是（　　）。

A. 需要层次是阶梯上升结构，较低层次的需要和较高层次需要之前具有可逆性

B. 人人都有需要，各种需要在任何时候都能显示出其激励作用

C. 已获得基本满足的需要仍旧是一股激励力量

D. 任何一种需要都不会因为更高层次需要的发展而消失

3. 麦克利兰认为个体的（　　）需要与其所处的经济、文化、社会、政府等环境的发展程度有关。

A. 成就　　B. 权力　　C. 亲和　　D. 权利

4. 以下对于赫茨伯格的双因素激励理论表述正确的是（　　）。

A. 激励因素能消除人的不满

B. 保健因素的改善不能消除人的不满

C. 只有激励因素才能够给人带来满意感

D. 保健因素的改善能使人产生满意感

5. 弗鲁姆的期望理论认为：某一活动对于调动某人的积极性、激发其内部潜力的激励力量强度，取决于（　　）。

A. 效价和期望值　B. 效果和期望值　C. 效率和效益　D. 效价和愿望

二、多项选择题

1. 马斯洛的需要层次理论将人的需要划分为（　　）。

A. 生理需要　B. 安全需要

C. 爱与归属需要　D. 尊重需要

E. 自我实现需要

2. 奥尔德弗的ERG需要理论将人的需要划分为（　　）。

A. 生存的需要　B. 相互关系的需要

C. 生理的需要　D. 成长发展的需要

E. 自我实现的需要　F. 社会交往的需要

3. 以下（　　）属于斯金纳的强化理论中的正强化。

A. 对成绩的认可、表扬　B. 改善工作条件

C. 安排挑战性的工作　D. 给予学习和成长机会

E. 改善人际关系　F. 奖金、晋升

三、思考题

1. 结合现实工作，谈谈团队激励有哪些方式。

2. 结合自己的实际情况，谈谈作为团队成员你是如何进行自我激励的。

3. 如果你是团队管理者，你将如何激励你的团队成员？

模块八 团队沟通

学习目的

通过教学，让学生掌握团队沟通的含义，了解团队沟通的基本条件及类型，掌握团队沟通的方式，理解团队沟通产生障碍的原因以及排除障碍的方法，并掌握团队沟通技巧。

教学手段

知识讲授；案例分析；团队游戏。

单元一　团队沟通概述

理论知识点

一、沟通与团队沟通的含义

课堂延伸案例　一场突如其来的空难

1990年1月25日晚7:40，52航班飞行在南新泽西海岸上空37 000英尺高空。机上油量可维持近两个小时航程。然而此后发生了一系列耽搁。首先，晚上8:00，肯尼迪机场航空交通管理员通知52航班的飞行员，由于严重的交通问题他们必须在机场上空盘旋待命。8:45，52航班的副驾驶员向肯尼迪机场报告他们的“燃料快用完了”。机场管理人员收到了这一信息，但在9:24之前，飞机没有被批准降落。在此之前，阿维安卡机组成员再没有向肯尼迪机场传递任何情况十分危急的信息，但飞机座舱中的机组成员却相互紧张地通知他们的燃料供给出现了危机。

9:24，52航班第一次试降失败。由于飞行高度太低且能见度太差，无法保证飞机安全着陆。当肯尼迪机场指示52航班进行第二次试降时，机组成员再次提到燃料将要用尽，飞行员也发出了“燃料不足”信号。9:32，飞机的两个引擎失灵，1分钟后，另外两个引擎也停止了工作，耗尽燃料的飞机于9:34坠毁于长岛，机上73名人员全部遇难。

1．沟通的含义

沟通是指两个人或者两个主体之间对某种信息的传递、接收和理解的过程。沟通的定义中有三个方面的含义：①沟通是双方（或多方）行为，必须有信息的发送者和接受者。其中，双方既可以是个人，也可以是群体或组织。②沟通是一个信息被传递和理解的过程。如果信息没有被传递给对方，则意味着沟通没有发生，信息在被传递之后还需要被理解。理论上讲，信息经过传递之后，接受者所理解的信息与发送者发出的信息完全一致时，才是一个有效的沟通过程。③要有信息内容，信息内容不是像有形物品一样由发送者直接传递给接受者，而是通过一些符号来实现传递，如语言、肢体动作和表情等，这些符号经过传递，往往都附加了传送者和接受者一定的态度、思想和情感。

2．团队沟通的含义

团队沟通即为团队内外部发生的所有形式的沟通。美国著名人际关系学大师戴尔·卡耐基（Dale Carnegie）曾说："一个人的成功，15%取决于知识和技术，85%取决于沟通——发表自己意见的能力和激发他人热忱的能力。"还有人形象地解释，从字形上看，"团队"就是一个有口才的人对着一群有耳朵的人说话。

二、沟通的过程及基本条件

1．沟通的过程

沟通的过程是指沟通主体对沟通客体进行有目的、有计划、有组织的思想、观念、信息交流，使沟通成为双向互动的过程。沟通是一个复杂的过程，有着复杂的机理反应，如图8-1所示。

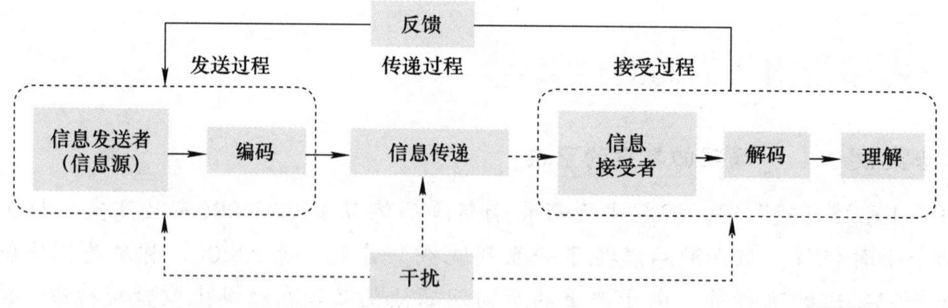

图8-1　沟通的过程

沟通过程包括五个要素，即沟通主体、沟通客体、沟通介体、沟通环境和沟通渠道。

（1）沟通主体是指有目的地对沟通客体施加影响的个人或团体。沟通主体可以选择和决定沟通客体、沟通介体、沟通环境和沟通渠道，在沟通过程中处于主导地位。

（2）沟通客体即沟通对象，包括个体沟通对象和团体沟通对象。其中，团体沟通对象又分为正式群体和非正式群体。沟通对象是沟通过程的落脚点，因而在沟通过程中具有积极的能动作用。

（3）沟通介体即沟通主体用以影响、作用于沟通客体的中介，包括沟通内容和沟通方法。它将沟通的主体与客体联系起来，从而保证沟通过程的正常开展。

（4）沟通环境既包括与个体有着间接联系的社会整体环境（政治制度、经济制度、道德风尚、群体结构等），又包括与个体有着直接联系的区域环境（学习、工作、企业、家庭等），以及对个体直接施加影响的社会情境和小型的人际群落。

（5）沟通渠道即沟通介体从沟通主体传达至沟通客体的途径。沟通渠道不仅能使正确的思想观念尽可能全、准、快地传达至沟通客体，而且能广泛、及时、准确地收集客体的思想动态及其反馈的信息，因而沟通渠道是实施沟通过程、提高沟通效果的重要环节。实际中的沟通渠道有很多，如谈心、座谈、拜访等。

2．沟通的基本条件

课堂延伸案例　三位幸存者的不同命运

有一条船在大海上遇到了风暴，船沉没了，留下了三位幸存者。这三位幸存者分别游到了三个相隔很远的孤岛上。在只考虑手机短信求救的假设条件下，幸存者A因为没有手机而无法向外发送求救短信，最终囚困于孤岛；幸存者B有手机，也有通信信号，但因为受潮而无法编辑和发送信息内容，最终也囚困于孤岛；幸存者C有手机，并借助通信信号向家人发送了准确的求救信息内容，最终在2天后得到解救。

沟通必须具备一定的条件才可以正常运行。要达到沟通的目的，通过沟通取得他人的理解和支持，必须满足以下三个基本条件。

（1）有信息发送者和信息接受者。信息发送者作为信息的编辑及发送主体，是必不可缺的。信息接受者作为信息的理解及接受客体，往往与发送者相互对应。信息接受者不仅能解码发送者所发送的信息，也能再次反馈给发送者新的信息，实现沟通的循环。

（2）有信息内容。沟通过程中一个必不可少的环节就是传递信息，而信息也必然要有内容才得以存在。信息内容是包容万象的，可以是语言、肢体动作，也可以是图片等静态物体所附属的内容。

（3）有传递信息的渠道和方法。只有信息发送者、接受者和信息内容，还不能进行沟通，因为信息需要通过一定的渠道和方法得以传递。沟通的渠道和方法多种多样，如口头表达、书写文字、动作展示等。在实际生活中，不同的信息内容或不同主客体的沟通需要不同的传递渠道。例如，公司的战略决策就不宜通过口头形式而应采用书面正式文件作为沟通渠道。同时在实际沟通过程中，往往存在多种沟通渠道或方法共同使用的情况。例如，沟通双方在进行口头沟通时往往还会运用表情、肢体动作等方式，以达到更好的沟通效果。

三、团队沟通的类型

1．按信息传递方向不同，团队沟通可分为下行、上行、平行和斜向沟通

（1）下行沟通。下行沟通是指自上而下的信息沟通。如团队领导者把团队战略目标、管理制度、政策、工作命令、有关决定、工作程序及要求等传递给团队成员。下行沟通顺畅可以帮助团队成员明确工作任务、目标及要求，增强其责任感和归属感。

（2）上行沟通。上行沟通是指自下而上的信息沟通。如团队成员向团队领导者反映意见、汇报工作情况、提出建议和要求等。上行沟通是团队领导者了解团队成员意见及想法的重要途径。只有保证上行沟通顺畅，团队领导者才能及时了解团队工作进展的真实情况，团队成员的需求、不满和意见，以及团队工作中存在的问题，从而有针对性地做出相应的决策。

（3）平行沟通。平行沟通是指团队内部平行机构之间或同一层级人员之间的信息交流，如企业内部各职能部门之间、车间之间、班组之间、员工之间的信息交流。平行沟通是加强各部门之间的联系、了解、协作与团结，减少各部门之间的矛盾和冲突，改善人际关系和群际关系的重要手段。

（4）斜向沟通。斜向沟通是指处于不同层次的、没有直接隶属关系的成员之间的沟通。这种沟通方式有利于加速信息的流动，促进理解，并能够为实现团队目标而协调各方面的努力。

2．按组织系统不同，团队沟通可分为正式沟通和非正式沟通

（1）正式沟通。正式沟通是指通过团队正式渠道而开展的信息传递与交流。正式沟通顺畅，团队的生产经营活动及管理活动才能井然有序地进行；反之，整个团队将陷入紊乱甚至瘫痪状态。因此，正式沟通渠道必须灵敏而高效。正式沟通的优点是正规、权威性强、沟通效果好，参与沟通的人员普遍具有较强的责任心和义务感，从而容易保持所沟通的信息的准确性及保密性；其缺点是对团队机构依赖性较强而往往速度迟缓、沟通形式刻板，如果团队管理层次多，沟通渠道长，还容易造成信息的丢失。

（2）非正式沟通。非正式沟通是指在正式沟通渠道以外信息的自由传递与交流。这类沟通主要是通过个人之间的接触来进行的，不受团队监督，由团队成员自行选择沟通途径，比较灵活方便。团队成员间的人情交流、生日聚会、团队组织的文娱活动、走访等都属于非正式沟通。非正式沟通中往往能表露出人们的真实想法和动机，能够为团队提供在正式沟通中难以获得的信息。

3．按是否进行反馈，团队沟通可分为单向沟通和双向沟通

（1）单向沟通。单向沟通是指在沟通过程中，信息发送者与接受者之间的地位保持不变，一方主动发送信息，另一方主动接受信息。这种沟通方式速度快，发送者不受接受者影响，能保持、维护个人想法。但由于接受者对信息内容的理解没有机会表达，会影响沟通的准确性。另外，单向沟通缺乏民主性，容易使接受者产生抵触情绪，沟通效果较差。

（2）双向沟通。双向沟通是指在沟通过程中，信息发送者和接受者的身份不断交换，信息在双方间反复流动，如讨论、谈话、协商、谈判等。其优点是沟通信息的准确性高，接受者有反馈意见的机会，双方可以反复交流磋商，能够增进彼此的了解，有利于加深感情并建立良好的人际关系；缺点是沟通过程中接受者要反馈意见，有时使沟通受到干扰，影响信息的传递速度。

4．按渠道不同，团队沟通可分为口头沟通、书面沟通、非语言沟通和电子媒介沟通

（1）口头沟通。人们之间最常见的交流方式是面对面交谈，也就是口头沟通。口头沟通包括演说、正式的一对一讨论或小组讨论、非正式的讨论以及传闻或小道消息的传播等。其优点是快速传递和快速反馈，但信息经过越多的人传递，信息失真的可能性就越大，因为每个人都以自己的方式解释信息，当信息到达终点时，其内容常常与最初大相径庭。

（2）书面沟通。书面沟通包括备忘录、信件、布告栏及其他任何传递书面文字或符号的手段。其优点在于持久、有形、可以核实，相较口头沟通更为谨密，逻辑性强，条理清楚；缺点在于耗时、缺乏反馈。

（3）非语言沟通。一些沟通既非口头形式也非书面形式，而是通过除语言、文字以外的信息加以传递的，即为非语言沟通。非语言沟通中最常见的是体态语言和语调。其中，体态语言包括手势、面部表情和其他的肢体动作，能够传递攻击、恐惧、腼腆、傲慢、愉快、愤然等含义的信息；而语调指的是个体在沟通时对词汇或短语的强调。

（4）电子媒介沟通。随着科学技术和互联网的发展，人们越来越依赖各种复杂的电子媒介来传递信息。常见的电子媒介包括电话、电视、计算机、传真机等一系列电子设备。

不同沟通方式的比较如表8-1所示。

表8-1　不同沟通方式比较

沟通方式	举例	优点	缺点
口头沟通	交谈、讲座、讨论会	快速传递、快速反馈、信息量很大	传递中经过的层次越多，信息失真越严重，核实越困难
书面沟通	报告、备忘录、信件、文件、内部期刊、布告	持久、有形、可以核实	效率低、缺乏反馈
非语言沟通	声/光信号、体态、语调	内容明确、含义丰富、灵活	传递距离有限、界限模糊
电子媒介沟通	电话、传真、电视、计算机网络、电子邮件、移动通信	快速传递、信息容量大、多人同时传递、廉价	信息交流对技术、网络依赖较强

四、团队沟通的作用

沟通不仅与人们的日常生活密切相关，在团队管理的各个方面也得到广泛的运用。良好的团队沟通与团队管理者（领导者）的工作密切相关，随着管理（领导）层次的递增，团队管理者（领导者）用于沟通的时间也会增多。一项研究表明，基层团队管理者工作时间的20%～50%用于言语沟通；而中、高层团队管理者工作时间的66%～87%用于面对面和电话形式的沟通。一般来说，团队沟通的作用体现在以下几个方面。

1．提高团队目标的执行效率

团队中的个体、群体为了实现一定的目标，在完成各种具体工作的时候都需要相互交流、统一思想，并自觉协调。信息沟通使团队成员团结起来，把抽象的团队目标转化为团队中每个成员的具体行动。没有沟通，一个团队的活动就无法开展，特别是团队管理者

（领导者）通过与团队成员的沟通，可使他们了解和明确自己的工作任务，以保证目标的实现。

2．形成积极向上的团队氛围

团队沟通有利于团队管理者（领导者）激励下属，建立良好的人际关系和团队氛围。除了技术性和协调性的信息外，团队成员还需要鼓励性的信息。团队沟通可以使团队管理者（领导者）了解成员的需要，关心成员的疾苦，并在决策中考虑成员的要求，以提高他们的工作热情。人总是希望自己的工作能力能够得到一个恰当的评价。如果团队领导者的表扬、认可或满意能够通过各种渠道及时传递给成员，就会形成对其工作的激励。同时，团队内部良好的人际关系更离不开沟通。思想和感情上的沟通可以增进彼此的了解，消除误解、隔阂和猜忌，即使不能达到完全理解，至少也可取得谅解，从而形成和谐、积极的团队氛围，所谓“大家心往一处想，劲往一处使”就是有效沟通的结果。

3．提高团队的整体绩效

团队沟通不仅有助于改进个人所做出的决策，而且能够促进团队成员参与团队管理，完善团队决策。任何决策都会涉及干什么、怎么干、何时干等问题，每当遇到这些亟待解决的问题，团队管理者（领导者）就需要从广泛的团队内部沟通中获取大量的信息情报，然后进行决策，或建议有关人员做出决策，以迅速解决问题。团队成员也可以主动与团队管理者（领导者）沟通，提出自己的建议，供领导者做决策时参考，或经过沟通取得领导者的认可，自行决策。团队内部的沟通能够为团队成员进行决策提供更多信息，增强其判断能力，也可以产生新的创意或解决问题的新路径，从而提高团队的工作绩效。

实训组织

实训8-1　非语言沟通（肢体语言沟通）

实训形式　团队游戏

实训步骤

第一步：实训前准备。要求学生提前阅读非语言沟通的相关理论知识。

第二步：以5人为一个小组，开展“你来演我来猜”的团队游戏。

团队游戏　你来演我来猜

（1）教师将5位同学中的4位同学带至教室前面，作为成语的肢体表演者，另1位同学在教室中间的过道上，作为成语的猜谜者。

（2）4位肢体表演者选派1位同学抽取要表演的成语（4个字），然后在内部进行分配，每一位同学要用肢体表演其中的某一个字。

（3）4位同学要按照成语里字的顺序，依次进行肢体表演，猜谜者进行成语猜测。

第三步：教师根据游戏过程及结果，对各位同学的表现进行点评，并巩固所学的非语言沟通的相关理论知识点。

实训8-2　团队沟通的作用

实训形式　案例分析

实训步骤

第一步：实训前准备。要求学生提前阅读团队沟通的相关理论知识。

第二步：以6～8人为一个小组，对以下案例进行分析。

案例分析　某公司甲、乙团队的对比

某公司对员工的考核制度是年初制定目标，年底进行测评，考核结果共分五档：A优秀；B良好；C及格；D需要辅导；E不及格。只有在连续两个年度中至少获得一次A才有晋升的希望。

但该公司的财务部门不像业务部门那样，完成工作有极其明确的客观指标。财务部门有两个团队，其主管在员工考核上的做法完全不同。

甲团队的主管，在考核时会完全保密地独自进行，每到年底就要通宵达旦地伏案，为如何安排等级绞尽脑汁。评选的结果也不通知成员，大家只能通过私下交换消息才能知道一点，很多被评为B级以下的成员愤愤不平。因而一有机会，大家纷纷离去，主管为此还哭过几次。由于人员不稳定，该团队年年进很多新人，新人配合起来生疏，自然要辛苦许多，甲团队也因此被称为“人才培训基地”。

乙团队的主管，在收到测评文件后，随即转发给团队每一位成员，并告诉大家规则，团队中获得A成员的总数与团队的总体评级挂钩，大约占1/3。团队提供的是初步意见，最后还要由部门总体平衡，然后让大家互评（包括自己）。这样虽然仍有人会有些不甘心，但是过程基本透明，不会损伤凝聚力。

第三步：学生填写实训表（见表8-2）。

表8-2　团队沟通的重要性实训表

姓名__________　学号__________　小组号__________　成绩__________

请同学们仔细阅读上文案例，并回答下述问题	
1. 从上述案例中可以看出甲团队主管的做法有哪些优点和缺点？	
2. 从上述案例中可以看出乙团队主管的做法有哪些优点和缺点？	
3. 通过甲、乙团队主管的对比，你有哪些启示？	
4. 对于该公司财务部门的两个团队，你能够提供哪些建议？	

第四步：小组讨论，并推荐一名代表发言。

第五步：教师对各小组成员的观点进行点评、分析，总结团队沟通的重要性。

单元二　团队沟通的方式与障碍

理论知识点

一、团队沟通的方式

1．会议沟通

团队会议沟通不能是简单的一端发送、另一端接收指示的收听式沟通，而应是有中心、有目的，能够汇集团队成员智慧、思想、经验、信息的互动式沟通。团队会议沟通是一种成本较高的沟通方式，沟通时间一般比较长，常用于解决较重大、较复杂的问题。以下几种情境宜采用团队会议沟通的方式：①需要统一思想或行动时（如项目建设思路的讨论、项目计划的讨论等）；②需要当事人清楚、认可和接受时（如项目考核制度发布前的讨论、员工考勤制度发布前的讨论等）；③传达重要信息时（如项目里程碑总结活动、项目成果总结活动等）；④澄清一些谣传信息，而这些谣传信息将对团队产生较大影响时；⑤讨论复杂问题的解决方案时（如针对复杂的技术问题，讨论已收集到的解决办法并确定最终方案等）。

2．个别交谈

团队成员间的个别交谈既是彼此关心、建设感情的渠道，也是探讨和研究问题的重要方式。个别交谈可以是团队管理者（领导者）用正式或非正式的形式，在团队内外，与成员进行个别交谈，征询谈话对象对团队中现有问题和缺陷的看法，或对包括团队管理者在内的其他团队成员的意见；也可以是团队成员之间的正式或非正式的沟通交流。个别交谈的沟通形式往往建立在相互信任的基础上，无拘无束，双方都感到亲切。这对团队统一思想、认清目标、体会各自的责任和义务都有很大的好处。在这种情况下，人们往往愿意表露真实思想，提出不便在会议场所提出的问题，从而使团队管理者（领导者）能掌握团队成员的真实思想动态，在认识、见解、信心等方面容易取得一致。

3．开放式讨论

开放式讨论即是采用有主题的无领导小组讨论形式，通过讨论汇集各种思想，使团队成员对主题的研究通过“头脑风暴”法得以展开。开放式讨论小组由团队成员临时或定期举行，并不指定负责人，目的在于针对主题进行多角度的自由讨论。这种方式不仅能够交流信息，也可以实现信息的互补；不仅能够提高团队成员面对问题、解决问题的能力，实现团队目标，还能够观察团队成员的组织协调能力、口头表达能力、辩论说服能力，以及自信程度、进取心、情绪稳定性、反应灵活性等个性特点，同时还能促进团队形成良好的团体气氛，提高团队成员人际关系的和谐度。

4．团队沟通网络

美国心理学家哈罗德·莱维特（Harold Leavitt）研究了群体的几种典型沟通网络，分别为链式沟通、Y式沟通、轮式沟通和环式沟通，后又有学者在其基础上加入了全通道式沟通网络。各类型沟通网络的集中化程度不同，信息交流的自由度也不同，如图8-2所示。

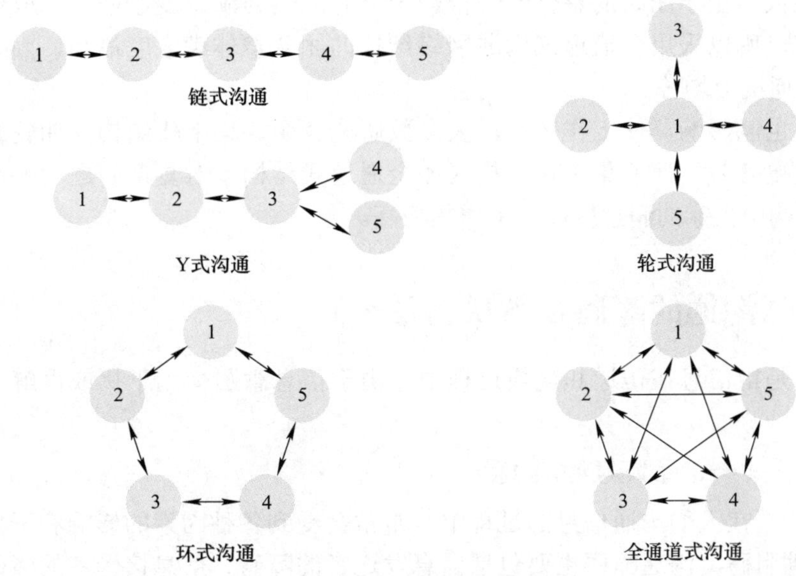

图8-2　五种典型的沟通网络

（1）在链式沟通网络中，信息是自上而下或自下而上传递的，处于两端位置的人只能与一个相邻的人进行交流，最为不利；其他成员从可以交流的人数上看是平等的，但中间的人更有利。链式沟通结构的集中化程度较低，信息经层层传递、筛选，容易失真。

（2）在Y式沟通网络中，只有一个成员处于沟通中心，成为网络中拥有信息且具有权威和满足感的人，处于末端的三个成员各有一个交流者，其他成员则能与两人交流。Y式沟通结构的集中化程度较高，是一个纵向沟通网络，由于增加了中间环节，易导致信息失真。

（3）在轮式沟通网络中，只有一个成员是各种信息的汇集、传递者，处于中间地位，能与其他任何成员自由交流，而其他成员只能与其一人进行交流。这种沟通结构属于控制型网络，集中化程度最高，解决问题速度快，但由于沟通渠道少，交流的自由度小，团队成员满意度低，士气低落。

（4）在环式沟通网络中，全体成员是平等的，每个人都可以同时与两侧的人沟通信息。这种沟通结构属于封闭式控制结构，集中化程度较低，交流的自由度较大，因而团队成员的满意度较高，有利于形成高昂的士气，但也存在信息速度和准确度难以保证的缺点。

（5）在全通道式沟通网络中，所有成员都能充分地进行交流，沟通渠道多。这种沟通结构属于开放式的网络系统，集中化程度最低，自由度最高，平均满意度高且差异小，对于解决复杂问题、增强团队合作精神、提高团队士气有很大的作用，但容易造成混乱，且耗费时间，容易影响工作效率。

实验表明，沟通网络类型能影响团队活动的许多方面，如团队士气。莱维特发现，沟通网络的集中化程度越低，成员间交流的自由度越高，则团队成员的满意度越高，且那些能够与每个成员都自由交流的人最为满意。相反，处于沟通渠道末端的人只能与一个人交流，满意度最低。由于团队的整体士气依赖于所有成员的满意度，而不只取决于某个核心人物的满意度，所以采用全通道式沟通网络结构的团队整体满意度最高，因为这种结构中每个成员的沟通机会均等。

沟通网络也能影响群体工作效率。大多数研究表明，集中化结构（如轮式结构）对解决简单的问题更有效，而非集中化结构（如全通道式结构）对复杂问题的解决更有效。因为非集中化结构中大家的满意度高、工作热情高。

二、团队沟通的障碍及解决方法

沟通障碍是指信息在传递和交换过程中，由于信息意图受到干扰或误解，而导致沟通失真的现象。

团队沟通障碍
及技巧

（一）团队沟通的障碍

在人们沟通信息的过程中，常常会受到各种因素的影响和干扰，使沟通受到阻碍。沟通障碍主要包括信息发送者的障碍、信息接受者的障碍、信息沟通渠道的障碍。

1．信息发送者的障碍

在沟通过程中，信息发送者的情绪、倾向、个人感受、表达能力、判断力等都会影响信息的完整传递。障碍主要表现在以下几个方面。

（1）心态不佳。当发送者处于情绪低迷的状态时，所发送信息的准确性、科学性就会受到影响。

（2）情绪智力差。情绪智力，又称情商，体现了个体对于监控自己和他人的情绪、情感的能力。情绪智力差的个体，往往不能很好地处理好人际关系，容易产生沟通障碍。

（3）缺乏换位思考。在团队沟通中，缺乏换位思考容易产生团队冲突。

（4）信息错误。如果发送者发送的信息是错误的，那么整个沟通过程中的信息内容都将是错误的。

（5）表达能力不佳。发送者如果口齿不清、词不达意或者字体模糊，就难以把信息完整、准确地表达出来；如果使用方言、土语，可能会使接受者无法理解。在不同国籍、不同民族人员之间的交流中这种障碍更明显。

（6）信息传送不全。发送者有时人为地缩简信息，使信息变得模糊不全。

（7）沟通状态偏差。美国心理学家艾瑞克·伯恩（Eric Berne）提出了PAC沟通模式：“P”，Parent（父母）式沟通状态，往往以权威和优越感为标志，通常表现为统治、训斥、责骂等家长制作风；“A”，Adult（成人）式沟通状态，表现为注重事实根据和善于进行客观理智的分析；“C”，Child（儿童）式沟通状态，表现为情绪不稳定，语言内容比较幼稚。如果在团队沟通中，不能合理地处理好这三种沟通状态，很容易出现沟通障碍，甚至产生团队冲突。

2．信息接受者的障碍

从信息接受者的角度看，影响信息沟通的因素主要有以下几个方面。

（1）信息译码不准确。接受者如果对发送者的编码不熟悉，就有可能误解信息，甚至得到相反的理解。

（2）对信息的筛选。受主观性的影响，接受者在接受信息时，会根据自己的知识和经验去理解，按照自己的需要对信息进行选择，从而可能会使许多信息内容丢失，造成信息的不完整甚至失真。

（3）对信息的承受能力。每个人在单位时间内接受和处理信息的能力不同，对于承受能力较低的人来讲，如果信息过量，难以全部接受，就会造成信息的丢失甚至误解。

（4）心理上的障碍。接受者如果对发送者不信任，敌视或冷淡、厌烦，或者心理紧张、恐惧，就会歪曲或拒绝接受信息。

（5）缺乏倾听艺术。在尚未完整地接受一项信息之前就对信息做出评价，将有碍于对信息所包含的完整意义的接受。缺乏倾听艺术的接受者往往只愿意听到他们所希望听到的内容，并匆忙地做出评价，从而导致部分信息缺失或理解错误。

课堂延伸案例　我还要回来

美国有位主持人在做一档节目过程中，现场采访了一名小朋友，问他："如果有一天，你乘坐的飞机飞到太平洋上空，突然所有引擎都熄火了，你会怎么办？"小朋友想了想："我会马上挂上我的降落伞跳出去……"

还没等小孩说完，现场很多人就开始议论纷纷，说现在的小孩真的好自私，遇到问题首先想到的是自己的安全。听着大家的评论，孩子委屈的泪水夺眶而出。

于是主持人问他："你为什么要跳出去？"小孩回答道："我要去拿燃料，我还要回来！"

（6）情绪。在接受信息时，接受者的情绪会影响其对信息的理解。不同的情绪感受会使个体对同一信息的解释截然不同。狂喜或悲伤等极端情绪体验都可能阻碍信息沟通，因为在这种情况下人们会因出现意识狭隘的现象不能进行客观、理性的思维活动，而代之以情绪性的判断。因此，应尽量避免在接受者情绪不稳或双方都很激动的情况下进行沟通。

3．信息沟通渠道的障碍

沟通渠道若出现问题也会影响到沟通效果。沟通渠道障碍主要有以下几个方面。

（1）选择沟通媒介不当。比如对于重要事情而言，口头传达效果较差，因为接受者会认为"口说无凭"或是"随便说说"而不加重视。

（2）几种媒介相互冲突。当信息同时用几种形式进行传送时，如果相互之间不协调，会使接受者难以理解传递的信息内容。如领导者在表扬下属时面部表情很严肃甚至皱着眉头，就会让下属感到迷惑。

（3）沟通渠道过长。如果团队结构庞大，内部层次多，则信息从最高层传递到最低层，或从低层汇总到最高层时，中间环节太多，容易造成较大的信息损失。

（4）外部干扰。信息沟通过程中经常会受到自然界各种物理噪声、机器故障等影响或被其他事物所干扰，影响沟通效果。而且双方距离越远干扰就会越多，沟通就越不便。

除此之外，团队中的等级观念、小集团利益、信息超负荷、沟通渠道成本等都会对团队沟通产生影响，若处理不当就会产生沟通障碍。

（二）团队沟通障碍的排除

1．改善信息发送者沟通效果的方法

（1）勇于开口，寻求自我突破。很多时候，人际沟通需要我们主动寻求出路、主动搭建沟通条件、实现自我突破，才能建设新的人际关系网。

（2）改善沟通态度。信息沟通不仅仅是信息符号的传递，还包含着很多情感因素，所以在沟通过程中，双方采取的态度对于沟通效果有很大的影响。只有双方坦诚相待，才能消除隔阂，相互合作。另外，在信息沟通过程中还要以积极、开放的心态对待沟通，要愿意并且有勇气用恰当的方法表达自己的真实想法。如果在沟通过程中顾虑重重，就易产生误解。

（3）注意选择合适的时机。由于所处的环境、气氛会影响信息传递的效果，所以沟通要选择合适的时机。对于重要的信息，应在办公室等正规的场合进行交谈，使双方能够集中注意力，提高沟通效率；对于思想或感情方面的沟通，则更适宜在轻松、独处的场合下进行，以创造更好的沟通氛围。

（4）提高自己的表达能力，特别是语言表达能力。语言是信息的载体，是提高沟通效率首先要解决的问题。掌握语言表达艺术的前提是通过学习和训练，使自己在语言的运用上达到熟练自如、得心应手的水平。同时，在沟通中还要与沟通对象、沟通环境、沟通内容结合起来考虑如何使用语言。无论是采用口头交谈还是书面交流的形式，都要力求准确地表达自己的意思。同时，还要了解彼此的接受能力，根据对方的具体情况来确定自己表达的方式和用语等；选择正确的词汇、语调、标点符号；注意逻辑性和条理性，对重要的地方要加上强调性的说明；借助体态语言来表达完整的思想和情感沟通，加深双方理解。

（5）注重双向沟通。由于信息接受者容易从自己的角度来理解信息而导致误解，因此信息发送者要注重反馈，提倡双向沟通，要善于体察别人，鼓励对方及时反馈和纠正偏差。

（6）积极进行劝说。在沟通过程中，不仅要“晓之以理、动之以情”，必要时还要“诱之以利”。为了使对方接受信息，并能按照自己发送信息的意图行动，信息发送者常常要进行必要的积极劝说，从而达到沟通目的。

2．改善信息接受者沟通效果的方法

有时候人们更注重说、写能力的培养，而忽视了听的能力的训练和培养。事实上，没有听就很难接收到有用的信息。而倾听又区别于一般的听，它是一种通过积极的听来完整地获取信息的方法，主要包括注意听、听清内容、理解含义、记忆要点和反馈五层内容。

（1）注意听。要听得投入，全神贯注地听，不仅要用耳朵去听，还要用整个身心去听对方说话。比如要保持与说话者的目光接触，身体微微前倾，以信任、接纳、尊重的目光

鼓励说话者把要说的意思表达清楚。同时，要注意控制自己的情绪，克服心理定势，保持耐心，尽可能地站在说话者的角度，顺着其思路去听。另外，自己不要多说，尽量避免在交流中打断别人的讲话。

（2）听清内容。要完整地接受信息，听清全部内容，不要听到一半就心不在焉，更不能匆忙下结论。同时要营造一种轻松、安静的气氛，排除谈话时的各种噪声干扰，使所有听者能清楚地接收到信息的全部内容。

（3）理解含义。理解信息并能听出对方的感情色彩，这样才能完全领会说话者的真正含义。同时要准确地评价所接受到的信息，对一些关键点要及时加以回顾，通过重复要点或提一些问题来强化和证实所接受和理解的信息；对一些疑问和不清楚的问题，也要在适当的时候向对方提问，以保证信息的准确理解。此外，为了能更准确地把握信息含义，听者还可以利用一些辅助材料，如报告、提纲、小册子或讲义等来帮助理解。

（4）记忆要点。在理解对方的基础上，还要记住发送者所传递的信息，可以通过将对方的话用自己的语言来重新表达，或者通过记住其所说的典型事例，以及对信息加以分类和整理的方法，增进有效记忆。另外，必要时可以在听的过程中做些笔记，以便于事后回忆和查阅。

（5）反馈。给予说话人适当的反馈，可以使谈话更加深入。比如在听的时候，用点头、微笑、手势等体态语言对说话者做出积极反应，让对方感觉到你愿意听他说话。此外，还可以通过提一些说话人感兴趣的话题来加深双方的感情交流，并使谈话进行得更加深入。

3．采用恰当的沟通方式

选用恰当的沟通方式对增强团队沟通的有效性也十分重要，因为团队沟通的内容千差万别，针对不同的沟通需要，应该采取不同的沟通方式。从沟通的速度方面考虑，利用口头和非正式的沟通方式，通常比书面或正式的沟通速度快。从反馈性能来看，面对面交谈可以获得立即的反应，而书面沟通则有时得不到反馈。从可控性来看，在公开场合宣布某一消息，对于其沟通范围及接受对象难以控制；反之，选择少数可以信赖的人，利用口头传达的方式则能有效地控制信息的传播。从接受效果来看，同样的信息，可能由于渠道的不同，被接受的效果也不同。以正式书面通知，可让接受者更加重视；反之，在社交场合所提出的意见，则可能会被对方认为讲过就算了，而并不加以重视。因此，信息发送者要根据沟通对象、内容和渠道的不同，采用不同的沟通方式，这样沟通效果才会更好。

实训组织

实训8-3　团队沟通的方式

实训形式　团队游戏

实训步骤

第一步：实训前准备。要求学生提前阅读团队沟通方式的相关文献，了解本次实训的理论知识。

第二步：每6～8人为一个团队，完成“巨人”游戏。

团队游戏　巨人

（1）由团队成员共同讨论，确定团队的旗帜和口号。

（2）按设计要求制作出真实的团队旗帜。

（3）在团队中选择合适的人选组成一个“巨人”，“巨人”由5个人组成：成员A不能用腿和手，只能用嘴来吹气球；成员B和C只能各用一只手做成员A的左右手；成员D和E只能做成员A的两条腿和脚，把他（她）抬起来行走；巨人举起团队旗帜，喊出口号，然后由成员A吹大气球，成员B和C把气球扎紧，经由成员D和E一起将成员A送到目的地后，成员B和C用手将气球放在成员D和E的脚上，由成员A将气球坐爆，再按照原来的方式回到起点。

（4）按完成任务回起点的先后顺序公布各团队比赛后的成绩。

第三步：由团队管理者（领导者）组织团队成员进行讨论，分析在整个比赛过程中存在的问题或取得的经验，以及在任务完成的整个过程中，团队成员采用了何种沟通方式，这种沟通方式有哪些优点与缺点。

第四步：抽取学生代表发言。

第五步：教师总结，进一步讲解团队沟通的方式，巩固理论知识点。

实训8-4　团队沟通的障碍及排除

实训形式　团队游戏

实训步骤

第一步：实训前准备。要求学生提前阅读团队沟通障碍及排除的相关文献，了解本次实训的理论知识。

第二步：每10～12人为一个团队（教师可以根据实际情况自行调整人数），完成“传话”游戏。

团队游戏　传话

（1）每队成员排成一列。

（2）教师给每一列的第一位成员展示要传递的话，例如：“两点是冰，三点是清，四点是点，两点是冷，三点是澄，四点是蒸，这样的字知多少。”并要求其默记。

（3）随后，要求每一列在规定时间内通过“交头接耳”的方式将这句话从第一个人传达至最后一个人，然后由最后一个人将其所听到的内容说出来，最后公布结果。

（4）以每个团队所完成的正确字数来确定胜负。

第三步：由团队管理者（领导者）组织团队成员进行讨论，分析在整个信息传递过程中存在的问题或取得的经验，以及在任务完成的整个过程中，沟通过程存在哪些障碍，这些障碍产生的原因是什么，在以后的活动中将如何排除这些障碍。

第四步：抽取学生代表发言。

第五步：教师总结，进一步讲解团队沟通的障碍及排除方法，巩固理论知识点。

单元三　团队沟通技巧

一、建立团队沟通制度

要将团队沟通当作一项长期性工作，最好能够建立一种团队沟通制度，以确保团队成员之间能够及时沟通。具体内容包括：遵循沟通内容的真实性、及时性原则，根据沟通对象确定不同的沟通方式，如面谈、会议、书面或网络沟通，还可以采用意见箱、公告栏等方式，并完善沟通反馈制度。同时，在沟通各环节中须做好沟通记录，凡有回复意见的，双方应明确反馈时限，担负反馈责任的一方须在时限内尽快给予回复等。此外，团队内部沟通制度的执行情况应直接与绩效考核挂钩。

二、认真做好团队沟通前的准备工作

进行团队沟通前应分析沟通对象的特征，包括利益特征、性格特征、价值特征、人际关系特征等，并把握其可能的态度；认真准备团队沟通要表达的内容，尽可能做到条理清楚、简明扼要、用语通俗易懂，并拟写沟通内容提纲；选择恰当的沟通方式，即使是面对面沟通，也要事先确定具体的沟通方法，是直接告知还是婉言暗示，是正面陈述还是比喻说明，都要事先进行选择和设计；事先告之沟通的主题内容，让沟通对象也为沟通做好准备；在与沟通对象交换意见的基础上，共同确定沟通的时间、时限和地点。准备工作做得充分，才能为有效的沟通打好基础。

三、营造良好的团队沟通环境

沟通环境是指沟通时周围的环境和条件，既包括与个体间接联系的社会整体环境（政治制度、经济制度、道德风尚、群体结构），又包括与个体直接联系的区域环境（学习、工作、企业或家庭等）。

根据团队沟通的方式，选择适合的沟通环境。首先，要选择合适的地点、合适的时间进行沟通，沟通的场所大小要适宜。其次，沟通时要有必要的辅助工具，使沟通更形象、更具体。第三，沟通时要善于把握精神环境，如沟通气氛的控制和讨论沟通议题的推动。要在兴趣、价值、需求和目标等方面强调双方所共有的事务，形成和谐的气氛以达到沟通的效果；要激发对方的投入态度，使目标更快完成；构建或选择一个安全的情境，提高对方的安全感，尽可能接纳对方的感受、态度与价值；要学会化解潜在的“爆炸性”或高度冲突状况，避免相互探讨演变为负面或破坏性沟通。

四、善用艺术的表达方式进行沟通

所谓表达就是向沟通对象阐述你的思想、主张、要求、建议，意在推销你的观念、发表你的见解或提出你的要求。沟通不是简单地用逻辑分析来说服对方，而是要用沟通对象自己所提供的事实，以及对方不能否认的事实，与对方个人的利益建立起直接的联系，以使对方认同自己。在这里要绝对避免的问题是，把自己的观点以雄辩的方式强加给对方，让对方感到压迫或者输理。沟通的一个主要作用，就是向沟通对象传达自己的想法和情感。这就决定了表达是沟通最重要的环节，因而表达方式的选择极为重要。没有艺术的表达方式，则很难达到良好有效的沟通结果。

艺术的表达方式有很多，如从对方感兴趣的话题入手；以对方可以认同的话开场；紧紧围绕对方的利益来展开话题；多提问，引导出对方的想法和态度；以商讨的口吻向对方传达自己的主张和意见；以求教、征求对方意见的方式来提出自己的建议；注意力高度集中，尽可能多地与对方进行目光接触；运用适当的身体语言辅助传达信息；借助有情节的表达，比如讲故事，来阐述自己的观点；避免过多地使用专业术语；适当地重复以强调沟通要点等。

五、用心聆听，进行沟通内容的推动

团队沟通–有效倾听

1．倾听的技巧

所谓倾听就是要充分给沟通对象以阐述自己意见和想法的机会，并设身处地地依照沟通对象表达的思路来思考，理清对方说话的逻辑，以充分了解沟通对象，收集自己所不知道的信息，并把沟通对象引导至所要沟通、讨论的议题上来，使沟通对象感受到自身的价值和所受到的尊重。

倾听能鼓励他人倾吐他们的状况与问题，进而协助他们找出解决问题的方法。倾听技巧是有效影响力的关键，而它需要相当的耐心与全神贯注。倾听时具体的要求包括以下几个方面。

（1）不断向沟通对象传递接纳、信任与尊重信号，或者偶尔复述沟通对象讲的话，或者用鼓励、请求的语言激发对方。比如，“您说的话非常有价值。”“很好！”“请接着讲。”“您能讲得详细一些吗？”“假如没有这个前提，结果会是怎样？”“您说的……很有意思。”一方面使沟通对象感觉到被重视，另一方面又让对方可以把话说透彻。

（2）努力推测沟通对象可能想说的话，有助于更好地理解和体会沟通对象的感情。但不能对沟通对象的话进行假设之后，就把假设当真，不再认真倾听。尤其要克服自己的偏见，不要受先入为主的心理影响。

（3）保持与沟通对象的眼神接触，但又要避免长时间地盯着对方，否则会使对方感到不安。

（4）端正坐姿，并让身体稍稍前倾。面对沟通对象，在对方讲话时，不时地做一些笔记，尤其注意不要给对方一种无精打采的感觉。

（5）即使突然有电话打进来，可明确告诉对方过一会儿再打过来。如果电话内容紧急而重要、必须接听，也要先向沟通对象说明原因、表示歉意。

（6）不要东张西望，或若有所思。避免出现跷二郎腿、双手抱胸、双目仰视天花板或斜目睨视等容易被沟通对象误以为不耐烦、抗拒或高傲的行为举止。

（7）在倾听过程中，如果没有听清楚，没有理解；或是想得到更多的信息，澄清一些问题，希望沟通对象复述；或者希望双方使用其他的表述方法，以便于理解；或者想告诉沟通对象你已经理解了他所讲的问题，希望他谈一些其他问题，则可在适当的情况下，直接把自己的想法告知沟通对象。

（8）以热诚、友善的态度倾听，避免做出任何冷漠、体现自我优越感、吹毛求疵的行为。

（9）要有听取不同意见的心理准备，即使沟通对象所说的话伤害了你，也不要立即在脸色、语气上表现出来，至少要让对方把话说完。

总体而言，要善于运用倾听的四种回应方式：鼓励，即促进对方表达的意愿；询问，即以探索方式获得对方更多的信息资料；反应，即告诉对方你在听，同时确定已完全了解对方的意思；复述，即重复对方的话，用于讨论结束时，确定没有误解对方的意思。

2．沟通内容推动的技巧

推动技巧主要用来影响他人的行为，使其逐渐符合推动者想要沟通的议题。有效运用推动技巧的关键，在于以明白具体的积极态度，让对方在毫不怀疑的情况下接受你的意见，并觉得受到激励，进而主动完成工作或解决问题。推动技巧主要由以下四种技巧组成。

（1）回馈。让对方了解你对其讲话或行为的感受，这些回馈对人们改变行为或维持适当行为是相当重要的，尤其是提供回馈时，要以清晰具体而非侵犯的态度提出。

（2）提议。将自己的意见具体明确地表达出来，让对方能了解自己的沟通方向与目的。

（3）推论。使讨论具有进展性，整理谈话内容，并以其为基础进行延伸。

（4）增强。通过增强对方出现的正向行为（符合沟通意图的行为）来影响他人，激励他人做你想要他们做的事。

六、积极反馈，形成有效沟通

所谓反馈就是在沟通过程中，对沟通对象所表述的观念、想法和要求给予态度上的回应，让对方明白自己的态度和想法。这种反馈既可以主动寻求，也可以主动给予。在现实中，有些人总是想到要把自己的观点、想法灌输给对方，让对方无条件地接受，往往不寻求对方的反馈，也不对其反馈进行分析或据以调整自己的想法和思路。其结果往往是费时费力，但却没有沟通效果，总是“沟而不通”。为此，进行沟通反馈时要注意以下几点。

（1）避免在对方情绪激动时反馈自己的意见，尤其是在要反馈的内容与对方所寻求的意见不一致时。

（2）避免全盘否定性的评价，或者向沟通对象泼冷水。例如，上级在与下属进行沟通时，即使要批评下属，也必须先赞扬其工作中积极的一面，再针对需要改进的地方提出建设性建议，以让下属能心悦诚服地接受。

（3）使用描述性而不是评价性的语言进行反馈，尤其强调要对事不对人，避免把对事的分析处理变成对人的褒贬。既要使沟通对象明白自己的意见和态度，又要有助于对方做出行为上的改变。

（4）向沟通对象明确表示自己将会考虑如何采取行动，让对方感觉到这种沟通有立竿见影的效果，以取得对方的信任。

（5）站在沟通对象的立场上，针对沟通对象所需要的信息进行反馈。

（6）反馈要明确、具体，若有不同意见，要提供实例说明，避免发生正面冲突。

（7）针对沟通对象可以改变的行为进行反馈。

（8）要把反馈的重点放在最重要的问题上，以确保沟通对象的接受和理解。

实训组织

实训8-5　团队沟通技巧的应用

实训形式　团队游戏

实训步骤

团队游戏：滚动乒乓球

第一步：实训前准备。要求学生提前阅读团队沟通技巧的相关文献，了解本次实训的理论知识。

第二步：每6～8人为一个团队，完成“滚动乒乓球”游戏。

团队游戏　滚动乒乓球

（1）每位团队成员分得一张A4纸，每个团队分得一只乒乓球。

（2）要求团队成员将A4纸连接成一个能够让乒乓球滚动的滑道，通过滑道一直将乒乓球运送到终点的小桶中，乒乓球在滑道上滚动的过程中不能停止，也不能掉落到滑道和终点的小桶之外，如果中间掉落，则要重新开始。

（3）团队成员根据游戏规则进行讨论和尝试，并做好比赛前的准备工作。

（4）各团队依次进行游戏任务，并记录各团队完成任务的时间。

（5）按完成任务到达终点的先后顺序公布各团队比赛后的成绩。

第三步：由团队管理者（领导者）组织团队成员进行讨论，分析在整个比赛过程中存在的问题或取得的经验，以及在任务完成的过程中大家是如何进行沟通的。

第四步：抽取学生代表发言。

第五步：教师总结，进一步讲解团队沟通技巧，巩固理论知识点。

拓展资源

团体心理沙盘——带你感知沟通的真谛

一、什么是团体心理沙盘

心理沙盘是通过专业的工具，根据制作者当下的心情和脑中的意象完成一幅沙盘作品，在盛有细沙的特制箱子里用各种模型、玩具组建心灵庭院，摆弄心灵故事，探索自我的心路历程。而团体心理沙盘，则更倾向为沙盘游戏或团辅活动，对于人际关系的改善能够发挥其独特的作用。团体心理沙盘的参与者会按照规则无意识地在沙盘上摆设沙具，用一种非言语的方式与大家进行一场真实的沟通。

二、团体沙盘游戏中非言语沟通的独特魅力

人类语言只是一种有限的交流工具，它并不能充分表达一个人的思想。团体沙盘游戏的意义在于为人们搭建一座桥梁，以促进人与人之间的沟通与合作。沙盘游戏有别于一般游戏之处恰恰在于其非语言性的特点，揭示了沟通来自心理的深层影响力。

（1）面对自己，开放自己。借助沙盘和沙具，团队成员开放自己，与自我对话，这也是团队沟通的首要条件，让他人懂得自己的本意，同时自己也可以明白他人的意思。

（2）倾听他人，关注他人。沙盘作品最后的完美呈现，往往与其中成员的“关注他人”“大局意识”密切相关，而这种人在沟通中也更能获得团队其他人的认可。

（3）共情理解，尊重接纳。良好的沟通必定建立在相互理解的基础上，理解他人、为他人着想，是营造良好人际关系的关键。沟通有个黄金定律：你希望别人怎样对待你，你就要以同样的方式对待别人。而团体沙盘游戏就提供了这样一个彼此尊重、互相接纳的空间，也是人际沟通和谐的重要因素。

（4）换位思考，将心比心。沙盘游戏中的成员会不断改变自己的想法和行为方式，从而达到内心的平和与人际关系的协调。

（5）个人责任，团队意识。由于沙盘游戏采用的是一种非言语的方式，他们之间的交流不是直接的言语，而是用玩具和动作象征性地表达自己的内心世界，这既避免了言语交流过程中自身形象遭受损害的威胁，也有助于相互沟通的深刻化。沟通中个人责任更加突出，团队意识更加明晰。

同步强化训练

一、单项选择题

1. 以下对于沟通表述正确的是（　　）。

A. 沟通虽然是双方或多方的行为，但不需要有信息的接受者

B. 信息只要传递出去了，即使接受者没有收到信息，沟通也已经发生

C. 沟通过程可以没有信息的内容

D. 沟通是指两个人或者两个主体之间对某种信息的传递、接收和理解的过程

2. （　　）是指在沟通过程中，信息发送者与接受者之间的地位保持不变，一方主动发送信息，另一方主动接受信息。

A. 双向沟通　　B. 单向沟通　　C. 上行沟通　　D. 斜向沟通

3. 以下表述正确的是（　　）。

A. 书面沟通耗时、缺乏反馈，但有形、持久、谨密、逻辑性强

B. 口头沟通条理清楚，信息准确度高

C. 单项沟通信息的准确性高，但易使接受者产生抵触情绪，沟通效果较差

D. 双向沟通需要双方反复交流磋商，不利于建立良好的人际关系

二、多项选择题

1. 沟通过程包括（　　）等要素。

   A. 沟通主体　B. 沟通客体　C. 沟通介体　D. 沟通环境

   E. 沟通渠道

2. 沟通的基本条件包括（　　）。

   A. 有信息发送者　B. 有信息接受者

   C. 有信息内容　D. 有传递信息的渠道和方法

   E. 有信息的来源　F. 有信息的收集

3. 群体的典型沟通网络包括（　　）。

   A. 链式沟通　B. Y式沟通

   C. 轮式沟通　D. 环式沟通

   E. 全通道式沟通　F. 直线式沟通

三、思考题

1. 结合实际工作，谈谈团队沟通的作用。
2. 举例说明，在实际工作中，团队沟通有哪些障碍，如何克服这些障碍。
3. 结合实际，谈谈团队沟通有哪些技巧。

模块九

团队领导

学习目的

通过教学，使学生能够掌握领导与领导力的定义，区分领导者与管理者的不同，理解领导的基本原则，掌握几种基本领导理论，分析领导方式与适用情境。

教学手段

知识讲授；心理测试；案例分析。

单元一　团队领导概述

理论知识点

一、领导的含义

领导是影响一个团队实现其愿景或一系列目标的行为，可解释为率领、带领、引导、指导等。团队领导能有效、协调地提出和实现团队目标；调动成员的积极性，为个人成功提供条件；维持良好的信息交流（包括建立信息交流的措施和良好的交流体系）。领导主要通过三种职能发挥作用：①指挥，即指在团队活动中，需要有头脑清醒、胸怀全局，且能高瞻远瞩、运筹帷幄的领导者帮助团队成员认清环境和形势，指明活动的目标和实现目标的路径；②协调，即指团队在内外因素的干扰下，需要领导者来协调团队成员之间的关系和活动，朝着共同的目标前进；③激励，即指领导者激发团队成员主观能动性的过程。

二、领导者的影响力

领导者的影响力就是领导者在领导过程中，有效改变和影响他人心理和行为的一种能力或力量。领导者的影响力由以下两个方面构成。

（1）职权或正式权力，即领导者的地位权力。这是指由于领导者担任相应的管理职位而拥有的权力，来源于组织的授权，包括支配权、强制权、奖赏权。

（2）威信或非正式权力，即下属服从的意愿。这是指由领导者的能力、知识、品德、作风等个人因素所产生的影响力，包括专长权、表率权、亲和权。

课堂延伸案例　任正非当选中国最具影响力商界领袖

在《财富》杂志发布的“2019中国最具影响力的50位商界领袖”榜单中，已经74岁高龄的华为创始人任正非居首，当选为当年中国最具影响力商界领袖。1987年他与朋友一起筹集了21 000元创办了华为公司。他并不是计算机领域的天才，但他的管理工作帮助华为成为全球最大的电信设备公司。任正非带领华为从刚开始的没资金、没技术的情况下，硬是闯出了一片天，用30年左右的时间把华为打造成全球第一通信设备商。2019年，华为实现全球销售收入8 588亿元，但净利润却只有627亿元。华为的利润率低，除了高昂的人力成本和市场开发成本外，还有一个重要原因就是任正非专注技术的理念。华为2019年研发投入1 317亿元，近10年投入研发费用总计超6 000亿元，在2019年的全球研发投入排名中，华为超过英特尔和苹果，位居第5。

然而，发展如此迅猛的华为至今都不肯上市，任正非对此表示：“上市是为了钱，华为不缺钱，而且上市了难免会受股东影响，让赚钱成为主要目标，在金钱中丧失理想，对长远发展是不利的。”

三、领导者的角色

领导者的角色是指符合领导者个人的社会地位及其职责要求的行为模式。在组织或群体中，它处于显著位置，人们总是期望领导者能明晰自己的权力与责任，善于根据角色要求行动，起到楷模作用。

从领导者的工作性质和工作职责的角度来看，领导者是一个团队或组织中政策的制定者、规划的决定者、工作的控制者、任务的分派者、冲突的仲裁者、赏罚的实施者、关系的协调者、集体的代表者、价值的规范者和信念的依据者。

从领导者所处位置和发挥作用的角度来看，领导者往往是群众的首领、组织的代表、集体的替身、行动的榜样、团体的象征、责任的化身、权力的体现、奖惩的对象。

四、领导者的技能

领导者的三种主要技能是技术技能、人际技能和概念技能。

1．技术技能

技术技能是指一个人掌握和运用某一专业领域内的知识、技术和方法的能力。例如，会计人员、工程师、文字处理人员和工具制造者所学习到的技能。在操作人员和专业人员层次上，技术技能是工作绩效的主要影响因素。但是当员工升职并拥有领导责任后，他们的技术技能比重相对就会下降。作为领导者，他们更加依靠下属的技术技能，且在多数情况下，他们基本上不参与所管理的技术技能实践。

2．人际技能

人际技能是指有效地与他人共事和建立团队合作的能力。具有良好人际技能的领导者能够激发员工的热情和信心，团队中任何层次的领导者都应具备人际技能，这是领导行为的重要组成部分。

3．概念技能

概念技能是指按照理论、模型、框架而进行计划、分析、判断、提炼及决策的能力。运用这种技能，领导者必须能够将团队看作一个整体，理解各部分之间的关系。在越高的管理职位上的领导者，该技能的作用也就越重要。概念技能处理的是观点、思想，而人际技能关心的是人，技术技能涉及的则是事。

对于领导技能的分析表明，不同层次的领导者所需要的三种技能比重是不同的。管理层级越高，工作中技术技能所占的比例越小，概念技能所占的比例越大。这就可以解释为什么杰出的部门领导者有时无法胜任副总裁的职位，因为他们原本的领导技能结构不适合更高管理职位的要求。

课堂延伸案例　王工升迁后

在一家计算机维修服务公司，王工是一位优秀的计算机维修工程师，他的计算机维修技术在公司是最好的，同时他服务的客户满意度也是最高的，公司经理对他的工作非常放心，放手让他自己工作。公司根据他优秀的表现，提拔他到行政办公室负责管理一个计算机维修工程师团队，基本上也是放手让他独自管理。然而经过一段时间，公司发现该团队成员之间不是很融洽，并且客户对该团队维修服务的满意度远不如王工原来个人的满意度，并且经常不能按时为客户提供服务。王工也开始抱怨团队成员没有他的技术好，经常亲自做维修工作，同时也开始抱怨公司的安排。

五、领导的基本原则

1．懂得沟通

作为一个领导者，最重要的是要懂得沟通，包括语言的沟通、心与心之间的沟通。语言的沟通能让团队成员更好地理解领导者的想法，了解该想法的目的，以及该想法对工作的积极作用，并让成员在理解后可以按照对应的思路去做事。而心与心之间的沟通显得更为重要，它可以拉近领导者与成员之间的距离，这样才能与成员更好地协作处理工作，还可以化解一些尴尬或矛盾。心与心之间的沟通表现在心平气和、将心比心地去交流，多站在对方的立场去思考，多关心团队成员平时的生活等。

2．愿景比管控更重要

吉姆·柯林斯（Jim Collins）在其著名的《基业长青》一书中指出，那些真正能够留名千古的宏伟基业都有一个共同点：有令人振奋并可以帮助员工做重要决定的“愿景”。愿景就是团队对自身长远发展和终极目标的规划和描述。树立起强大理想与愿景的企业或团队会在风险和挑战面前无所畏惧，他们对自己所从事的事业拥有坚定、持久的信心，也能够在复杂的情况下，从大局、从长远出发，果断决策，从容应对。

一些人错误地认为，领导者的工作就是将100%的精力放在对团队组织结构、运营和人员的管理和控制上。这种依赖于自上而下的指挥、组织和监管的模式虽然可以在某些时候起到一定效果，但它也会极大地限制成员和团队的创造力，并容易使团队丧失前进的目标，使成员对团队未来的认同感大大降低。相比之下，为团队树立一个明确的、振奋人心的、可实现的愿景，对于团队的长远发展来说，其重要性更为显著。处于创建和成长阶段的小团队可能会将更多精力放在求生存、抓运营等方面，但即便如此领导者也不能轻视愿景对于凝聚人心和指引方向的重要性；对于已经发展壮大的成功团队而言，是否拥有一个美好的愿景，就成为该团队能否从优秀迈向卓越的重中之重。

课堂延伸案例 工作与愿景

有个人来到一个建筑工地，那里有三个工人正在工作，他先问第一个工人："你在干什么？"那人说："我在砌砖啊。"他接着问第二个工人："你呢？"得到的回答是："我在修一堵墙。"然后他又走到第三个工人那里，问他："你又在干什么呢？"那人正一边哼着小曲一边干活，对他说："我呀，我在修一座教堂。"

倘若你想最大限度地影响别人，就应该给他们讲愿景、讲故事，并使之成为他们心中的"大教堂"。在愿景故事里，要把点点滴滴编织在一起，形成对未来的美好憧憬，这样我们的努力才会更有价值。

3．信念比指标更重要

每一个团队的领导者都应当把坚持正确的信念、恪守以诚信为本的价值观放在所有工作的第一位，不能只片面地追求某些数字上的指标或成绩，或一切决策都从短期利益出发，而放弃了最基本的团队行为准则。相比之下，正确的信念可以带给团队可持续发展的机会；反之，如果把全部精力放在追求短期指标上，虽然有机会获得一时的成绩，却可能导致团队发展方向偏差，使团队很快丧失可持续发展的动力。成功的团队总是能坚持自己的核心价值观。

4．团队比个人更重要

在一家成功的企业中，团队利益会高于个人利益。企业中的领导者应当将公司的整体利益放在第一位，部门利益其次，个人利益放在最后。然而在现实中，许多部门领导者总是习惯性地把自己作为优先考虑的对象，而在不知不觉中忽视了团队及公司的整体战略方向和整体利益。

5．授权比命令更重要

在团队管理中，领导者需要给团队成员以足够的空间，只有这样才能充分地调动成员的工作积极性，最大限度地释放他们的潜力。在现代社会中，人人都拥有充足的信息，人人都拥有决策和选择的权力，授权成为新的团队工作常态。

课堂延伸案例 糖果实验

心理学家莱姆做了一个有趣的实验，他告诉孩子们他们将会获得一些糖果，并可以在两种糖果中任选其一。然而，他的助手在分发糖果的时候，并没有按照莱姆所说的那样做，他忽略了孩子们的喜好，任意地将一种糖果分发给孩子们。实验结束后，助手通过与孩子们的交流才发现，他们原本说自己是喜欢某种糖果的，可是被强行分发了另一种糖果后，他们的态度改变了，认为自己原本喜欢的糖果不好吃了。孩子们本来以为自己有选择糖果的权利，可是事实并非如此，他们便感到自己被强加上了一种束缚，从而不再喜欢原本喜欢的东西了。

莱姆对这种现象进行了解释：人们总是希望自己的内心处于一种平静与和谐的状态，当自己的认知与外界不和谐的时候，他们便会重新构建自己对于外面世界的看法，而放弃自己原本的认知。

这个糖果实验直接阐明了领导者的专断对于团队成员的影响。如果成员独立开展一项工作时，领导者一味地在旁边“指手画脚”，把自己的意见强行地兜售给成员，即使他们本来很有主见，愿意在工作中发挥自己的独创性，也会渐渐地放弃思考的独立性，转而“投降”于领导者的主张。长此以往，成员的创见性就会渐渐被抹杀，使他们沦为执行领导者意志的机器，导致团队的创新力越来越贫乏，从而失去竞争优势。

6．平等比权威更重要

在团队管理的过程中，尽管分工不同，但团队领导者和成员应该处于平等的地位，只有这样才能营造出积极向上、同心协力的工作氛围。

平等的第一个要求是重视和鼓励成员的参与，与成员共同制定团队的工作目标。这里所说的共同制定目标是指，在制定目标的过程中，让成员尽量多地参与进来，允许他们提出不同的意见和建议。这种鼓励成员参与的做法可以让成员对团队的事务更加支持和投入，对领导者也更加信任。虽然不代表每一位成员的意见都会被采纳，但当他们亲身参与到决策过程中，当他们的想法被聆听和讨论，那么即使意见最终没有被采纳，他们也会有强烈的参与感和认同感，会因为被尊重而拥有更多的责任心。

平等的第二个要求是领导者要真心地聆听成员的意见。作为团队领导者，不要认为自己高人一等，也不要事事都认为自己是对的，应该平等地听取成员的想法和意见。在复杂情况面前，领导者要在综合权衡各方意见的基础上果断地做出正确的决策。

课堂延伸案例　领导者的认知

◆　团队目标对团队的重要性

一个团队的形成，大多开始于一个外来因素，可能是一个项目需求或一个功能性需求。总之，团队的形成绝不会是无中生有的，而这个外来的因素，大概就决定了这个团队的权责范围与发展。这个权责范围，一般被称为团队目标，而团队的关键绩效就由成员如何满足团队权责范围内的任务来评定，这是大多数团队的状况。

◆　领导者要为团队与成员勾勒愿景

一个领导者要想留下手边的人或者吸引人才进入自己的团队，勾勒愿景至关重要，但有时候我们常会把勾勒愿景跟“画大饼”混为一谈，例如：

“你进了团队，好好努力，年收入200万元不会是问题。”

“我们继续往下做，到时候你有不错表现，我会跟领导推荐让你当主管。”

“你认真加班，好好赶工，加薪时你的薪水绝对会有大幅提升。”

其实，勾勒愿景与“画大饼”只是一墙之隔，如果领导者有能力去实现，并在持续推进，那么这就是在勾勒愿景，反之就是在“画大饼”。

◆ 领导者要融入团队

领导者在团队中不见得总是扮演最关键的角色，也可以是小螺丝钉、润滑液或是啦啦队，领导者必须要随时切换自己的身份，但何时该切换成什么样的身份，若没有跟团队一起打拼、奋斗的经历是没有用的。作为团队的领导者，在常规工作中，往往只需要扮演好从旁协助和监督角色；而若团队发生冲突，就要扮演好居中协调的角色；当遇到攻坚克难的困难时，则应该跟大家一起寻求更好的方法以减轻工作负担，提高工作效率，这时需要扮演的是导师角色。

◆ 领导者的风格决定团队文化与发展

一个团队在成立之初大致上不会有什么特别的文化或特性，但当领导者陆续制定一些规范、守则后，这个团队的特性会慢慢地呈现出来，接着因这些特性而衍生的文化也会渐渐形成。

◆ 领导者对团队的影响

成员们总是看着团队领导者的背影成长起来的，过程中他们的做事方式、行为风格或者态度都会受领导者的影响。如果领导者强调当责，但本身并没有以身作则，再要求别人就显得没有说服力；领导者本身不愿分享自己的经验，却告知他人要分享知识与经验给他人，那又是何其讽刺；强调团队合作，但却不融入团队，又怎能服众。领导者希望团队变成什么模样，首先其本身就要变成那个样子。

单元二　团队领导力的构建

理论知识点

创业团队领导力

领导力（Leadership）是指在管理权限的管辖范围内充分利用团队内外部资源，以较少的成本完成团队目标。团队领导力的构建可以从特征视角、功能视角、情境视角三个角度进行分析。

一、特征视角：有效领导的特征

早期的一些研究人员发现领导者往往具备诸如智慧、热情、自信、控制力强、社会参与度高以及信奉平等主义等特征。同时他们还探索了一些与领导力相关的物理特征，认为相比其他团队成员，担任领导者的人似乎更高大魁梧、更积极、更充满活力，并且外表也更胜一筹。此外，还有些研究人员发现领导者往往机敏老练、乐观向上、公正守纪、多才多艺且具备自控能力。

特征视角（Trait Perspective）将领导力视为领导者所具备的个人属性或品质。这种分析视角有一定的合理性，但其透露出的有用信息比较有限。一些领导者在特定情形下表现出来的特征，如将军带领军队冲锋陷阵，所展现的品质特征并不适合其他领导职位。

这种方式的另一个缺陷在于无法界定哪些特征对于成为领导者更为重要，而哪些特征又对长期担任领导者更为重要。相关研究也没能对领导者以及具备相同特征的下属进行充分的区别，无法为想要提升领导力技能的团队成员提供帮助。

课堂延伸案例 **乔布斯的领导力解析**

对于乔布斯卓越的领导力才能，相信很多人都会给予极高的评价，他几乎凭一己之力改变了整个世界对于电子产品原有的认知。他坚毅、刚强，几经坎坷，依然屹立不倒；他自信、执着，忠于自己的直觉，挚爱自己的事业；他强势、果敢，1997年重返苹果并任首席执行官，他对深陷发展困境、危在旦夕的公司进行了大刀阔斧的改组。活力四溢的乔布斯是一位鼓动人心的激励大师，他对语言的驾驭游刃有余，对场面的控制、情绪的调动得心应手。

二、功能视角：团队需求和角色

功能视角（Functional Perspective）将领导力视为任何团队成员都可以展现出来、能将团队效力最大化的行为表现。对于想要提升领导能力的人而言，这种方法更为有效。尽管特征视角能帮助人们判断怎样的人更适合成为领导者，但功能视角界定了领导者所需具备的、能够帮助团队有效运转的领导行为（突出表现为团队沟通行为）。通过了解这些行为，人们可以更有效地参与和领导团队活动。该理论的支持者认为，主要的领导行为可以分成两类：任务型领导力（Task Leadership）和进程型领导力（Process Leadership）。以任务为导向的领导行为专注于实现团队目标，而以过程或进程为导向的领导行为则更注重维持良好的团队内部人际关系。这两种领导行为都很重要。

（一）任务型领导力

在任务型领导行为中，团队讨论、沟通至关重要。当团队召开会议、商讨问题、进行决策、策划活动或者制定方针时，成员的随意表现往往会成为阻碍。即便是已切入正题，讨论也随时可能迷失方向并开始离题，团队整体就会逐渐偏离轨道。甚至有时会由一个人垄断整个对话，其他人则保持沉默；或是出现迟迟无法切入讨论主题的局面。这时就需要领导者加强任务型领导行为。

以下四种任务型领导行为可以有效地提高团队沟通成效，促进团队目标的实现。

1．发起

任务导向的团队讨论需要构思想法，有时候想法与程序事项挂钩，有时候团队需要提出问题解决的对策。然而在提出解决建议之前，团队成员可能并没有充分理解问题所在。这时领导者可以提议说：“我觉得我们还没有真正地把问题解析透彻，就已经开始提出解决方案了。让我们花几分钟时间进一步分析问题，这样就能确保大家都在讨论同一件事了。”

在这个例子中，通过提出改变团队讨论进程的建议，领导者发起了一次团队讨论的程序变革，这可能会对团队有利。“发起”意味着“开始”，如果领导者说“让我们开会吧”，就意味着改变开始了。如果随着会议的深入，领导者说“让我们考虑一下是否有其他选择”或者“在做出评估之前让我们多想些点子”，同样可以改变团队讨论的进程。如果没有人发起讨论，团队就会没有方向。担任发起人、提出新想法或者提议采取不同的步骤是非常重要的团队领导行为。

2．阐释

有时候好的想法容易被忽略，除非提出者能够对这些想法进行详尽阐述，使其变得更形象具体。假设在一场团队讨论中，讨论主题是如何扩大明年新人入会规模，有人提议重新装修娱乐室可能会有所帮助。在这次讨论中，可能会发生这样一些事：成员可能开始评估这个建议，有人赞同，有人反对，有人提出新的想法。而如果提出者能详尽地描述当娱乐室换上新地毯，摆上台球桌和新沙发，再加上柔和的灯光后，会变得焕然一新，那么尽管装修娱乐室这个提议最终可能不会被通过，但这样的阐释会让其有了更多希望。

3．协调

不同的人会有不同的期望、信念、态度、价值观以及经历。团队中每个成员的贡献都是独一无二的，但都应该被引向实现团队的共同目标。鉴于团队以及团队成员的多样性，协调往往是一种重要的领导力表现。例如，如果领导者发现两位成员提出的想法有关联，就应该指出来，以利于展开团队讨论。领导者要为各成员提出的想法意见搭建桥梁，这样不仅能让他们有“团队感”，还可以减少他们对于团队所需处理的问题及解决方案等方面的不确定感。

4．总结

团队讨论可能会变得冗长，常常会出现成员不知道讨论从何开始、去向何处的情况。事实上，不用太多的题外话，就会使团队偏离讨论轨道。即便团队没有偏离轨道，有时候停下来，对进展进行总结也是有必要的。通过对讨论进行到哪一步、还需要做些什么等问题进行总结归纳可以降低讨论的不确定性。了解团队何时需要进行总结，并及时采取行动，领导者就能帮助团队朝着实现目标的方向迈进。即便其他成员不接受这个总结，团队领导者也能察觉到成员之间的观点差异，使得讨论更加开诚布公。

发起、阐释、协调和总结是四种较为重要的团队领导行为，但任务型领导力并非只有这些。任务型领导力体现为任何能够影响团队工作进程并帮助团队完成任务的行为。提出建议、构想新点子、提供信息资源或见解、观察工作程序步骤等都属于任务型领导行为。

（二）进程型领导力

团队要有效运作，就需要时刻留意自身发展。团队是由人组成的，而人都会有需求。有效的团队沟通必须同时满足团队任务以及成员需求。若无法营造良好的团队氛围，就可能导致团队整体表现不佳。从这方面看，团队就如同一辆汽车。汽车可以载你去想去的地方，但它们需要定期的维护保养来保障性能。团队亦是如此，也需要维护和保养。

领导力的相关研究始终认为团队既有任务要求，也有进程需求。进程通常被称为“团队的构建和维系”。进程型领导行为能够维护团队的人际关系，营造出良好的气氛，既能提高成员满意度，又有利于团队完成任务。进程型领导力是团队沟通的“润滑剂”。以下是几种有助于改善团队氛围的进程型领导行为。

1．舒缓紧张氛围

当团队成员感觉疲惫时，当任务格外棘手时，或当氛围极度紧张、所有人都承受不小的压力时，就意味着团队需要放松一下。开个玩笑、展现下幽默感、休息片刻等，往往能满足团队成员的需求——舒缓紧张氛围。

2．把关

团队成员的多样性使得团队沟通复杂化的同时，也可以成为团队可利用的优势。俗话说："三个臭皮匠，顶个诸葛亮。"拥有更多经验和智慧的团队强于个体，而个人经验以及洞察力只有在共享的情况下才对团队有利。

把关行为旨在协调讨论进程，让所有成员都有机会发表见解。例如，领导者可能需要引导成员（"小王，你肯定深入分析过这个问题，你对此有什么看法？"），或是限制那些可能会发表长篇大论的成员（"在休会之前，我们或许应该把发表评论的时间限制在两到三分钟，这样每个人就都能发表看法了"）。把关是一种很重要的领导力，因为它能确保更多成员对团队有所贡献，既满足了团队的任务需求，也提升了成员的参与感与价值感。

3．鼓励

人们喜欢受到称赞，当有人认可他们做出的贡献时，他们会非常开心。给予鼓励能增强成员的自尊心，同时其期望、自信和抱负都会进一步提升，从而提升团队士气，增强团队凝聚力及成员满足感。

4．调解

出现适当的冲突是正常的，但是如果无法有效管理冲突就会导致成员身心俱疲甚至受伤，团队凝聚力降低。调解的目的在于化解成员之间的冲突，释放与冲突有关的紧张情绪。无论何时，一旦冲突从问题导向上升至个人导向，演变成人身攻击，就需要进行调解。

任务型和进程型领导力对于团队的成功都起着关键作用。如果团队在完成任务方面没有取得进展，成员可能就会感到沮丧，得不到满足；而如果团队无法营造良好的氛围，成员就会将注意力和精力集中到对团队的不满上，而不是专注于完成分配到的任务。

三、情境视角：根据实际情况做出调整

从情境视角（Situational Perspective）分析，领导力不仅会涉及上述所有因素，还会涉及领导方式和情境。

（一）管理方格理论的五种领导方式

团队领导——
管理方格理论

领导方式是一种相对稳定的行为模式，反映出领导的信念和态度。管理方格理论（Management Grid Theory）是研究企业的领导方式及其有效性的理论，是由美国得克萨斯大学的行为科学家罗伯特·布莱克（Robert Blake）和简·莫顿（Jane Mouton）在1964年出版的《管理方格》一书中提出的。

这种理论倡导用方格图来呈现领导方式。他们认为，在企业管理的领导工作中往往会出现一些极端的方式，或者以生产为中心，或者以人为中心；或者以X理论为依据而强调靠监督，或者以Y理论为依据而强调靠信任。为避免趋于极端，克服以往各种领导方式理论中的"非此即彼"的绝对化观点，他们指出：在关心生产的领导方式和关心人的领导方式之间，可以有使二者在不同程度上互相结合的多种领导方式。为此，他们就企业中的领导方式问题

提出了管理方格法，设计了一张纵轴和横轴各九等分的管理方格图（见图9-1），横轴表示企业领导者对生产的关心程度，纵轴表示对人的关心程度。第一格表示关心程度最小，第九格表示关心程度最大。全图总共81个小方格，分别表示“对生产的关心”和“对人的关心”这两个基本因素以不同比例结合的领导方式。

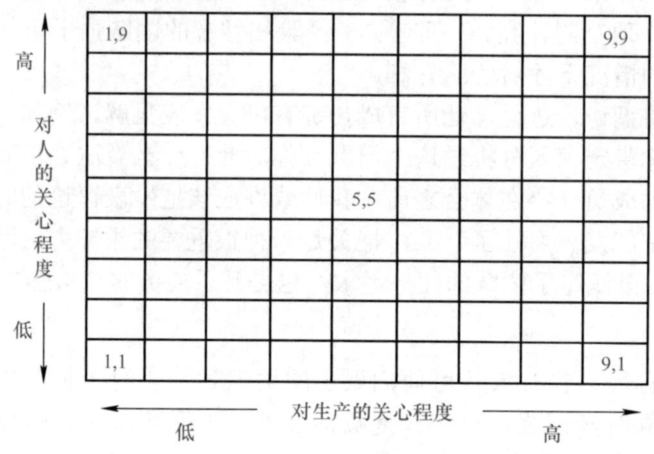

图9-1　管理方格图

管理方格图中有五个方格具有管理学上的典型意义。

（1）贫乏型管理（1，1）：对生产和人的关心程度都很小。

（2）权威型管理（9，1）：领导者的注意力集中于任务的效率，但不关心人的因素，很少关注团队成员的士气和发展。

（3）乡村俱乐部型管理（1，9）：领导者充分关注人际关系，注意对员工的支持与体谅，组织气氛比较和谐，但缺少对任务、效率、规章制度、指挥监督方面的关心。

（4）中庸型管理（5，5）：既不偏重于关心生产，也不偏重于关心人，完成任务不突出；或者说对人和生产都有适度的关心，保持完成生产任务和满足员工需要之间的平衡，追求正常的效率和令人满意的士气，倾向于维持现状。

（5）团队型管理（9，9）：领导者对生产和人都极为关心，想方设法协调各项活动，生产任务完成得好，职工关系协调，士气旺盛，员工个人目标与企业目标相结合，形成一种团结协作的管理方式。这当然是一种最理想的领导方式，但在实际中并不容易做到。

布莱克和莫顿针对这五种典型模式，归纳总结了相应的定位特征和评价指标。领导者可以根据自己对生产的关心程度和对人员的关心程度不同，在图上找出自己所处的（或接近的）坐标位置，进而找出相应的改进策略。任何一个领导者的领导行为都会涉及这两个关心维度的方向和关心程度的高低。有的领导者偏于关心生产，有的领导者偏于关心人员，有的则能够兼顾二者。

特别指出贫乏型管理（1，1）：这是一种既不关心生产，也不关心人员的管理方式。这种方式的领导者并不一定是能力低下者。有些时候，他们对团队有高度的依恋，但是缺乏工作的热情和上进心；他们是理性的而不是糊涂的，其行为总是试图以最小的付出来保住自己的职位；他们往往具有“熬”出来的资历优势。管理水平低下不等于领导者的能力低下，不努力工作不等于不依赖团队。有时情况恰恰相反，领导者能力很高却管理效果不好，越是混日子的成员对团队的依附性越强。在企业或团队中，判断是否为贫乏型管理，有一个简易标准，凡是那种把“没有功劳也有苦劳，没有苦劳也有疲劳”挂在嘴边的领导者，恰恰是布莱克和莫顿强调的贫乏型管理者的真实写照。

（二）赫塞的情境领导模式

保罗·赫塞（Paul Hersey）通过建立任务及相关关系来推进领导行为的多种不同组合来展现领导方式与不同情境的关系（见图9-2）。

1．赫塞情境领导模式的内容

根据图9-2的赫塞情境领导模式图显示，横纵轴分别代表领导行为的工作以及关系（进程）导向，反映出四种不同类型的领导方式。赫塞将这四种领导方式分别定义为命令式、说服式、参与式和授权式。

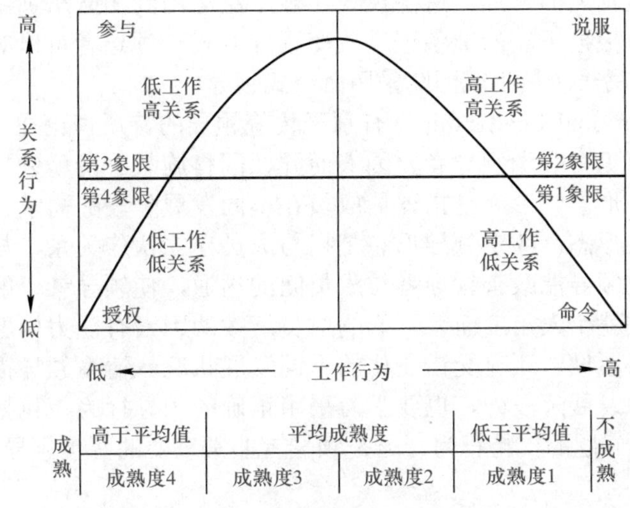

图9-2 赫塞的情境领导模式

第一象限高工作低关系，命令式领导者着重强调团队应该完成的任务，不太注重关系问题，注重向成员解释工作内容以及工作方法，并指导成员去完成任务。

第二象限高工作高关系，说服式领导者对成员的角色和目标给予详尽的指导，并密切监督成员的工作成效，以便时常对工作成果给予反馈。

第三象限低工作高关系，参与式领导者和成员共同面对问题，制订解决方案，并给予鼓励和支持。

第四象限低工作低关系，授权式领导者提供适当的资源，完全相信成员的能力，将工作任务交由成员全权负责、独立作业。

需要说明的是，命令式就是下指令，而说服式虽然也是下指令，但领导者的目的是团队成员能够接受并且理解工作指令；参与式主要以关系为主，鼓励所有成员都参与决策的制定；授权式领导则是完全放手，让成员独立作业。

赫塞的情境领导模式图的下方有一个成熟度等级标尺，代表了在完成特定工作任务时，团队成员所表现出来的参与程度和能力。根据成员的成熟度不同，领导者也应采取不同的领导方式。

2．赫塞情境领导模式的应用

综合来看，当团队刚刚着手工作时，最适合采取“命令式”领导方式。随着团队逐渐发展成熟，有效的领导方式允许成员拥有更多的自主权。同样，当成员拥有更多的经验，越发投入工作时，领导者也应该与之分享更多的决策权。

传播学者萨拉·特伦霍姆（Sarah Trenholm）用赫塞情境领导模式对课堂现场进行了解释，将教学方法视为一种领导力。在课程初期，由于学生缺乏相应的知识，高度的指令告知式教学方法是最好的。如果老师对新生说，“由你们决定想学什么以及怎么学，这完全取决于你们自己”。此时，学生会因为尚未做好完全自学的准备而陷入迷茫。但随着上课次数的增加，学生更了解这门课程，彼此也都很熟悉了，老师或许就会采取说服式和参与式两种教学方法，最终可能采用授权式教学方法。学生越成熟，就越有可能做好自学的准备，甚至可能会抗拒别人的指挥。赫塞模式还被广泛运用到团队培训中，因为该模式展现出了领导者应该如何根据下属的准备程度改变领导方式。领导者可以对某个员工或团队进行授权式领导，而对另一个员工或团队采用命令式领导。

情境领导（Situational Leadership）有别于传统领导的特质理论在于它不只重视领导者行为能力的修炼，而更为强调领导者要因人而异、因材施教。情境领导的三大技巧是：诊断、弹性与约定领导形态。诊断是指评估成员在不同发展阶段的需求；弹性是指能轻松自在地使用不同的领导形态；约定领导形态是指与成员建立伙伴关系，与成员协议他们所需要的领导形态。情境领导能改善领导者与成员间的沟通，使领导者了解成员的发展需求，并给予必要的协助。就个人角度而言，影响成员绩效的因素有能力问题与意愿问题，一种是不会做，一种是不愿做，还有交错变化的不同发展状况。情境领导提出了领导者除了要正确诊断掌握成员的发展阶段外，也要学习采用正确的领导行为，包括处理能力问题的命令行为，及处理意愿问题的支持行为，这是领导者非常重要的两项领导行为。

四、团队共享领导力

共享领导力（Shared Leadership）是一个相对较新的研究领域。团队领导力可以是集中形式，也可以由多人共同承担。由单独一人承担领导责任，即为集中领导力；由同处一个团队的两个或者更多人共同承担领导责任，即为共享领导力。集中领导力和共享领导力可以被视为两种典型的领导力。

相关研究人员给共享领导力下的定义是：因多名团队成员共同承担领导权责而形成的团队特性。他们指出，当多名成员对团队以及其他成员尝试施加影响时，就产生了共享领导力。

课堂延伸案例 ／ **危机管理**

2001年，面对突如其来的“9·11”恐怖袭击，纽约前市长鲁道夫·朱利安尼表现出了超人的处变不惊态度和悲天悯人情怀，公众视其为英雄人物。同年，鲁道夫·朱利安尼因在“9·11”事件中的指挥表现获得了“美国市长”的称号。很多人都认为是“9·11”成就了朱利安尼，其实他的领导才能很早就已经表现出来了。他在上任之初曾花费一年多的时间学习一些关于危机管理的功课，如生化武器或炸弹攻击等。因此，虽然“9·11”事件发生得毫无预兆，但朱利安尼也以迅速的反应能力应对了这场变局，使纽约市民尽快走出了恐怖事件的阴霾。

试想，如果此时在任的是一位对危机管理不甚了解的市长，缺乏应对危机的意识和能力，那么遭到恐怖袭击后的纽约很可能会是另一番景象，所采取的应对措施也不会有现实中那么及时、有效。领导者驾驭团队的过程，犹如左右着一盘棋局的走势，团队文化如何塑造、成员心意向背在很大程度上取决于领导者的管理风格。企业界常常发生的换帅风波便是因为，好的将领能够带领一个团队认清自己的使命，激发成员的斗志，改善团队精神风貌，成为不俗战绩的创造者。

领导者如果发现自己目前的管理方式无法使团队进入理想的发展轨道，或许这便意味着固有的领导风格应该进行变革了。此时，领导者应调整自己的领导风格来适应团队。

实训组织

实训9-1　管理方格和领导风格测试

实训形式　心理测试

实训步骤

第一步：结合实训表9-1，阅读测试说明，完成管理方格和领导风格测试问卷的18个测试题，计算两种导向得分，画出领导方式示意线。

表9-1　管理方格和领导风格测试实训表

班级__________　姓名__________　学号__________　成绩__________

一、测试问卷

以下是有关领导行为的描述清单。仔细阅读每一个题目，并按照与您实际相符的程度选择相应的数值。为了获得最佳效果，请尽可能真实地回答。

决不		有时			总是
0	1	2	3	4	5

1. ______我鼓励我的团队参与决策，并试图将他们的想法和建议付诸实施
2. ______没有什么比完成目标或任务更重要
3. ______我密切监测时间表，以确保一个任务或项目能及时完成
4. ______我喜欢在新任务和新进程上教导他人
5. ______任务越具挑战性，我越喜欢它
6. ______我鼓励成员在工作中发挥自己的创造性
7. ______当完成一个复杂的任务时，我确保每一个细节都被考虑到
8. ______我可以很容易在同一时间同时执行几个复杂的任务
9. ______我喜欢阅读有关培训、领导力和心理学的文章、书籍和期刊，并将获得的理论知识付诸实践
10. ______在纠正错误时，我不用担心危害关系
11. ______我非常有效地管理我的时间
12. ______我喜欢向成员解释一个复杂的任务或项目的复杂性和细节
13. ______我习惯将大型项目分解成可管理的小任务
14. ______没有什么比建立一个优秀团队更重要
15. ______我喜欢分析问题
16. ______我尊重别人的界限
17. ______我习惯去辅导我的团队成员，以提高他们的表现或行为
18. ______我喜欢阅读关于我的职业的文章、书籍和期刊，并将我所学到的新的知识或技能应用到实践中

（续）

二、计算得分

人	生产（任务）
题号： 1. ______ 4. ______ 6. ______ 9. ______ 10. ______ 12. ______ 14. ______ 16. ______ 17. ______	题号： 2. ______ 3. ______ 5. ______ 7. ______ 8. ______ 11. ______ 13. ______ 15. ______ 18. ______
总分： 将总分乘以0.2 人导向得分= ______	总分： 将总分乘以0.2 生产（任务）导向得分=______

三、领导方式示意线

根据得分在下图中画出横轴和纵轴两条线，直到它们相交，交叉区域即是您倾向的领导方式：

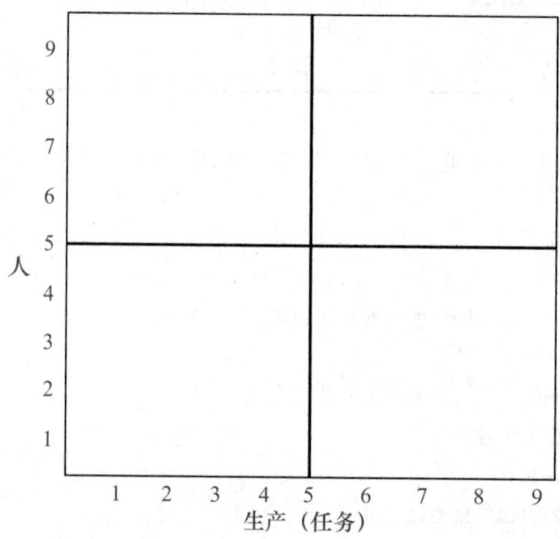

四、测试评价

对于测评结果，您觉得科学吗？为什么？

____

____

第二步：学生完成测试，教师抽取学生代表发言。

第三步：教师点评学生发言，并进一步巩固领导方格理论。

实训9-2 领导理论的案例分析

实训形式 案例分析

实训步骤 阅读实训表9-2中的案例描述材料，回顾相关领导理论，回答问题1和问题2。

表9-2　领导理论的案例分析实训表

班级______________ 姓名______________ 学号______________ 成绩______________

案例描述：

小赵是某幼儿园的教学骨干，样样都干得很出色，尤其是近几年，为幼儿园争得了不少荣誉。一次，小赵的爱人不幸生病，住进了医院，家里又有一个不满两岁的儿子，这无疑增加了她的负担。小赵经过反复考虑，不得不向园长提出了请假的要求，并表示：服侍爱人期间，不忘教学，认真备课。然而，园长的答复是硬邦邦的：请假可以，但要按章办事，每请一天假，扣奖金50元，如一个月请假超过三天，该月奖金当全部扣除。另外，还要从工资中支付部分代课金。显然，园长的答复给小赵当头一棒，她心想：没办法，只好认扣了。不久，小赵的爱人出院了，与此同时，小赵向园长提出了调离本园的申请，这是园长万万没料到的。于是，园长的态度发生了180度的大转弯，收回当初所说的一切，补发扣除的奖金和工资。然而，小赵却坚持一定要走。

问题1：请用领导理论分析该幼儿园园长的行为。

____

____

问题2：如果你是该领导，你将如何处理这种情况？为什么？

____

____

实训9-3　建绳房

实训形式　团队游戏

实训步骤

第一步：实训前准备。要求学生提前阅读团队领导的相关文献，了解本次实训的理论知识；教师准备好3根不同长度的绳子，分别是20米、18米、12米。

第二步：教师组织学生开展“建绳房”团队游戏。

团队游戏　建绳房

（1）将全班同学分成3组，每组选出一位领导者，教师给第1组一根20米长的绳子，第2组18米长的绳子，第3组12米长的绳子。

（2）小组成员全部戴上眼罩，第1小组要将绳子围成等边三角形，第2小组要将绳子围成正方形，第3小组要将绳子围成圆形。

（3）完成上述任务之后，3个小组的成员要共同来完成“绳房”的搭建，圆形图案在里面，正方形在圆形图案的外面，等边三角形在正方形图案的上面。

第三步：抽取小组代表阐述游戏心得。

第四步：教师结合团队领导理论，点评每组表现，巩固所学的理论知识。

拓展资源

权威效应

权威效应，又称为权威暗示效应，是指一个人要是地位高、有威信、受人敬重，则其所说的话及所做的事就容易引起别人的重视，并让他们相信其正确性，即“人微言轻、人贵言重”。“权威效应”的普遍存在，首先是由于人们有“安全心理”，即人们总认为权威人物往往是正确的楷模，服从他们会使自己具备安全感，增加不会出错的“保险系数”；其次是由于人们有“赞许心理”，即人们总认为权威人物的要求往往和社会规范相一致，按照权威人物的要求去做，会得到各方面的赞许和奖励。

管理启示：在团队中，领导者也可利用“权威效应”去引导和改变下属的工作态度以及行为，这往往比命令的效果更好。因此，一个优秀的领导者一般是团队的权威，或者为团队培养了一个权威，然后利用权威暗示效应进行领导。当然，要树立权威就必须要先对权威有一个全面、深层的理解，这样才能正确地树立权威，并让权威维持得更加长久。

同步强化训练

一、单项选择题

1. 根据领导生命周期理论，对成熟度很高的下属应采取（　　）领导方式。

A. 高工作、高关系　　B. 高工作、低关系
C. 低工作、高关系　　D. 低工作、低关系

2. 领导的实质在于影响力，构成领导者非权力性影响力的因素包括（　　）几个方面。

A. 能力、知识、品德、作风　　B. 能力、知识、资历、作风
C. 奖励、知识、品德、作风　　D. 能力、知识、品德、职位

3. 有些从所在职位退下来的干部常常抱怨“人走茶凉”，这反映了他们过去曾经拥有的影响力来自于（　　）。

A. 个人专长　　B. 个人品质　　C. 职位权利　　D. 个人魅力

二、多项选择题

1. 领导者的三大技能包括（　　）。

A. 技术技能　　B. 人际技能　　C. 概念技能　　D. 激励技能

2. 从情境视角看，领导力的理论包括（　　）。

A. 管理方格理论　　B. 领导特质理论　　C. 情境领导模式　　D. 共享领导力

三、思考题

1. 管理方格理论对我们有什么启示？
2. 结合实际谈谈团队共享领导力。

模块十 团队冲突

学习目的

通过教学，让学生掌握团队冲突的定义，区分团队冲突的类型，分析团队冲突的过程和原因，识别并解决团队冲突。

教学手段

知识讲授；心理测试；案例分析；事件处理法。

单元一　团队冲突概述

一、团队冲突的含义

有一项调查表明：大多数管理者把冲突管理的重要性排在决策、领导之前，管理者平均要花费20%的工作时间来处理各种冲突。

1．冲突的定义

对于“冲突”一词，人们有着诸多不同的定义。芬克（K. Fink）认为，冲突是“在任何一个社会环境或过程中两个或以上的统一体被至少一种形式的敌对心理关系或敌对互动所连接的现象”。托马斯（K. W. Thomas）强调，冲突是“一方感受到另一方损害了或打算损害自己利益时所开始的一个过程”。而托纳（J. H. Toner）认为冲突是“双方之间公开与直接的互动，冲突中的每一方的行动都是旨在禁止对方达到目标”。

上述定义的共同点是：冲突必须是双方感知到的，且双方意见是对立的或者是不统一的。

2．团队冲突的定义

团队冲突指的是团队内部或团队之间在目标、利益、认识等方面互不相容或互相排斥，从而产生心理或行为上的矛盾，导致抵触、争执或攻击事件的产生。

为了实现共同目标，团队应建立和谐的人际关系。团队成员只有相互协调、合作，才能行动一致。但是由于种种原因，团队内部或是团队之间存在冲突也是不可避免的。关于冲突有两种截然不同的观点：有的人认为冲突对团队发展来说只有坏处没有好处；有的人则认为冲突是一种建设性的碰撞，可以解决问题、创新发展。

20世纪40年代之前的传统观点认为，所有冲突都是不良的、消极的，是具有破坏性的，必须避免或尽量减少。因为冲突意味着意见分歧和对抗，势必造成组织、团队、个体之间的不和，破坏良好关系，影响团队目标和组织目标的实现。自20世纪40年代末至70年代中期，人际关系观点在冲突理论中非常流行。该观点认为，对于所有团队与组织来说，冲突都是与生俱来、无法避免的。因此，我们应该接纳冲突，发挥其对团队和组织的有益之处。自20世纪70年代末以来，冲突的互动观点成为主流观点。该观点指出：过于融洽、和谐、安宁和合作的组织容易对变革表现出静止、冷漠和迟钝，因此可能使组织缺乏生机和活力，适当的冲突反而有利于组织的健康发展。“鲶鱼效应”就非常直观地体现了适当的冲突可能带来的积极效果。

客观地看待冲突的两面性，适当地处理冲突，才能既发挥冲突的积极作用，又降低冲突给团队带来的损害。团队领导者要洞察到冲突发生的可能性，提前做好处理准备，尽量缓和或避免冲突的发生；同时又要正确对待已经发生的冲突，使冲突结果向好的方向转化。

二、团队冲突的类型

（一）根据冲突的性质分为建设性冲突和破坏性冲突

大学生创业团队冲突类型与原因分析

1．建设性冲突

建设性冲突是指冲突各方目标一致，但因实现目标的途径、手段不同而产生的冲突。建设性冲突可以使团队中存在的不良功能和问题充分暴露出来，防止事态的进一步恶化；同时，可以促进不同意见的交流和对自身缺点的检讨，有利于促进良性竞争。

建设性冲突具有以下优点：双方都希望能够实现共同目标和解决现有问题；双方愿意了解彼此的观点，并以争论问题为中心；双方争论是为了寻找较好的方法解决问题；相互信息交流不断增加。

建设性冲突可以为团队带来的积极作用有：可以促使团队内部发现存在的问题，采取措施及时纠正；可以促进团队内部或团队间的公平竞争，提高团队效率；可防止思想僵化，提高团队决策质量；可以激发团队成员的创造力，使团队能够适应不断变化的外部环境。

2．破坏性冲突

破坏性冲突又称非建设性冲突，是指由于认识上的不一致，或团队资源和利益分配方面的矛盾，导致团队成员发生相互抵触、争执甚至攻击等行为，进而使团队效率下降，并最终影响到团队发展的冲突。在破坏性冲突中，由于各方目标不同造成的冲突，往往属于对抗性冲突，是对团队绩效具有破坏意义的冲突。

破坏性冲突的特点包括：双方极为关注自己的观点能否取胜；双方不愿听取对方的意见，而是千方百计地陈述自己的理由，抢占上风；以问题为中心的争论转变为人身攻击的现象时常发生；互相交换意见的情况不断减少，以至完全停止。

破坏性冲突的消极作用包括：对团队发展起消极破坏作用；造成团队成员心理的紧

张、焦虑，导致人与人之间相互排斥、对立，削弱团队战斗力；涣散士气，破坏团队的协调统一，阻碍团队目标的实现。

建设性冲突与破坏性冲突的比较如表10-1所示。

表10-1　建设性冲突与破坏性冲突的比较

建设性冲突	破坏性冲突
双方对实现共同的目标都很关心	双方对赢得自己观点的胜利十分关心
乐于了解对方的观点、意见	不愿听取对方的观点、意见
大家以争议问题为中心	双方由问题的争论转变为人身攻击
互相交换意见的情况不断增加	互相交换意见的情况不断减少，以至完全停止

课堂延伸案例 会议风暴

美国曾经有一家面临倒闭的钢铁厂，在频繁更换几任总经理，花费了巨大的财力、人力、物力后，大家对于走向破产的钢铁厂已经无计可施、一筹莫展，员工也都士气涣散，唯一能做的事情就是等着工厂宣布破产清算。新到任的总经理似乎也拿不出什么好的办法来，后来他在几次员工会议上发现了一个现象，公司每次公布决策制度时，大家似乎都不愿意提出反对意见，管理者说什么就是什么，以前怎么做就还怎么做，会议总是死气沉沉。因此这位总经理果断做出了一个决定：以后会议，不分层级，每个人都有平等发言的权利，如果发现问题，谁提出解决方案并且无人能够将其驳倒，那么这个人就是该方案项目的负责人，公司给予相应的权限和奖励。新制度出台后，以往静悄悄的会议逐渐出现了热闹的场面，大家踊跃发言，争相对别人的提案进行反驳，有时双方会为某个问题争论得面红耳赤。但在走出会议室前，大家都会达成一个解决问题的共识，不管是同意还是反对，都要按照达成的共识去做。过了一段时间，这家钢铁厂逐步走出困境，甚至在几年后进入了美国最优秀的四大钢铁厂之列。

（二）根据冲突的内容分为角色冲突、人际冲突和团队间冲突

1．角色冲突

角色冲突（Role Conflict）是指当一个人扮演一种角色或同时扮演几种不同角色时，由于不能胜任而产生的矛盾和冲突。角色冲突可以划分为角色间冲突和角色内冲突。

（1）角色间冲突。角色间冲突是指一个人所担任的不同角色之间发生的冲突。主要表现为两种情形：①空间、时间上的冲突。例如，一个职业女性的职业角色和她作为妈妈的角色有时会发生冲突。②行为模式内容上的冲突。比如一个人改变了旧角色，担任了新角色，并且新角色与旧角色有较大区别时，就会产生新旧角色的冲突。例如，一个刚进大学的学生，当父母来访时，其作为一个独立大学生的角色和作为父母的孩子的角色可能会发生冲突。

（2）角色内冲突。角色内冲突是指对于同一种角色，由于社会上人们对其期望与要求的不一致，或者角色承担者对这个角色的理解不一致，而在角色承担者内心产生的一种矛盾与冲突。角色内冲突通常与不同群体对同一角色的扮演者提出不同的要求有关。角色期望不是一成不变的，而是随着时代不断变化的。例如，当今社会对男女角色的期望与过去

相比已发生了很大的变化。此外，角色间冲突往往会转化为角色内冲突。

课堂延伸案例 情人节，加班还是烛光晚餐？

情人节当天，恋人想和你晚上一起去吃浪漫的烛光晚餐，但是单位领导要你晚上加班赶工作，这时就出现了恋人角色与员工角色之间的冲突，到底应该扮演哪一个角色？其实，一个人在社会上常常扮演多种角色，冲突是经常的。至于如何解决，没有一成不变的方法，只能尽量调和。比如，针对上述的例子，有这么几种解决办法：一是说服恋人，放弃或推迟晚餐，即暂时终止扮演恋人角色，专门扮演好员工的角色；二是参加晚餐，放弃或推迟工作；三是吃完晚餐再去工作，或者工作完再去参加晚餐。

2．人际冲突

人际冲突是指两个或更多社会成员间，由于反应或希望的互不相容性而产生的紧张状态，一般是个人与个人之间的冲突。个人之间的冲突之所以发生，主要是由于生活背景、教育、年龄和文化等存在差异，而导致对价值观、知识及沟通等方面造成影响，进而增加了彼此相互合作的难度。

课堂延伸案例 “邮件门”事件

一天晚上，某全球化信息科技公司总裁陆先生回办公室取东西，到门口才发现自己没带钥匙。此时他的私人秘书瑞贝卡已经下班。陆先生试图联系后未果。数小时后，陆先生还是难抑怒火，于是在凌晨1:13通过内部电子邮件系统给瑞贝卡发了一封措辞严厉且语气生硬的“谴责信”。

陆先生在用英文写就的邮件中说（以下为中文翻译）：“瑞贝卡，我曾告诉过你，想东西、做事情不要想当然！结果今天晚上你就把我锁在门外，我要取的东西都还在办公室里。问题在于你自以为是地认为我随身带了钥匙。从现在起，无论是午餐时段还是晚上下班后，你要跟你服务的每一名经理都确认无事后才能离开办公室，明白了吗？”（其英文的语气措辞非常激烈。）陆先生将这封邮件也同时转发给了公司几位高层管理人员。

但是瑞贝卡的做法却出人意料，并最终为她在网络上赢得了“史上最牛女秘书”的称号。两天后，她在邮件中回复说：“第一，我做这件事是完全正确的，我锁门是从安全角度上考虑的，如果一旦丢了东西，我无法承担这个责任。第二，你自己有钥匙，却忘了带，还要说别人不对。造成这件事的主要原因是你自己，不要把自己的错误转嫁到别人身上。第三，你无权干涉和控制我的私人时间，我每天只有八小时的工作时间，请你记住中午和晚上下班的时间都是我的私人时间。第四，从来到公司的第一天到现在，我工作尽职尽责，也加过很多次班，我也没有任何怨言，但是如果你们要求我加班是为了工作以外的事情，我无法做到。第五，虽然我们是上下级的关系，也请你注重一下你说话的语气，这是做人最基本的礼貌问题。第六，我要在这强调一下，我并没有猜想或者假定什么，因为我没有这个时间也没有这个义务。”

本来，这封咄咄逼人的回信已经够令人吃惊了，但是瑞贝卡选择了更加过火的做法。她在回信的对象一栏选择了北京分公司、成都分公司、广州分公司、上海分公司。这样一来，各分公司的所有人都收到了这封邮件。

其实，“邮件门”事件是现代企业管理中一个典型的失败的人际冲突管理案例。无论是陆先生还是瑞贝卡恐怕都没有预料到，他们之间因为一个小小的钥匙问题而引发的争执，居然演变成了全球闻名的“邮件门”事件。其实，在包括教育管理在内的现代社会各类组织的管理活动中，虽然冲突的激烈程度有轻重之别，但类似的矛盾、冲突却普遍存在，造成的危害也不可低估。从这一角度看，“邮件门”事件并非只对企业管理存在着警示意义。

3．团队间冲突

团队间冲突发生在不同的团队之间，其表现形式可能与人际冲突相似，但起因通常是不同的，即冲突原因更多来自团队因素，包括资源、利益、目标等。在很多公司，财务部门与业务部门的关系都不太好，甚至十分紧张。例如，财务部门的一点小问题就会被告到负责销售的副总那里；而有的业务人员对财务怀着严重的抵触心理，认为财务人员往往办事呆板，缺少灵活性，缺乏服务意识；或者，财务作为后台服务部门，要求业务部门配合工作的事情，却总被业务部门以种种借口推脱等。

单元二 团队冲突的过程

理论知识点

团队冲突是一个动态的过程，是从冲突的相关主体的潜在矛盾映射为彼此的冲突意识，再酝酿成彼此的冲突行为意向，进而表现出彼此显性的冲突行为，最终造成冲突的结果与影响的一个逐步演进和变化的互动过程。

管理学家斯蒂芬·罗宾斯（Stephen Robbins）将冲突的过程分为如图10-1所示的五个阶段。

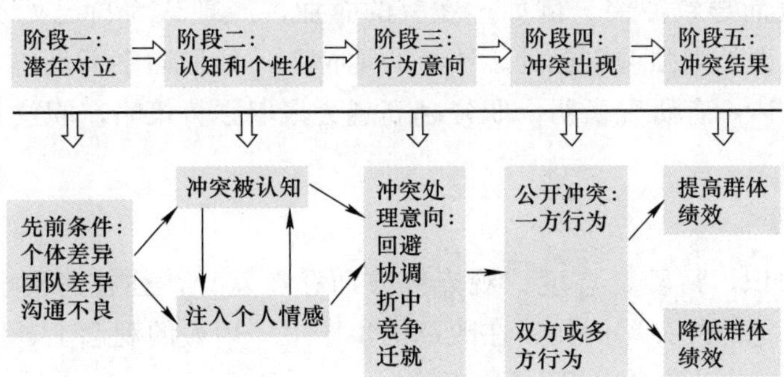

图10-1 冲突过程的五个阶段

一、潜在对立或不一致阶段

潜在对立或不一致是指团队中发生交互关系和互动过程的不同主体彼此之间存在能够引发冲突的一些必要条件。这些条件虽然不一定直接导致冲突，但往往

都潜伏在冲突的背后，成为冲突产生的“导火索”。

课堂延伸案例 都是“表扬”惹的祸

才到兴华技术公司工作几个月的小李就遇到了这样的问题，他在出色完成了团队的任务后，本以为能得到主管的表扬，可是主管老刘却对小李说：“你的工作方法是不是还有待改进？虽然按时完成了任务，但你的工作进度还是比其他部门慢。”小李听后怒火中烧。其实，这位主管本想鼓励小李继续努力工作，没想到由于自己的表达不当，导致了他们之间的冲突。而“表达不当”不仅仅是语言上的问题，还有其潜在原因。

引起团队冲突的潜在因素可以分为以下三类。

（一）个体间的差异因素

个人因素包括价值系统和个性特征，它们构成了一个人的风格，使其不同于其他人。有证据表明，具有某些特定的个性特征的人，如具有较高权威、武断和缺乏自尊的人更容易导致冲突；而价值系统的差异，如对自由、幸福、勤奋、工作、自尊、诚实、服从、和平等看法的不同，也是导致冲突的一个重要原因。在团队中，成员的个人因素差异会导致各种各样的冲突。这种差异主要包括以下几个方面。

1. 年龄的不同

不同年龄的人由于社会经历和知识的差异，对同一事件会出现不同的反应，使双方难以相互理解，进而酿成冲突。例如，有些年轻人总感到年纪大的人思想保守、顽固，不接受新事物；而年纪大的人往往认为年轻人浮躁、自傲。这些偏见即是成员之间产生冲突的潜在因素。

2. 职位的不同

在一个团队中，各个不同职位的人应当认真把守好自己的岗位。如果本位思想严重，就会涣散团体士气而导致冲突。例如，在有的企业，经理认为自己处于组织行政指挥的“中心地位”，董事长则强调自己处于“核心地位”，他们遇事不是协同商量研究，而是争权拆台、争吵不休。有研究表明，职位越高越会采取强势策略，职位越低越会采取屈服和妥协策略。

3. 思维的不同

由于人们在知识、经验、态度、观点等方面存在差异，往往对同一事物有不同的认识，由此会产生一定的冲突。例如，在改革的步子上、用人的观念上、团队目标的设想上等，往往都会存在差异以致产生矛盾和冲突。

显然，前例中的老刘与小李在年龄（这也蕴涵着工作资历）、职位以及思维方式上，都存在着一定的差异，当上述差异体现在工作任务和评价中时，就很可能会引发冲突。

（二）团队的结构因素

这里使用的“结构”概念，包括了规模、任务分配的专业化程度、管辖范围的清晰度、成员与目标之间的匹配性、领导风格、奖酬体系、团队间相互依赖程度等变量。

研究表明，团队规模和任务的专门化程度可能成为激发冲突的动力。团队规模越大，任务越专业化，团队成员的分工就越细致，且都有明确的工作范围和界限，如果其他成员有所涉及或进行干预，发生冲突的可能性就会加大。另外，团队共同工作的时间长短与冲突成负相关，如果团队成员都是新人，并且团队的离职率又很高，那么出现冲突的可能性就很大。

由谁负责活动的模糊性程度越高，冲突出现的可能性就越大。管辖范围的模糊性也会增加团队之间为控制资源和领域而产生的冲突；组织内不同团队有着不同目标，团队之间目标的差异也是引起冲突的主要原因之一；就领导风格来说，严格控制下属行为的领导风格，也增加了冲突的可能性；研究表明，参与风格与冲突之间呈高相关，这是因为参与方式鼓励人们提出不同意见；如果团队中一个人获得利益是以丧失另一个人的利益为代价，那么这种报酬体系也会产生冲突；如果一个团队依赖于另一个团队（而不是二者相互独立）或团队之间的依赖关系表现为一方的利益是以另一方的牺牲为代价的，都会成为激发冲突的力量。

（三）沟通不良的因素

沟通不良是引起团队冲突的重要方面。团队成员之间彼此存在差异，如果能够顺利进行交流、相互理解，那么发生冲突的可能性就会大大减小。相反，如果沟通渠道不顺畅、沟通活动缺乏，冲突就会出现。

课堂延伸案例 / **变化无常的陈总监**

某企业聘请了一位营销总监，但其下级营销人员私下对这位总监多有抱怨：“陈总监和过去的总监不一样，总是变幻无常，很难沟通和交流，上一任总监可不是这样！”而这种抱怨并没有被新来的陈总监所了解，这就会成为发生冲突的潜在因素，一旦暴露出来，冲突就有可能发生。

可能引起团队成员之间冲突的沟通不良因素包括：信息的差异、评价指标（如任务完成标准）的差异、倾听技巧的缺乏、语言理解的困难、沟通过程中的噪声（即干扰）以及团队成员之间的误解等。

二、认知和个性化阶段

冲突的认知是指当潜在的对立和不一致出现后，双方意识到冲突的存在。也就是说，在这一阶段客观存在的对立或不一致将被冲突的主体意识到，产生相应的知觉，并开始推测和辨别是否会引发冲突以及是什么类型的冲突。

意识到冲突并不代表着冲突已经个性化。对冲突的个性化处理将决定冲突的性质，此时个人的情感已经介入其中。双方面临冲突时会有不同的心理反应，他们对于冲突性质的界定在很大程度上影响着解决的方法。例如，团队决定给某位成员加薪，这在其他成员看来，一些人可能认为与自己无关，从而淡化问题，这时冲突不会发生；而另外一些人可能会认为对别人的加薪就意味着自己工资水平的下降，这样冲突就很可能发生甚至升级。

三、行为意向阶段

冲突的第三个阶段是行为意向阶段，这一阶段的特点体现在团队成员意识到冲突后，要根据冲突的定义和自己对冲突的认识与判别，开始酝酿和确定自己在冲突中的行为策略以及各种可能的冲突处理方式。面对冲突可能采取的行为意向包括以下几种。

（一）回避

回避是一种团队成员不相互合作处理冲突的消极行为意向。这种行为意向通常表现为对冲突采取既不合作，也不维护自身利益，使其不了了之的做法。此方法适用于因琐碎小事而引起的、与团队目标关联不大的团队冲突。

（二）协调（合作）

协调即合作，是一种团队成员自我肯定并相互合作处理冲突的积极行为意向。这种行为意向旨在通过与对方一起寻求解决问题的方法，进行互惠互利的双赢谈判来解决冲突。此方法适用于解决成员之间共同利益较多以及具有理解、沟通基础的团队冲突。

（三）折中（妥协）

折中即指妥协，是一种团队成员的相互合作程度与自我肯定程度均处于中等水平的处理冲突的行为意向。妥协可以看作是半积极的行为意向。具有这种行为意向的双方都愿意放弃一些应得的利益，以求事情的继续发展，双方也会共同承担后果。妥协在一定程度上类似于合作。在团队为处理复杂问题而寻求一个暂时的解决方案时常常用到这种方法。

（四）竞争

竞争是一种团队成员自我肯定但不相互合作处理冲突的行为意向。这种行为意向旨在寻求自我利益的满足，而不考虑他人利益，它在团队中具有一定的对抗性。当团队需要在做出快速、重大的决策后采取重要的但不受欢迎的行动时往往用到这种方法。

（五）迁就

迁就是一种团队成员自我不肯定并相互合作处理冲突的行为意向。这种行为意向旨在维持整体的友好共存关系，冲突一方做出让步，甚至愿意牺牲自身利益，以服从他人的观点。此方法适用于团队工作需要营造和谐、平静气氛条件下的团队冲突。

四、冲突出现阶段

冲突出现阶段是指冲突公开表现的阶段，也称行为阶段。进入此阶段后，不同团队冲突的主体在自己冲突行为意向的引导或影响下，正式做出一定的冲突行为来贯彻自己的意志，试图阻止或影响对方目标的实现，努力实现自己的愿望。其形式往往是一方提出要求，另一方进行争辩，是一个相互的、动态的过程。

这一阶段的行为出现，体现在冲突双方所进行的说明、活动和态度上，即一方采取行动来看另一方的反应。此时，冲突双方所做出的行为往往带有刺激性和对立性，并且有时外显的行为会偏离原本的行为意向。

五、冲突结果阶段

冲突对团队可能造成两种截然相反的结果。

（一）积极的结果

导致积极结果的冲突是建设性冲突。这种冲突对实现团队目标是有帮助的，可以增强团队内部的凝聚力和团结性、提高决策质量、调动成员的积极性、提供问题公开解决的渠道等，尤其是能够激发改革与创新。一般来说，每个人都有一定的工作模式，只有当他人向我们的效率发出挑战，并在某种程度上引发冲突时，人们才会考虑新的工作方法，开展积极的改革和创新，这就是冲突的积极结果。

此外，研究表明，有益的冲突还有助于做出更好、更有创新的决定，并提高团队的协作效率。如果团队的意见始终统一，绩效的提高速度可能反而较慢。有时，建设性冲突还能决定一个企业或团队的成败。

（二）消极的结果

导致消极结果的冲突是破坏性冲突。这种冲突会给团队带来一些消极的影响。首先，冲突可能分散资源。冲突可能分散人们为实现目标而做出的努力，组织的资源不是全部用来实现既定目标，还会有部分消耗在解决冲突上，例如时间和金钱就是常被投入到消除冲突问题上的两种重要资源。其次，冲突有损员工的心理健康。有一些研究表明，置身于对立的意见中，会造成“敌意”、紧张和焦虑。随着时间的推移，冲突的存在可能使相互支持，相互信任的关系难以建立和维持。第三，由于内部竞争而引发的冲突，可能对群体效率产生不良影响。如凝聚力降低、成员的努力偏离目标方向、团队资源的流向与预期相反、团队资源被浪费等。更严重的是，如果不解决这种冲突，团队的功能就会彻底瘫痪，甚至威胁到团队的存亡。

课堂延伸案例 合伙人“不合”

美国一家著名的律师事务公司倒闭，其原因只是因为80位合伙人不能和睦相处。一位法律顾问在解释时说：“这个公司的合伙人之间有着原则性的差异，是不能调和的。这家公司没有经济上的问题，问题在于他们之间彼此相互憎恨。”可见，消极冲突的危害有多么严重。

实训组织

实训10-1 团队冲突测试

实训形式 心理测试

实训步骤

第一步：阅读表10-2中的测试说明，完成托马斯-基尔曼冲突方式测验的30个测试题。

表10-2 托马斯-基尔曼冲突方式测验表

请想象一下你的观点与另一个人的观点产生分歧的情景。在此情况下你通常做出怎样的反应？下列30个题项描述了产生观点分歧时可能出现的行为反应。在每一对陈述句中，请在最恰当地描述了自己行为特点的句子前的字母“A”或“B”上画圈（在很多情况下，A和B都不能典型地体现你的行为特点，但请选择较可能在你身上发生的反应）
1. A 有时我让其他人承担解决问题的责任 B 与其协商分歧之处，我更试图强调我们的共同之处 2. A 我试图找到一个妥协性的解决方法 B 我试图考虑到我与对方所关心的所有方面 3. A 我通常坚定地追求自己的目标 B 我可能尝试缓和对方的情绪来保持我们的关系 4. A 我试图找到一个妥协性方案 B 我有时牺牲自己的意志，而成全他人的愿望 5. A 在制订解决方案时，我总是求得对方的协助 B 为避免不利的紧张状态，我会做一些必要的努力 6. A 我努力避免为自己造成不愉快 B 我努力使自己的立场获胜 7. A 我试图推迟对问题的处理，使自己有时间考虑一番 B 我放弃某些目标作为交换以获得其他目标 8. A 我通常坚定地追求自己的目标 B 我试图将问题的所有方面尽快摆在桌面上 9. A 感到意见分歧不总是值得我去担心 B 为达到我的目的，我会做一些努力 10. A 我坚定地追求自己的目标 B 我试图找到一个妥协方案 11. A 我试图将问题的所有方面尽快摆到桌面上 B 我可能努力缓和他人的情绪从而维持我们的关系 12. A 我有时避免选择可能产生矛盾的立场 B 如果对方做一些妥协，我也将有所妥协 13. A 我采取折中的方案 B 我极力阐明自己的观点 14. A 我告知对方我的观点，并询问对方的观点 B 我试图将自己立场的逻辑和利益显示给对方 15. A 我可能试图缓和他人的情绪从而维持我们的关系 B 为避免紧张状态，我会做一些必要的努力 16. A 我试图不伤害他人的感情 B 我试图劝说对方接受我的观点 17. A 我通常坚定地追求自己的目标 B 为避免不利的紧张状态，我会做一些必要的努力 18. A 如果能使对方感到愉快，我可能让其保留自己的观点 B 如对方有所妥协，我也将做一些妥协 19. A 我试图将问题的所有方面尽快摆在桌面上 B 我试图推迟对问题的处理，使自己有时间做一番考虑 20. A 我试图立即对分歧之处进行协调 B 我试图为我们双方找到一个公平的得失组合 21. A 在进行谈判调解时，我试图考虑到对方的愿望 B 我总是倾向于对问题进行直接商讨 22. A 我试图找到一个界于我与对方之间的位置 B 我极力主张自己的愿望 23. A 我尽量满足我们双方所有的愿望 B 有时我让他人承担解决问题的责任

（续）

24. A 如果对方观点似乎对其十分重要，我会试图满足其愿望
    B 我试图使对方以妥协解决问题
25. A 我试图将自己立场的逻辑和利益显示给对方
    B 在进行谈判调解时，我试图考虑到对方的愿望
26. A 我采取折中的方案
    B 我几乎总是希望能够满足我们所有的愿望
27. A 我有时避免采取可能产生矛盾的姿态
    B 如能使对方愉快，我可能让对方保留其观点
28. A 我通常坚定地追求自己的目标
    B 在寻找解决方案时，我通常求得对方的帮助
29. A 我采取折中的方案
    B 我觉得分歧之处不是总值得我去担心
30. A 我试图不伤害对方的情感
    B 我总是与对方共同承担解决问题的责任

第二步：将选项结果填入TKI冲突处理模式量表（见表10-3），并计算五种行为意向的得分。

表10-3 TKI冲突处理模式量表

每一种模式的最高得分为12分，总分为30分。任何一种模式得分超过6分，则表明有这种倾向，而低于6分则否定了这种倾向

成对出现的问题	冲突解决方式				
	竞争	合作	妥协	回避	迁就
1				A	B
2		B	A		
3	A				B
4			A		B
5		A		B	
6	B			A	
7			B	A	
8	A	B			
9	B			A	
10	A		B		
11		A			B
12			B	A	
13	B		A		
14	B	A			
15				B	A
16	B				A
17	A			B	
18			B		A
19		A		B	
20		A	B		

（续）

成对出现的问题	冲突解决方式				
	竞争	合作	妥协	回避	迁就
21		B			A
22	B		A		
23		A		B	
24			B		A
25	A				B
26		B	A		
27				A	B
28	A	B			
29			A	B	
30		B			A
得分小计					

得分计算方法：每一个字母为1分，按列统计得分。得分最多的一列即为你最符合的处理冲突方式。如果有两列得分一致，则说明你的处理冲突方式有两种。

第三步：根据测量的结果，对自己以及团队成员的冲突处理行为意向进行对比分析。

第四步：教师总结分析五种行为意向的特点，进一步巩固理论知识点。

单元三　团队冲突的处理

理论知识点

一、冲突产生的原因

导致团队冲突的原因有很多，只有对症下药，才能改善和优化团队内部以及团队之间的关系，提高组织或团队的整体竞争力。团队冲突产生的原因主要有以下几种。

1．资源竞争

组织在分配资源时，总是按照各个团队的工作性质、岗位职责、在组织中的地位以及组织目标等因素分配资金、人力、设备、时间等资源，不存在绝对的公平。各类团队在成员数量、团队权力大致相同的情况下，会为了组织内有限的预算、空间、人力、辅助服务等资源而展开竞争，产生冲突。例如，企业里生产部门与销售部门之间的冲突；大学里院与院、系与系之间为争取经费、设备、奖励名额等发生的冲突。另外，团队之间可能会共用一些组织资源，但是在具体使用过程中也会出现谁先谁后、谁多谁少的冲突。同时，团队内部也会出现成员因资源分配不公而产生冲突的现象。

2．目标冲突

每一个成员、每一个团队都有自己的目标，而这些目标根本上都是为了实现组织的目标，因此，每个团队都需要其他团队的协作。例如，市场营销部门要实现营销目标，就必须得到生产部门、财务部门、人事部门、研发部门的配合与支持。但现实情况是，各个团队的目标经常发生冲突。例如，营销部门的目标是吸引客户、培养客户忠诚度，这就要求生产部门生产出质优价廉的商品；而生产部门的目标则是降低成本、减少开支，以尽可能少的资源生产尽可能多的商品，而这就不一定能保证商品的质量。因此，营销部门与生产部门之间就可能产生目标冲突。

3．相互依赖性

相互依赖性是指团队成员之间、团队与团队之间在前后相继、上下相连的环节上，一方的工作不当会造成另一方工作的不便、延滞，或者一方的工作质量影响到另一方的工作质量和绩效。组织内的团队之间都是相互依赖的，不存在完全独立的团队。相互依赖的团队在目标、优先性、人力资源等方面越是多样化，越容易产生冲突。例如，生产部门希望采购部门尽可能增加存货，以便在生产需要时能及时获得原材料；而采购部门希望尽可能减少存货，以降低仓储费用。生产部门与采购部门之间的这种相互依赖性反而可能导致冲突。

4．责任模糊

组织或团队内有时会由于职责不明造成职责缺位，出现谁也不负责的管理“真空”，造成团队或团队成员之间的互相推诿甚至敌视，发生“有好处抢，没好处躲”的情况。组织机构不合理、管理机制与规章制度不健全、责任制度不明确等都会引发团队冲突。

功能正常、水平适当的建设性冲突需要健康的团队文化、传统、风气和团队关系，团队或组织的风气不正、关系庸俗、制度失范很可能在团队或组织内形成功能失调、水平不适当的破坏性冲突。如果职责划分不清，当有新的任务或者旧的任务再次出现时，个人和团队往往会有不同的意见，存在着不同的看法，使不同团队或团队内的成员对工作相互推诿或抢着干，这很容易引发团队或成员之间的冲突。

5．地位斗争

团队内部或者团队之间对地位的不公平感也是产生冲突的原因之一。例如，当一位成员努力提高自己在团队中的职位，而另一位成员视其为对自身职位的威胁时，冲突就会产生。在权力与地位不同的团队之间也会发生地位斗争冲突，如管理层与工人之间、教师与学生之间都可能因为立场的不同而发生冲突。

6．沟通不畅

团队内部或团队之间在目标、观念、时间和资源利用等方面的差异是客观存在的，如果沟通不足，或沟通不成功，就会加剧成员之间的隔阂和误解，或加深团队之间的对立和矛盾。美国在1998年发射火星气候探测器失败，正是由于负责该项目的两组科学家分别使用了公制单位和英制单位而未及时沟通。

大学生创业
团队冲突模型

二、化解破坏性冲突

1．预防措施——构建有效的冲突管理预警机制

（1）加强沟通。沟通是指团队成员间相互进行思想与情感的传递和反馈，以求达成思想的一致和行为的协调。团队与成员保持沟通交流，可深度了解成员的专业能力、个性特点、个人背景，从而结合团队成员的个性特征进行工作安排和调整，减少因差异引起的冲突。

（2）公平、公正地对待团队内所有成员。消除歧视偏见，减少不满、猜忌与误会等不良情绪，以和谐的工作氛围提高团队成员的满意度，将大部分负面情绪消除在萌芽之中，降低冲突发生的可能性。

（3）健全信息系统。通过建立健全的团队信息系统，顺畅地传递正面的、重要的信息，使成员能及时准确地了解团队目标、明确权责、凝聚力量、促进发展，以避免因信息不健全和不对称造成的冲突。

（4）提高成员心理素质。重视团队成员综合素质的提升，提高其心理相容性，使其在工作、生活、文化等各个层面能够和谐共处、相互宽容、化解分歧、减少冲突。

2．解决措施——构建有效的冲突管理化解机制

（1）正视冲突。团队的管理者应尽可能早地发现冲突、解决冲突。不能回避已经发生的冲突，而是应及时分析冲突出现的原因、类型和发展方向，拿出恰当的应对措施，积极寻求解决该冲突的恰当途径。

（2）化解冲突。在冲突的处理过程中，切忌急于求成、简单行事。特别是当冲突涉及利益分配、晋升晋级、价值观、理想信念等重要因素时，更需要进行耐心的教育和帮助，使发生冲突的成员逐步转变观点，消除矛盾，从而化解潜在冲突，转化消极冲突。

（3）构筑信任。对不满的最好解决方法就是进行疏导。团队可以通过内刊、告示栏、意见箱、专栏或会议等方法设立顺畅的沟通渠道，让团队成员感受到尊重，感受到自身在团队中的价值，激发归属感，使其信任团队、依靠团队，从而能够齐心协力、共创佳绩。

（4）适时回避。当冲突比较尖锐或激烈时，应采用回避的方法，避免冲突升级，造成不必要的损失。团队可通过暂时性地避开、淡化矛盾，然后再用其他方法加以解决，消除冲突。

三、鼓励建设性冲突

当组织或团队出现发展迟缓、绩效低下、成员积极性得不到发挥等问题时，就需要进行建设性冲突的鼓励。

1．定期审视团队的文化氛围和对环境的适应性

很多团队在前期成功后往往会沉湎于以往的经验判断和惯性思维导致的惰性工作习惯，而漠视市场和环境的变化。例如一些曾经的大品牌，就是因为没有走出自己成功的“阴影”，不适应环境的发展而最终被市场淘汰。因此定期地重新审视内外部环境是企业避免“僵硬”发展的基本前提。

2．不断提醒团队成员，消除小富即安、不思进取的安逸状态

在《谁动了我的奶酪》一书中，一只没有居安思危意识的老鼠最后发现自己的奶酪不知不觉地被吃光了，而很多团队或组织也会发现自己赖以生存的市场会不知不觉地被竞争对手蚕食掉。危机意识是每个团队成员，尤其是领导者应该保持的基本状态。从来没有一成不变的成功，守住市场比打拼市场更困难，因此决策制定者应该贴近市场、贴近一线，不断研究竞争对手，从而获得领先一步的市场地位。

3．设计精益思想，追求卓越的文化制度

团队应该鼓励成员能够以不断突破自己为荣，通过绩效考核的手段去激发团队成员的创新氛围。比如引入平衡积分卡考核的思维，不仅仅关注于成员的短期绩效水平，更着眼于成员因为创新思维而带来的长期效益。而这种激励除了适度的物质激励以外，更多的应该体现在精神层面的荣耀上，包括一些公众场合的鼓励、活动的嘉奖等。例如，丰田公司的精益思想是通过组建精益小组来完成对产品质量的不断苛求，虽然前期丰田因大幅度扩张以及员工的大面积换血导致“质量门”事件，但其精益思维的闪光点依然值得我们学习和借鉴。

4．适度引入外部新鲜血液，刺激团队内部的竞争氛围

团队内部的晋升制度可以激发成员对团队的归属感和奋发向上的晋升斗志，但对于一些团队而言，这种“近亲繁殖”的方式可能会导致团队内部处于一种文化停滞状态，因此适时让一些“空降兵”加入团队有利于激发团队内部的活力。管理学中有个经典的“鲶鱼效应”，即鲶鱼在搅动小鱼生存环境的同时，也激活了小鱼的求生能力。而团队中“鲶鱼”式人物的设定也是很重要的，这种总是不断质疑、不断提出新思维、激发一种思维冲突和碰撞的人物既可以内部培养，也可以外部引进，关键是这个人的这些行为需要获得团队领导者的认可和鼓励从而带来团队内部的良性冲突氛围。

5．增加成员的自主意识和能力是团队保持活力的有效方式

在管理权限中，适度放权、扁平化管理、增加成员的自主意识和能力是团队保持活力的有效方式。让团队成员从被动管理转为自我的主动管理能够有效提高其满意度和创新精神。现代企业团队面临着越来越残酷的市场竞争，而传统的金字塔管理模式的弊端越来越突显出对市场竞争的不适应性，诸如管理层级过多导致的决策反馈缓慢、管理成本过高、成员的参与热情较低等，而扁平化管理可以很好地解决上述弊端。但扁平化管理的最大缺陷是对成员的工作主动性和自我管理意识要求比较高，因此在团队进行扁平化管理时应加强对成员自我管理能力的培训，同时建立内部竞争机制，组成各个业务单元，激发内部的良性竞争氛围和适度的冲突机制，通过冲突来激发成员的工作斗志和激情。

当然，需要注意的是，内部的良性冲突是需要有一定的水平控制的，而不是简单地将内部成员形成对立冲突面，导致团队意识受到影响。良性冲突是基于工作解决方案的脑力激荡和对工作质量追求卓越的意识，而不是出于情绪对立的恶意干扰。因此团队内部既要提倡合理有效的冲突机制，避免一潭死水，又要控制冲突的水平，避免恶性的冲突矛盾影响团队内部的工作配合和团队效果。而建立良好的沟通机制、界定好沟通的方式方法，有助于事先预防这种可能的冲突偏激情况的发生。

团队或组织都需要通过机制、氛围、活动等一系列手段和方法刺激内部的良性冲突，不断触发创新精神和危机意识，从而保持团队健康的活力氛围和高度敏感的市场反应水平。

课堂延伸案例 / **员工招聘**

为了提高软件部的开发能力，阮经理向人力资源部提出了招聘五名程序员的用人申请，然而很长时间过去了，人力资源部仅招到一名程序员。以下是几种阮经理和人力资源部的任经理对这件事的不同处理方式和相应的结果。

1．如果采用竞争方式

阮经理	任经理
阮经理当仁不让："开始让你们招时，你们可没说这么多，你们也没说招不到。这么长时间，才招到一个人，真不知你们人力资源部整天都在忙什么！" 阮经理生气地吼道："不管怎么说，软件开发部要是完不成任务，你们人力资源部有不可推卸的责任……"	任经理辩解道："现在做广告效果也不好，人才交流会哪有什么好人才。请猎头公司招，领导又觉得费用高，不同意。让我们怎么办？" "你们部门提出的用人要求不对，条件太高了，你们要求的那种人才以咱们公司的薪资水平人家根本不来，招到的人你们又不满意。"

☆　**通常的结果**

结果一：发生激烈的争吵，甚至将"官司"打到领导那里去，让他评出一个是非曲直，双方的裂缝和矛盾不断加大，可能会影响到其他方面的合作，甚至会因这次冲突产生个人恩怨。

结果二：问题得不到解决。争吵半天，问题一个都没解决，而且在争吵当中，不仅浪费时间和精力，还会造成新的问题。

结果三：通常只好由双方的上司来"摆平"。如果人力资源部上面有人事副总经理，软件开发部上面有技术副总经理或总工程师，可能会引发高层之间的矛盾。

结果四：也许会将两个部门的各自成员都拖入这场冲突当中，引发更大范围的不和。

2．如果采取回避的方式

阮经理	任经理
"你们人力资源部不能按时给我招聘到程序员，我也不去找你要。我该怎么干还怎么干，软件开发部现在有几个人，我们就干几个人的活，那没办法，谁让招不来人啊！到时候完不成任务领导问起来，我也有的说，是人力资源部招不来人，不是我们软件开发部不干活。"	"我也不说你软件开发部职位描述不清楚等问题。我就按你提出的条件帮你招，招来的人你愿不愿意留下，那是你软件开发部的事。反正省下招聘费用也是公司的，我自己一分钱也拿不到。只要有人才招聘会，能给你招尽量给你招，这也是对工作负责任，但实在招不到我也没办法！到时候领导问起，我就实事求是。现在人才市场竞争这么激烈，软件开发方面的人才本身就少，再说软件开发部要求又那么高，招不来是正常的。"

☆　**通常的结果**

结果一：矛盾潜伏下来。等到某一日回避不了时，冲突就会爆发。

结果二：问题一个也没解决。有的问题拖得时间长了，拖延本身就成为一个问题。有些问题会带来连锁反应，甚至会形成一种团队规则：凡遇到可能引起冲突的工作都躲着走。最终导致整个团队绩效降低。

结果三：解决问题的时机错过或拖延，增加了日后解决问题的成本。

3．如果采取迁就的方式

阮经理	任经理
软件开发部阮经理对人力资源部不能按时招到五位程序员，采取迁就的态度，在领导面前为人力资源部任经理说好话："任经理他们也不容易，又是联系打广告，又是上人才交流会，连周末都不能休息，还要忙着面试。虽然只招到一个人，也比一个没招到强。现在人才市场竞争这么激烈，软件开发人员本来就缺乏，再加上咱公司给的工资也不多，哪那么容易招到呢？他们也确实尽力了，再给他们一个月时间吧！"	任经理对阮经理在领导面前为他们人力资源部说好话毫不领情："我们每次有招聘会都会为你们招，实在招不到我也没办法，不用说再给我一个月的时间，你就是再给我十个月的时间，该招不到还是招不到。"

☆　**通常的结果**

结果一：冲突暂时被防止，也许以后不再发生此类矛盾，也许以后又会重复发生。

结果二：一方总要做出牺牲和让步，这种让步表面上看来是以牺牲某个团队成员个人的要求、权力和利益为代价，实质上是牺牲了整个团队的利益，换取了暂时的合作。

结果三：管理严谨的组织是环环相扣的，一般很难做出较大让步，或者说，让步几乎没有余地。说明这些或这个选择迁就的团队成员要么其工作并不重要或必要，要么说明整个组织的管理是懈怠的。

结果四：如果让步总能换来团队的安稳，让步就会逐渐成为习惯。当团队形成一种不断让步的风气或传统时，团队绩效无疑也会不断下降。

结果五：团队成员或团队之间的平等关系被破坏。

4．如果采取妥协的方式

阮经理	任经理
阮经理找到人力资源部任经理："你们虽然没有按时为我们招到人，我们也很清楚你们也确实做了许多工作。你不知道，这一阵我们要开发新软件，每天一大堆事，又是技术问题，又是人员安排问题，部门的人手又不够用，事太多，真是忙不过来！我抽时间把职位描述写得再清楚点，这事就先这样吧！招来一个人先让他干着，下个月你们一定得尽量帮我们招到人。否则到时候完不成工作任务，领导怪罪下来，我们谁都不好交代。你说是吧？"	任经理见阮经理很给自己留面子，也表现得很有风度："这个月没给你们招到五个人，真是不好意思，影响你们工作了，我有责任。你可能不知道现在人才市场竞争有多激烈，本来软件开发人才就缺乏，再加上咱公司给的工资又不算高。我说咱们用人这么急，又想要水平高的，就应该找猎头公司帮我们招，可领导又嫌费用高！下个月我再去找领导说说，多拨点招聘费，努力争取在一个月内把人招到。你看怎么样？"

☆　**通常的结果**

结果一：至少从表面上看，事情得到了"圆满"的解决。团队间的团结与友爱得到了维护。

结果二：处理冲突的成本较低，既能维护双方的面子和平等关系，又能很快处理分歧，操作容易。

结果三：可能丢失原则。本来应该坚持的制度、规则和目标要求等，可能就在妥协过程中被放弃，从而引起公司管理松懈、纪律松弛、目标降低等一系列"并发症"。

结果四：以延误工作为代价。

结果五：问题没有得到根本性解决并且积累下来，到双方都无法妥协的时候，可能会出现总爆发。

5．如果采取合作的方式

阮经理	任经理
软件开发部阮经理抱着一种为解决问题而来的平和心态找到人力资源部任经理："你们人力资源部一向对我们软件开发部的工作很支持，我们真是从心里表示感谢！可这次招聘程序员的事可能有些问题，比如软件开发部对职位描述得不太清楚，我回去把职位描述重新写一份。你看还有什么不太清楚的地方，或是需要软件开发部配合的地方，你别不好意思说，咱们不都是为把工作做好吗！"	人力资源部任经理："招聘的职位描述是写得简单了点，其实，这也不能全怪你们。我向人力资源管理方面的专家咨询了一下，关于职位描述说明书的事，应该由人力资源部来组织，领导者参与，并组成包括你们软件开发部专家在内的专家组来评议。这件事我马上就办。我也向领导请示，接下来的一个月全力以赴为你们招人，解决人手不够的问题。放心吧！你们的任务也是我们的任务。"

☆　**通常的结果**

结果一：冲突被事先预防或被消灭在萌芽之中。

结果二：某个冲突或影响团队合作的某个问题得到彻底的解决或根除。

结果三：团队及组织整体价值得到提升。

结果四：双方的工作目标均得以达成。

实训组织

实训10-2　团队冲突处理

实训形式　情景分析

实训步骤

第一步：阅读表10-4中的情景描述材料，回顾冲突行为意向及冲突处理知识内容，思考问题1和问题2。

第二步：完成对情景的分析和对问题的思考，并填写实训表（见表10-4）。

表10-4　团队冲突处理实训表

班级______________ 姓名______________ 学号______________ 成绩______________

情景描述： 小陈是某实验室的质量控制主管，有两名检验员先后找到他，就检验报告的递交程序提出不同的要求。检验员A建议把检验结果送给负责样品的生产部门领班，检验员B则要求将检验报告直接交给操作人员，以便尽快纠正。A和B都是出色的员工，而且非常喜欢竞争，他们在这个问题上已经针锋相对地交换过意见，双方都有道理，无论采取谁的建议都会比目前的把报告递交给行政管理人员的做法好。
问题1：请分析以下四个方案各属于哪种冲突处理意向。 ① 独立地研究一下形势，确定谁是正确的，告诉他们两个人执行决定。 ② 等着瞧会发生什么事。 ③ 让两个人分别按自己的方式处理报告。 ④ 要求他们制订出双方都能接受的解决方案，即让他们都做出一点让步。 ________________________________ ________________________________ ________________________________
问题2：如果你是小陈，你会如何处理该冲突？有没有更合理的方案？ ________________________________ ________________________________ ________________________________

实训10-3　团队冲突处理的自我反思

实训形式　事件处理法

实训步骤

第一步：选取本人或所在团队学习或生活中的某一件冲突事件为例，描述该冲突发生的背景、采取的行为和最后的结果。

第二步：用斯蒂芬·罗宾斯的冲突过程五阶段理论，剖析该冲突的五个阶段的具体内容。

第三步：对该冲突处理提出改进意见，以实训表（见表10-5）的格式完成实训报告，整个实训报告要求500字左右。

表10-5　团队冲突处理自我反思实训表

班级______________ 姓名______________ 学号______________ 成绩______________

请同学们仔细阅读上文实训步骤，完成实训报告	
冲突事件描述	
冲突过程分析	
冲突处理反思	

第四步：教师抽取部分学生代表发言。

第五步：教师点评学生报告，并进一步讲解团队冲突相关理论的应用。

拓展资源

如何应对团队内部的冲突

如果要问团队管理中最难处理的事情是什么，那么最有可能的就是团队内部冲突。俗话说，堡垒最容易从内部攻破。当一个团队内部思想不统一，内部矛盾重重无法形成合力，甚至发展到互相拆台、人身攻击的时候，这个团队也就走到头了。所以，团队领导者要时刻思考：如何应对团队内部的冲突？

1．就事论事，不牵涉人身

解决冲突的关键，首先是要把冲突范围限定到具体的问题上，而不要扩大化到对冲突双方的人身或者上纲上线到文化、理念以及溯及既往。因此，解决冲突的第一步就是尽可能地把冲突范围缩小化、具体化，尽可能让冲突双方把对方当朋友而不是当敌人对待，在相互尊敬、积极关注和协同合作的基础上来看待双方之间的矛盾。

2．对话协商，兼听则明

作为团队的领导者，公平地听取双方意见，不偏不倚地分析各自观点的优点和不足，让双方都认识到自身的不足和对方的可取之处，共同讨论出针对矛盾点的更加合理的解决之道，这将是解决问题的最优途径。

3．寻找问题根源，解决根本问题

要彻底解决冲突，首先要了解冲突产生的来源。目标、利益和价值观的不同是导致冲突产生的几大常见原因。判断冲突是否与利益或需求有关是非常重要的。利益是比较表象和暂时性的，例如土地、金钱或工作等；而需求则更为基本且不可妥协，例如身份、安全感和尊严等。许多冲突看起来是为了利益之争，实际上却是与需求密切相关的。

4．以制度或规范，固化解决措施

达成双方都能接受的解决措施之后，作为团队领导者，就需要利用其领导权力和地位，通过制度、规范或者其他明确的方式来固化问题的解决措施，给冲突双方一个明确的信号：问题已经解决，大家一起向前看，团队最终目标的实现是团队所有成员成功的根本保障。有了成员对于团队的这种信心，就有可能建立起后续积极的合作关系。

同步强化训练

一、单项选择题

1．在冲突的（　　）阶段，双方意识到冲突的存在。

A．潜在对立　　B．认知和个性化

C．行为意向　　D．冲突出现

2．（　　）是一种团队成员自我肯定但不相互合作的处理冲突的行为意向。

A．回避　　B．合作　　C．竞争　　D．迁就

3．以下选项不属于潜在对立中团队的结构因素的是（　　）。

A．规模　　B．任务的专门化程度

C．领导风格　　D．年龄

二、多项选择题

1．引起团队冲突的潜在因素包括（　　）。

A．个人间的差异因素　　B．团队的结构因素

C．行为意向　　D．沟通不良的因素

2．团队成员意识到冲突后，可能的行为意向有（　　）。

A．回避　　B．合作　　C．竞争　　D．迁就

3．角色间冲突包括（　　）。

A．时间、空间上的冲突　　B．行为模式内容上的冲突

C．人际冲突　　D．任务冲突

三、思考题

1．请简述团队冲突的过程。

2．团队冲突的类型有哪些？

3．如何看待团队中的冲突？

企业团队建设及发展项目报告

一、实训性质

本实训是针对模块七～十的团队发展相关知识理论的综合性实训。本次实训将基于课程前两次综合实训的内容，通过对校外企业团队建设发展提出建议来考查学生团队发展的综合知识，锻炼学生的发展思维，提高学生分析问题、提出对策建议的能力，是实践应用型综合实训。

二、实训目的

通过本次实训，一方面希望能整体考查学生团队构建、团队发展的知识与能力，从而全面检验一学期的学习成果；另一方面，通过为企业提供政策建言，以求实际提高相关校外企业的团队建设与发展能力。除此之外，希望通过本次实训，学生也可以在文案撰写、学术规范等方面有所提高。

三、前导单元与后续单元

前导单元：团队激励、团队沟通、团队领导、团队冲突。

四、实训方式

校外企业调研；企业团队发展项目报告撰写；向企业推荐项目报告并得以应用。

五、适用企业

校外中小微企业或者企业内的某个部门（大于或等于3人），建议与前两个综合实训调研的是同一家企业。

六、完成时间

两个星期（课余时间）。

七、实训组织

1. 企业团队发展项目的前期调研

（1）以小组为单位，以校外中小微企业或其部门为调研对象，结合“××企业团队建设诊断分析报告”和“企业团队培训方案”，开展企业发展项目调研。

（2）小组的调查内容包括：

①企业（部门）团队激励现存问题是什么？并思考如何改进。

②企业（部门）团队沟通现存问题是什么？并思考如何改进。

③企业（部门）团队领导现存问题是什么？并思考如何改进。

④企业（部门）团队冲突是否存在？并思考如何改进。

2．企业调研信息的整理

3．企业团队建设及发展项目报告撰写

项目报告格式如下：

（封面）

班　级__________　小组号__________

团队建设与管理实务课程实训

——××企业团队建设及发展项目报告

小组长__________　学号__________

姓名__________学号__________分工__________

姓名__________学号__________分工__________

姓名__________学号__________分工__________

姓名__________学号__________分工__________

姓名__________学号__________分工__________

姓名__________学号__________分工__________

姓名__________学号__________分工__________

姓名__________学号__________分工__________

姓名__________学号__________分工__________

指导教师__________

成　绩__________

目　录

■　格式要求

字体要求：宋体。

字间距设置为“标准”。报告的各级标题依次为“一、”（字号为小二，加粗）；“（一）”（字号为四号，加粗）；“1．”（字号为小四，加粗）；“（1）”（字号为小四）。行距为1.5倍。

4．“企业团队建设及发展项目报告”的推荐、应用

（1）小组要将完成的“企业团队建设及发展项目报告”推荐给企业，企业给予应用价值评定，并填写评价表，格式如下。

“企业团队建设及发展项目报告”企业应用性评价表

班级＿＿＿＿＿＿＿　小组号＿＿＿＿＿＿＿　组长姓名＿＿＿＿＿＿＿　联系方式＿＿＿＿＿＿

项目企业名称：	项目企业地址：
项目评估者姓名：	项目评估者职位：
项目评估者联系方式：	项目评估时间：
项目报告评价：	
项目评估等级（百分制）： （优秀，90～99分；良好，80～89分；一般，70～79分；较差，60～69分；很差，60分以下）	

（2）小组要在项目报告的基础上，制作项目PPT并在课堂上现场演示，由多个教师进行现场评价。

八、实训成绩评定

1. 成绩构成

项目报告（50%）+企业应用性评价（30%）+项目现场展演评价（20%）。

2. 评分标准

（1）项目报告的评分标准：

报告格式规范性（20%）	内容结构性、逻辑性（20%）	理论知识的应用性（20%）	对策建议的科学性（20%）	对策建议的应用价值（20%）
项目报告的整体格式是否完整？语言是否规范？表达是否清晰？	报告的整体结构是否清晰？逻辑性如何？	是否应用了团队建设相关理论？应用程度如何？	对策建议的提出是否有科学根据？阐述是否科学？	对策建议是否具有针对性？企业应用价值是多少？

（2）项目现场展演的评分标准：

PPT的美观、实用性（15%）	PPT的内容逻辑性（15%）	项目建议的科学性（30%）	PPT讲解流畅性、吸引力及效果（30%）	团队合作情况（10%）
PPT整体是否美观、简单、大方且实用？	PPT内容间的层次性如何？逻辑性强不强？	项目建议内容的提出是否有科学根据？	现场讲解是否流畅？是否准备充分？是否有吸引力？讲解效果如何？	项目展演过程中，团队合作情况如何？

参考文献

[1] 刘浩，李少斌．团队建设如何才高效[M]．北京：机械工业出版社，2012．

[2] 罗宾斯，贾奇．组织行为学精要（原书第13版）[M]．郑晓明，译．北京：机械工业出版社，2017．

[3] 刘慧琴．团队异质性、规模、阶段与类型对学科团队创新绩效的影响研究[J]．清华大学教学研究，2008（8）：83-84．

[4] 陈春花，杨忠，曹洲涛，等．组织行为学[M]．3版．北京：机械工业出版社，2017．

[5] 陆丰．团队管理缺少这9种核心文化怎么行？[M]．北京：机械工业出版社，2017．

[6] 毕比，马斯特森．小团队沟通原则与实践（原书第10版）[M]．陈薇薇，译．北京：电子工业出版社，2015．

[7] 德鲁克．卓有成效的管理者[M]．许是祥，译．北京：机械工业出版社，2009．

[8] 阡陌．幽默图解团队管理学[M]．北京：民主与建设出版社，2014．

[9] 常白，王骊棠，张宏磊．高效团队管理实战[M]．北京：机械工业出版社，2012．

[10] 王前师．如何打造高效团队[M]．广州：广东旅游出版社，2013．

[11] 臧道祥．增强团队凝聚力的60个培训游戏[M]．北京：中国工人出版社，2013．

[12] 姜雯昱，杨建锋．团队激励的新策略：生产力测评与提升系统[J]．企业经济，2012（8）：46-51．

[13] 陆丰．88个案例告诉你怎样带团队[M]．北京：机械工业出版社，2017．

[14] 单大明．组织行为学[M]．2版．北京：机械工业出版社，2014．

[15] 罗宾斯，德森佐，沃尔特．罗宾斯谈管理（原书第 8 版）[M]．樊登，徐文，译．北京：机械工业出版社，2016．

[16] 陈春花．管理的常识：让管理发挥绩效的8个基本概念[M]．北京：机械工业出版社，2016．

[17] 德鲁克．管理的实践[M]．齐若兰，译．北京：机械工业出版社，2009．

[18] 肖余春，李伟阳．团队管理研究新视野：MTS理论研究综述[J]．外国经济与管理，2012（6）：33-40．

[19] 西蒙斯．你的团队需要一个会讲故事的人[M]．尹晓虹，译．南京：江苏凤凰文艺出版社，2016．

[20] 考弗曼．团队核能（行动版）：从低效到高能的团队改造术[M]．范海滨，译．北京：北京联合出版公司，2016．

[21] 王永丽，邓静怡，任荣伟．授权型领导、团队沟通对团队绩效的影响[J]．管理世界，2009（4）：119-127．

[22] 卡梅隆．正向领导：好管理就是激活团队能量[M]．陶尚芸，译．北京：中国友谊出版公司，2017．

[23] 邵建东．高职院校教学团队建设的误区及对策[J]．中国高教研究，2013（4）：99-101．

[24] 斯涅克．团队领导最后吃饭：建立牢固“安全圈”，实现团队效能10倍增长[M]．李文远，译．广州：广东人民出版社，2015．

[25] 弗里斯．刺猬效应：打造高绩效团队的秘诀[M]．丁丹，译．北京：东方出版社，2014．

[26] 孙浩．制度管人，执行管事，团队打天下[M]．沈阳：沈阳出版社，2017．

[27] 李慧波．团队精神[M]．北京：机械工业出版社，2015．